Heibonsha Sensho

偽書『本佐録』の生成

平凡社

偽書『本佐録』の生成

江戸の政道論書

山本眞功

平凡社選書
233

目次

まえがき

『本佐録《ほんさろく》』は「慶安御触書《けいあんのおふれがき》」と称される文書とともに、江戸時代に幕府や諸藩がおこなった農民統制の基本的な考え方を知ることができる記述を含む史料として、かつては多くの高等学校用日本史教科書等にも取り上げられていた書物である。私の手許には、私が一九八〇年頃に大学院在籍のまま高等学校の非常勤講師を務めていた折りに使った山川出版社発行の日本史教科書や教授資料、日本史用語集や学習参考書、さらには後に知人を介して入手した実教出版発行の教科書『高校日本史』（三訂版、一九九一年一月二五日発行）や日本書籍発行の史料集『新版日本史史料集』（初版第一刷、一九九四年二月二〇日発行）等が残っているが、たとえばそれらの中の実教出版から発行された教科書『高校日本史』には、「農民の統制」の見出しのもとに、『本佐録』からの引用を含む、

幕藩体制の経済的な基礎は農業であった。武士階級は「農は国のもとなり」といって農業を重視しており、農民の生活については、「百姓は財の余らぬやう不足なきやう」（「本佐録《ほんさろく》」）に統制することを心がけた。（一四七頁）

という記述が見える。

教科書以外では、全国歴史教育研究協議会編『新版日本史用語集』（新版第二九刷、一九八〇年三月一五日発行、山川出版社）の本多《ほんだ》正純《まさずみ》（一五六五～一六三七）の項に、『本佐録』にふれた「父の正信は家康の謀臣で『百姓は財の余らぬ様』の言で有名な「本佐録」の著者」（八五頁）というくだりがあるし、笠原一男氏著のよく知られた学習参考書『詳説日本史研究』（第一版七刷、一九八〇年一月一〇日発行、山川出版社）には、より詳しい、

家康は『郷村の百姓共は死なぬ様に、生きぬ様にと合点《がってん》致し、収納申付《もうしつく》る様に』（「昇平夜話」）といったと伝えられるが、家康の謀臣本多正信《まさのぶ》（一五三八～一六一六）は、その意味を具体的に『先ず一人一人の田地の境目をよく立て、さて一年の入用、作食を積らせて、其余りを年貢に取るべし。百姓は財の余らぬやうに不足なきやうに治むること道なり』（「本佐《ほんさ》録《ろく》」）と説明している。検地によって農民の耕地を確定し、そこからあがる収穫のうち、一年間の経営費と食費とをさしひいた残りを、すべて年貢としてとりあげ、農民生活を最低線にとどめておくことが封建農政の眼目だとのべているのである。この方針にもとづいて、幕府・諸藩は各種の統制令をだして貢租収納の安定をはかった。（横書きで記されたものを縦書きで引用したので、数字は漢数字に改めた。以下同様の措置を講ずる。二四四頁）

という論述がなされている。また、日本書籍発行の『新版日本史史料集』には、「本多正信の農民観」という見出しで『本佐録』からの引用と解説が記載されてもいる（一九〇〜一九一頁）。

そして、教科書や参考書、史料集における叙述は、笠原一男氏が参考書で先の論述に続いて、

> 衣食住に対する制限も生活の細部にわたって注意が与えられた。幕府は寛永の初年からたびたび百姓の生活制限令をだしているが、とくに一六四九（慶安二）年の慶安《けいあん》の御触書《おふれがき》はその集大成ともいえるもので、衣類は布木綿に限り、米食をつつしんで雑穀を食べることをすすめ、酒・茶・うどん・そば・たばこなどを買い飲まぬことを指示したりしており、まさしく農民は〝納民〟であるがために重視されたということがよくわかるのである。（前掲書二四五頁）

と述べるように、おしなべて具体的な農民統制の実態を示すための文書とされた「慶安御触書」の内容に及んでゆくという構成をとっていた。

『本佐録』や「慶安御触書」の記述を用いた江戸時代の農民統制に関するこうした把握は、もちろん当時の歴史学会における一般的な理解を反映したものである。たとえば大石慎三郎氏の著『封建的土地所有の解体過程』（御茶の水書房）は、一九五八年に第一版第一刷が発行されたもので、私の手許にあるのは一九七七年七月発行の第二版第四刷であるが、その第一篇第二章には江戸時代初

頭の農民のあり方にふれた次のような論が見える。

封建社会下にあっては典型的にはある一定地よりの生産物Aは一部は貢租Bとして領主の手に収められ、他の部分は農民の手元に残る。この場合原則的には農民取分はその生産物のなかの必要労働部分であり、残る剰余労働部分は領主の取分となる。百姓を「生かさぬよう殺さぬよう」に収奪する事が政治の理想と考えた徳川封建社会の領主層は、やはり原則的には近世初頭においては全剰余労働部分を貢租としてその手中に収めていたと考えることはあながち不当ではないだろう。（四三頁）

『本佐録』や「慶安御触書」からの引用はないが、ここに示されているのは先に取り上げた笠原一男氏の説く農民統制についての解説と同一方向の内容を持つ論である。

こうした当時の理解をふまえてのものであろう、一九七五年に刊行された岩波書店の日本思想大系28『藤原惺窩　林羅山』の巻に収録された『本佐録』の校註を担当している石毛忠氏は、解題文で、

書名は、本多佐渡守正信の記録したものという意味であるが、現在のところ本書の著者が果して正信かどうか確定しがたい。書名も本書の序文によれば、初めは外題がなかったというし、

今日多数残されている写本には、『藤原正信論治道書』『正信録』など正信の名を冠したものと、『天下国家之要録』『治要七条』などのごとくそうでないものがあり、後者は多く藤原惺窩作としている。以上のごとく著者について確論を下しがたいばかりでなく、その成立時期も詳らかにしえないのであるが、内容から判断して、著者は初期幕政の実態に相当通じた人であり、成立時期の下限は幕藩体制の確立した十七世紀後半頃と推定される。内容は、著者が二代将軍徳川秀忠の求めにより、天下国家の治乱盛衰、人君の存亡、万民の苦楽の原因を上申するというかたちで、天道の存在、君・臣の理想像、大名・百姓の統制策、日中両国における治者・国家興亡の歴史とその原因などを具体的に説いたものであり、そこには初期幕政のイデオロギーが端的に示されている。なお本書には少なからず『心学五倫書』（したがって『仮名性理』の本文）と近似した文章が認められ、本書の成立と『心学五倫書』や『仮名性理』の流布が無関係でなかったことがわかる。底本には、平安読書室蔵の版本（東京都立中央図書館東京誌料他所蔵）を用いた。

と述べて、著者や成立時期について多くの疑問はあるが、「内容は、著者が二代将軍徳川秀忠の求めにより、天下国家の治乱盛衰、人君の存亡、万民の苦楽の原因を上申するというかたちで、天道の存在、君・臣の理想像、大名・百姓の統制策、日中両国における治者・国家興亡の歴史とその原因などを具体的に説いたものであり」、「内容から判断して、著者は初期幕政の実態に相当通じた

（傍点は石毛氏。二六九頁）

人」であるとして、『本佐録』には「百姓の統制策」等に関する「初期幕政のイデオロギーが端的に示されている」と断じている。

このような把握はその後も基本的に変更されることなく、長く教科書等においても示され続けているようである。だが、そのことを示すための史料としての「慶安御触書」については、文書名も引用記述も現在の教科書等からは次第に姿を消しはじめている。二〇〇九年三月三〇日に改訂版第一版第一刷として発行された全国歴史教育研究協議会編『日本史B用語集』（山川出版社）で見てみると、発行されている日本史B教科書の中に「慶安の触書」の語が出ているのは一一種中七種であるとしてその項目がたてられており、そこでは「一六四九（慶安二）年に幕府が農民に与えたとされる心得三二条の触書。法令遵守・耕作奨励・衣食住の制限など生活の細部にまで触れている。なお、この触書の存在を疑問視する説もある」（傍点筆者。特にことわらない限り以下の本書の傍点は筆者の施したものである。一五八頁）という解説がなされている。

傍点部分のような記述がなされなければならなかったのは、近年「慶安御触書」が慶安二年に幕府から出された文書などではないということが明らかになって来たからである。このことの確定について大きな役割を果したのは山本英二氏であるが、氏はその著『慶安御触書成立試論』（日本エディタースクール出版部、一九九九年）や『慶安の触書は出されたか』（山川出版社、日本史リブレット38、二〇〇二年）においてこの文書の研究史を整理し、過去に様々な疑問点があることを指摘されながらも教科書等に引かれ続けた経緯を示したうえで、新たに発掘された史料をも用いながら、この文書の存在について次のように結論づけている。

慶安の触書は、一六四九（慶安二）年に幕府が出した法令ではなかった。かといって後世の創作物では決してない。もともとは十七世紀半ば、甲州から信州にかけて流布していた地域的教諭書「百姓身持之事」を源流にして、一六九七（元禄十）年に甲府徳川藩領において改訂のうえ発令された「百姓身持之覚書」が本当の姿である。この「百姓身持之覚書」が、十九世紀半ばに幕府学問所総裁林述斎の手によって、一六四九年の幕府法令「慶安御触書」として岩村藩で出版され、全国に広まる。これこそ、今日慶安の触書が幕府法と誤認される最大の原因である。

（『慶安の触書は出されたか』八八〜八九頁）

これに対して、もう一方の『本佐録』の教科書等における扱いについてはどのようになっているのだろうか。『本佐録』については、石毛氏の指摘にもあるように、江戸時代より著者を本多正信ではなく藤原惺窩《ふじわらせいか》（一五六一〜一六一九）とする考えがあった。そうした問題のゆえであろう、教科書等への『本佐録』からの引用は、「慶安御触書」からの引用よりも早く、次第に少なくなっていた。私には、一九八〇年代の中頃以後に使用されていた教科書や史料集においては、『本佐録』からの引用がなされていても、著者を「伝・本多正信」という形にしていたものもあったという記憶があるが、おそらくそれはそうした未解決問題があるという状況への対応としておこなわれた措置の一つであったのであろう。

だが、『本佐録』の場合も、以前程の数ではないが、近年まで教科書等に取り上げられ続けていたようである。前掲『日本史B用語集』改訂版（二〇〇九年）で見てみると、発行されている日本史B教科書一一種のうち一種に「本佐録」の語が出ているとしてその項目がたてられており、そこでは「家康の側近本多佐渡守正信が書いたと伝える政治意見書。「百姓は財の余らぬやうに不足なきやうに治むること道なり」とした」（一五八頁）という解説がなされている。また、同書は二種の日本史B教科書に「本多正信」の名が取り上げられているとして項目をたて、生歿年とともに「家康の駿府引退後、老中として二代将軍秀忠を補佐。また家康の信任も厚く、多くの献策をした。『本佐録《ほんさろく》』の著者」（一五一頁）という解説をおこなってもいるのである（その後二〇一四年一〇月には、全国歴史教育研究協議会編の『日本史用語集A・B共用』［山川出版社］が、「新課程版」の用語集と銘打ち、「一〇年ぶりの全面改訂」をおこなった新版の第一版第一刷として発行されているが、この中には「本佐録」「本多正信」という項目はたてられてはいない。ちなみに「慶安御触書」は、ほぼ従来どおりの書き方でこれにも取り上げられている）。

こうしたことは、教科書にかかわるものにだけ見られるあり方ではない。渡邊忠司氏の著『近世社会と百姓成立――構造論的研究』（佛教大学研究叢書1、思文閣出版）は二〇〇七年三月に刊行された研究書であるが、氏はその第一章「近世の「百姓」像」中の第二節（2）で「徳川政権（家康）の「百姓」像」を論ずるに際して『本佐録』と「慶安御触書」を取り上げ、「なかでも『本佐録』

は徳川政権の求めた百姓像が端的に表示されている。これを検討することから、徳川幕府の百姓像を確かめる作業を始めよう」（三五頁）として、『本佐録』は徳川家康の側近の一人であった本多正信の著書とされている」（同前）と記したうえで、以下のように述べている。

『本佐録』は徳川政権初期の幕政を根幹で支えていた正信が、その経験も踏まえて幕府・将軍をはじめとする領主たちが国を納《（ママ）》める原則を七項目にまとめた教訓的な著書である。その表題も「天下国家を治むる御心持の次第」としたことにその意図が示されており、国内から国外への対応の仕方や心構え、治め方の基本が簡潔に記されている。したがって、その第六番目に置かれている「百姓仕置の事」の章には、家康や徳川幕府だけでなく領主側全体が求めた百姓像とその百姓支配・統制の意図が端的に表現されているとみることができる。（同前）

この記述の前後で、渡邊氏は、「家康や徳川幕府だけでなく領主側全体が求めた百姓像」は、豊臣秀吉が求めた「百姓（農人）を年貢・諸役を生産し納入するだけの階層として位置づけ」るという方向を「明瞭に引き継」いだものだと断じている（三四〜三五頁）。

近年においてもこうした扱いを受け続けている『本佐録』について、私はかつて三度にわたって成立事情等に関する私見を示したことがある。それらは、いずれも事典の類《たぐい》での解説の形をとったものであるが、その最初は一九八六年に出版された石井良助氏他監修『古典の事典』第六巻（河出書房新社）においてであった（二一九～二二八頁）。この解説で私が特に強調しておいたのは、二つのことである。まず第一に、『本佐録』は本多正信や藤原惺窩の生きた江戸時代初頭に書かれたものではなく、幕藩体制が確立したとされる一七世紀後半のいわゆる寛文延宝期に、何者かの手によって作り上げられ、偽書として流布したものであるということ、第二に、したがってこの書物の価値を、これまでのように江戸時代初頭の幕府や諸藩の政治理念を知るための材料というところに置くのではなく、むしろ幕藩体制の確立期と言われる寛文延宝期の政治状況や政治思想を探るための材料というところに置くべきであり、今後はそうした観点からの研究が必要であるということである。

この私見は、石毛氏の前掲解題文に『本佐録』成立にかかわる書物としてその名が記されている『心学五倫書』と、その系統本や関係書についての書誌学や文献学の方法に基づく検討をおこなった結果から導き出されて来たものである。それら諸書についての検討結果は、一九八五年に『心学五倫書』の基礎的研究』（学習院大学研究叢書12、学習院大学）として公刊したが、その後、求めがあったので、一九九二年に大倉精神文化研究所編『新版日本思想史文献解題』（角川書店）の「本佐録」の項目に、また二〇〇一年には子安宣邦氏監修『日本思想史辞典』（ぺりかん社）の同項目にも、拙著での検討結果に基づく先述した『古典の事典』の解説と同様の内容の見解を示しておいた。

最後のものが出て程ない二〇〇二年になって、これらの解説の一つにふれた若尾政希氏の論考「『本佐録』の形成——近世政道書の思想史的研究」（一橋大学研究年報『社会学研究』40）が公にされた。若尾氏はこの論考において、『本佐録』の成立時期については、「一七世紀半ばに成立したとい

う仮説を提起しておきたい」（二七三頁）とし、註26で私見にふれて、

山本眞功氏は、『心学五倫書』→『仮名性理』→『本佐録』という仮説（影響関係）を提起し（『新版日本思想史文献解題』角川書店、一九九二）、『本佐録』の成立を『仮名性理』成立よりのちのこととしている。確かに、『心学五倫書』になく『仮名性理』と『本佐録』に共通する話があり、興味深い見解である。しかしながら、具体的な分析がなされておらず（「解題」であるため）、逆に『本佐録』→『仮名性理』という可能性を含めて、今後、検討する必要がある。

（二七七頁）

と述べている。私は『本佐録』が成立するためには『仮名性理』が必須であるが、『心学五倫書』から『仮名性理』への改変の過程からしても、『仮名性理』が書かれるためには『本佐録』は必須ではないと考えているので、後段の「可能性」を「検討する必要」はないと思ったが、「「解題」であるため」に「『心学五倫書』→『仮名性理』→『本佐録』という」「影響関係」を実証するための「具体的な分析」がなされていないという指摘については、若尾氏の言われるとおりである。私としては、前掲拙著『『心学五倫書』の基礎的研究』を御覧いただければ、私見には具体的根拠があることをおわかりいただけると考えていた。だが、どうやらそれは虫がいい間違った考え方であるようだ。おわかりいただくためには、より直截で、より「具体的な分析」結果を示すことが必要で

あった。

こうした反省に基づいて、いずれ時期を見て「具体的な分析」の内容を示すことにしようと考えて、少しずつ必要と考えた史資料を集め、その検討をも進めて来たが、ようやくそろそろその「分析」結果を「解題」ではない形で公にしてもよいのではないかと思うようになった。

きっかけは、二〇〇九年九月に金沢市の「藩老本多蔵品館（現在はリニューアルされて「加賀本多博物館」となっている）」館長で加賀本多家の御子孫である本多政光氏の御高配により、加賀前田家の家老職を務めた本多正信の次男政重《まさしげ》（一五八〇〜一六四七）の子政長《まさなが》（一六三一〜一七〇八）の筆になる文書を直接に目にすることができたことにある。「てんかこくかをおさむる御心もちのしだい」という内題を持つ（外題はない）これまで展示以外では未公開であったというこの文書は、後に本論で詳しくふれるが、室鳩巣《むろきゆうそう》（一六五八〜一七三四）が本多氏の一族である青地斉賢《あおちなりかた》（一六七二〜一七二八）から送られて読んだというものの原本である。また、これは、『本佐録』の先行研究として現在でも大きな意味を持つ中村勝麻呂氏の論考「本佐録考」（『史学雑誌』第一二編第三号、一九〇一年）が、「加賀藩の第一伝説」として、

本多家所蔵の本は佐渡守の親筆かあらぬか。さては佐渡守伝授の確証あるや否や。若し後人の筆写に係るとすれば何人《なんぴと》の筆か。ともかくも其性質判明せずは未だ信憑をおく能《あた》はざるなり。されば本多家が今尚ほ此書を蔵するや否やを確めんことぞ、是問題研究の第一着手たるべき。

因《より》て前田侯爵家修史委員戸水信義氏に請ひて本多家に紹介《ママ》しけるに、其書今尚ほ蔵せらる。されど、佐渡守伝授の真本には非ざるが如し。全篇概《おおむ》ね仮字書にして『本佐録』と云ふ題号なく、又流布本の序言もなし。『質問本佐録』に言ふ所と符合すれど、巻尾に三月三日といふ日附ありて安房守の宛名なし。或は鳩巣の文に、

今茲夏今房州君族人青地斉賢、別写二其本一、逓送示二直清一、且致二房州君之意一曰、此以二政長親書之本一写レ之者也、正与二旧物之本一両出、今取二両本一校レ之、旧本雑以二漢字一、大抵与二俗間所レ伝之本一相類、但無二題号跋語一而已耳、至二政長親書之本一、則其用二漢字一者悉従二国字一、書中亦有二小異一、疑当時上進之日、便二於乙覧一而取レ易レ読、故更以二国字一録呈、且其語亦稍経二改置一、而政長以二其本一写レ之也、

とある政長親書本にはあらずやと思はる。此処《ここ》に謂ふ所の旧物の本とは、鳩巣が同じ文中に謂ふ所の本多家蔵先世旧物中の簡牘文書の一なるべし。今は何故に亡びけん憾《うらみ》にこそ。〈宝暦九年四月十日、金沢大火あり。殿閣咸《ことごと》く焚け、本多氏亦其災に罹《かか》る。或は是際焼失せしものならんかといふ。〉（割注については、読み易いように一行書きに改め、〈 〉に入れた。本書の引用については、以下必要と考える語句に、歴史的仮名遣いではない平仮名書きの新たな振り仮名やあてるべき漢字表記を括弧に入れて加える。五九〜六〇頁）

と述べている中に言う「政長親書本」、まさに中村氏が「前田侯爵家修史委員戸水信義氏」を通し

て確認したというその文書でもある。

中村氏も直接目にすることのなかったこの未公開の貴重な文書の閲覧の実現については、公益財団法人石川近代文学館理事長の新宅剛氏と当時同館職員であった前多令子氏よりの多大なる御助力を賜った。ここに記して深謝の意を表したい。

この文書を検討できたことで、これまでに集めてきた情報のいくつかをつなげて考えられるようになった。ジグソーパズルにたとえて言えば、全体の図柄を見てとるために必要な箇所の鍵となるピースが見つかったという思いである。検討をはじめて、と言うよりは検討を再開してもう数年が経過した。遅くなってしまったが、現段階で私が捉え得ている『本佐録』について、以下述べてみようと思う。

そのためには、まず順序として〝『本佐録』は『仮名性理』より後に成立したもので、明らかな偽書として流布したものである〟ということを実証するための「具体的な分析」からはじめなければなるまい。

第一章　『本佐録』の成立時期をめぐって

『本佐録《ほんさろく》』という書物は、その成立の経緯に多くの疑問な点があることを指摘されながらも、長く江戸時代初期の幕府政治の基本理念を示す典型的な史料として扱われて来た。[*1] それは書名が物語るように、この書物の著者を、徳川初代将軍家康に近侍し家康の駿府退隠後は二代秀忠の執政となった本多佐渡守正信として来たことによっている。現在最も容易に見ることのできる日本思想大系28『藤原惺窩　林羅山』（岩波書店）に収録されているこの書物の版本の翻刻版を見ると、「本佐録序」と題された序文の冒頭には「此書之趣は、　神祖之御家老本多佐渡守正信本作なり」とあり、加えてこの書物は「台徳院殿」すなわち秀忠による「上覧」のために書かれたものと記されているのである。[*2] しかしながら、すでに諸先学の指摘にもあるように、この書物には「天下国家之要録《てんかこっかのようろく》」と題された写本があり、これについては藤原惺窩の著作として扱われて来たという事実が一方にある。[*3]『本佐録』は、著者問題一つをとっても、少なからぬ問題をかかえた書物なのである。

こうした『本佐録』の著者問題をはじめとする成立事情をめぐっての問題については、すでに江戸時代から様々な人々によって多くの論議がなされている。その代表的なものは新井白石《あらいはくせき》（一六五七〜一七二五）の『本佐録考《ほんさろくこう》』である。白石は加賀藩士青地礼幹《あおちのりもと》（一六七五〜一七四四）の質問に答えたものとされるこの『本佐録考』の中で、

此書の作、近世好事の贋本にも出しもの丶如く、世うたがはん事を慮られ候様の御事記され候。都《すべ》てこれらの事申入にくき事に候得ども、管仲が智なる道をふみわけ候事は老馬に及び候はぬ事の如く、学の道は学に老たるにあらず候ては、わかちがたき処あるべく候。先師に候者の王道の最中と申候も、さだめて見る処もこそあるべく候。某《それがし》其人にあらず候得ども、佐州におはしまさずしては其思の至るべからず候。よの常学者抔《など》申沙汰し候もの丶いふ事あたふまじき事条候と存じなし候き。よりて天下第一の書にもやとも申候き。世の□《常カ》の論の如きいかに候とも、其見る人に任せられ候はば御過慮に及ぶまじく候歟の事。[*4]

と述べ、「先師に候者」すなわち木下順庵《きのしたじゅんあん》（一六二一〜一六九八）の見解をも引きながら、この書物について「世うたがはん事を慮られ候様の御事記され」ているようであるが、内容から見ても本多正信の作と考えてよいとしている。

また、白石と同じく順庵に学んだ室鳩巣《むろきゅうそう》（一六五八〜一七三四）も、後に整版本『本佐録』に付さ

れることになる「題ス下本多佐渡守藤正信論二治道一国字ノ書ニ上」という文書の中で、この書物の出所にふれ、

佐州君の次子、安房守政重《まさしげ》大夢と号する者、始めて加賀に仕へて国老となる。子孫承襲《しょうしゅう》して以て今の安房守政昌《まさまさ》に至りてすでに四世なり。その家蔵、先世の旧物の中に簡牘《かんどく》文書あり、この書はその一に居る。ここにおいて始めて知る、この書は佐州君の撰する所たり、しかうして当時啓沃《けいよく》の余に成りしことを。順庵白石の監定《かんてい》もまた謂ふべし、信じて謬《あやま》らずと。大夢君二世、安房守政長《まさなが》素立軒と号する者、嘗《かつ》て手づからこの書を写して以てその幼子政寛《まさひろ》に授け、これを蔵《おさ》む。素立君の卒《しゅつ》せし後、その本始めて出づ。今この夏、今の房州君の族人青地《あおち》斉賢《せいけん》別にその本を写し、逓送《ていそう》して直清《なおきよ》（鳩巣——筆者註）に示す[*5]。

として、であるがゆえにこの書物の著者を本多正信と考えるべきことを説いている。

鳩巣の文にもあるように、彼らと接触している青地氏（斉賢《なりかた》は礼幹の兄）は本多氏の一族であり、加えてこうした主張が加賀前田家の命によって順庵の門に入った鳩巣ばかりでなく、前田家と緊密な関係を持ったとされる順庵や、その門人である白石といった人々によっておこなわれているという点を勘案すれば、多くの人はこれらの言はそのまま信じてもよいと考えるかもしれない。しかしながら、事はそれ程簡単ではない。鳩巣自身が別の場面では、青地斉賢か礼幹に宛てたと思われる

書中において、この問題を、

本多佐州公筆記の物一冊為レ持被レ下、珍敷物《（めずらしきもの）》御見せ被レ成　忝《（かたじけなく）》　珍重奉レ存《（ぞんじたてまつり）》候。且又《（かつまた）》此書の因縁共委細被ニ仰知一致ニ承知一候。（中略）此書先《（まず）》電覧候処、佐州公自筆の記と申事未決に存候。当時学識有レ之人へ、佐州公儒道の有増《（あらまし）》御尋に付、其人より記候て佐州公へ進上仕たるものを、重て大君より治道の儀など御尋に付被ニ差上一たるもの丶様に被レ存候。*6

と述べて、一歩も二歩も後退した判断を示しているという事実があるからである。

鳩巣が「佐州公自筆の記と申事未決に存候」という慎重な判断を下さざるを得ない理由は、どうやら正信に『本佐録』において展開されているような儒学や仏教についての「学識」があったか否かについての疑念を払拭することができなかったがゆえのようである。この問題は、著者問題を論議する際の軽視すべからざる論点と考えられていたものらしく、すでに白石や鳩巣による検討をさかのぼること約四〇年前の延宝五年（一六七七）に書かれたとされる「治要七条ノ跋」という題を持つ文章（この文章は、整版本『本佐録』の本文の後ろに跋文として収められている）の中で林鵞峰《はやしがほう》（一六一八～一六八〇）は、後に鳩巣の言う「学識有レ之人」を藤原惺窩と特定して、

この一冊、題名なく作者なく、故本多豊前守正貫《こほんだぶぜんのかみまさつら》の家より出づ。伝へ称して、正貫の伯父佐渡

守正信、幼君の輔佐たりし時、惺窩先生の筆を倩《こ》ひてこれを献ぜしなり。幼君とは台徳公なりと云ふ。今按《あん》ずるに、惺窩の文禄年中に東遊せしは、則ち正《まさ》に台徳公幼少の時に当るなり。しかれども、この冊中に秀吉一代にして亡ぶの語あれば、則ち台徳公幼少の時にあらざるなり。関が原の戦後、大阪の乱後の作なり。冊中理を説くこと通徹《つうてつ》し、述詞《じゅつし》滞《とどこお》らず、惺窩の作となすといへども誣《し》ふとなさざるか。[*7]

と述べている。

このような江戸時代における論議をうけて、中村勝麻呂氏は明治三四年（一九〇一）に「本佐録考」（『史学雑誌』第一二編第三号所収）と題する論考を公にし、この『本佐録』の中に藤原惺窩著として流布した「『仮字性理』（ママ）（『仮名性理』の誤記なので、以下訂正して引く――筆者註）一名『ちよもと草』（『千代もと草』のこと――同前）といふ書」の記述があることを指摘して、鵞峰の所説をも引きながら、「余思ふに、此書は佐渡守腹案を惺窩に下し、其天道の説時勢に適するものあるを以て、之を加味して起草せしめしものならん。さすれば『ちよもと草』は、其際特に記して佐渡守に呈せしものなるやも知るべからず」と結論している。[*8]

中村氏が重視した「『仮名性理』一名『ちよもと草』といふ書」は惺窩著として流布したものであるが、現在ではこれらの書物自体も偽書と考えられている。[*9] だが、この中村氏の指摘は『本佐録』の成立事情、特にその成立時期を考えるうえで重要である。『仮名性理《かなせいり》』は、版本としては慶安三年（一六五〇）に現在知り得る限りではじめて著者不明のままその姿を現した『心学五倫書《しんがくごりんしょ》』という書物を寛文期に改変した『五倫書《ごりんしょ》』を元として成立したものであり、『千代《ちよ》もと草《くさ》』はその『仮名性理』をさらに改変することで天明八年（一七八八）に版行されたものであるが、[*10] これらの書物は数度にわたる改変の過程の折々で細部の記述を変えており、『本佐録』に含まれる中村氏の言う〃『仮名性理』一名『ちよもと草』といふ書」の記述〃がどの折りの書物から引かれたものかを検討することで、我々は『本佐録』のおおよその成立時期を確認することが可能になるかもしれないからである。

『本佐録』の成立をめぐる様々な問題を解くために、まず本章においてこの成立時期に関する検討を様々な角度からおこなってみよう。この検討は、「まえがき」の中で述べた、『本佐録』は本多正信や藤原惺窩の生きた江戸時代初頭に書かれたものではなく、幕藩体制が確立したとされる一七世紀後半に、何者かの手によって作り上げられ、偽書として流布したものである、ということを明らかにするための「具体的な分析」作業である。

一　書誌学に基づく版本の検討から

『本佐録』は、いつ姿を現したのか。このことを、最初に書誌学の方法を用いて検討してみたい。

書誌学とは、版行された版本や流布している写本の書物としての存在形態や、書物の構成形態等に着目することによって、当該書物の成り立ちなどについての様々な情報を得ようと試みる学問である。[*11]この方法を採るためには、できれば現存する版本や写本のすべてにあたる必要があるが、実は『本佐録』に関するこの作業はすでにかなりの程度におこなわれている。それは、「まえがき」でふれた若尾政希氏の論考「『本佐録』の形成——近世政道書の思想史的研究」（一橋大学研究年報『社会学研究』40）においてである。

若尾氏はこの論考において、『国書総目録』『古典籍総合目録』（ともに岩波書店）に記載されている『本佐録』版本と写本の現存確認をおこない、さらに様々な史料調査をおこなうことで、異なる書名のものを含めて、『本佐録』には四〇本近くの版本と一二〇本程の写本、さらには十数本の関係書が残っている可能性があることを明らかにしている。その具体的なことは、論考の末尾に「『本佐録』データベース一覧」という表の形で公にされているが、そこに示されているのは、論考中に「現在までに調査を終えた『本佐録』写本は、ようやく八〇部（現存が確認される一一五部の内）を越えたところで、悉皆調査への道のりはまだまだ遠い」（二四〇頁）と述べられているように、それらのうちのかなりの数のものの調査をすでに終えたうえでの情報である。ここではそうした氏の貴重な調査結果に基づいた情報を参考としながら、私自身の持っている情報をも加えることで、まず版本に関する検討からはじめてみることとしたい。

『本佐録』版本については、すでに中村勝麻呂氏が明治三四年に発表した「本佐録考」（前掲）で述べているように、二種のものがあるとされている（五四頁）。中村氏はその具体的内容を明らかにしていないので、私の把握しているものとは異なるものである可能性もあるが、私の確認した限りでも現存する『本佐録』版本は二種である。一つは、一枚の版木に今で言う二頁分の内容を彫り、これを摺《す》った後に袋綴じにして製本した整版本《せいはんぼん》と言われる形のもの、もう一つは、木で作った活字を組んで、摺った後にやはり袋綴じにして製本した木活字本《もっかつじぼん》と言われる体裁のものである。前者ののものの検討からはじめよう。

整版本

整版本『本佐録』は、全五九丁（序文部分八丁、本文三一丁、附録部分二〇丁）の半紙本である。今に言うノンブル（nombre［仏］、頁数）を示す柱刻は、序文部分は「序一〜序三」「一〜三」「序一〜序二」、本文は「一〜四十六」とあるが、その本文のうちの「三十二〜四十六」は新井白石の『本佐録考』を転載したもので、同じく白石の『藩翰譜』第十一の中の「本多」の記事の一部を転載した「附録一〜附録五」の文とともに附録部分をなしている。

ところで、この整版本には、若尾氏が前掲論考の註22で「刊本『本佐録』（平安読書室蔵版）には、附録を本文と別冊にして『本佐録附録』（外題）としているものの他に、両者を合冊にして一冊にしているものがある（慶應義塾大学図書館蔵『本佐録』、瀧本文庫旧蔵）。少なくとも二版出されたことがわかる」（二七六頁）と述べているように、附録部分を本文とは分けて別冊にした二冊本と「両者を合冊」した一冊本の二つのタイプのものがある。[*12] 私も一冊本を一本とそのほかに二冊本のタイプのものの別冊の附録のみを一本所蔵しているので確認できるのだが（ただし拙蔵の別冊本の題簽《だいせん》は、元のものが失われてしまったようで、新たな小ぶりのものが貼り付けられており、そこに記された外題は「本佐録 全」となっている）、一冊本も二冊本も使用している版木は同じものなので（別冊は本文三二丁からで、柱刻もそのままである）、若尾氏が言うように「二版出された」というわけではない。江戸時代の出版に関するこれまでの研究成果に学ぶ限りでは、一度作った版木は何度も使い、増刷の場合などは注文に応じて一〇部から二〇部程度摺り、その都度製本するというような形をとっていたようである。また、後刷になるにしたがって、おそらくコスト削減のためであろうが、冊数を減らすといった、体裁の変更をおこなうという例もあったとのこと。だとすると、これら二タイプのものについては同一版本と考えてよいし、その版行順については、冊数が増えるということはめったになかったようなので、二冊本から一冊本へという形であったと

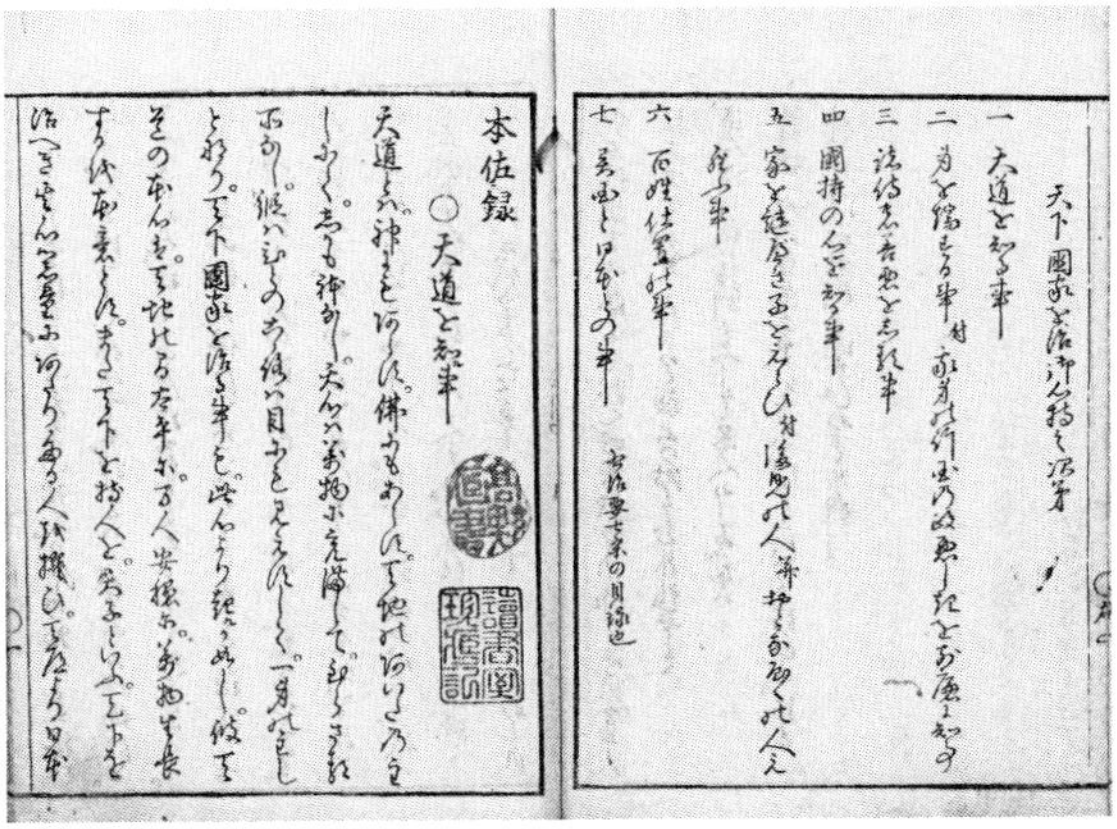
本佐録
○天道を知事

写真１　整版本『本佐録』、拙蔵

考えてよかろう。*13

整版本『本佐録』は、両タイプともに「平安読書室蔵」という刊記を持っており、本文の後ろに置かれた林鵞峰の跋文の日付は「延宝五年丁巳五月十四日」となっている。しかしながら、冒頭にはいわゆる「寛政三博士」の一人である柴野栗山《しばのりつざん》（一七三六〜一八〇七）の序文と、室鳩巣が享保一〇年（一七二五）に記したとする文章が序文として付されており、この版本自体の成立についてはかなり時代を下った時点と考えなければならない。附録部分の転載された二つの文の間の丁（四六丁裏）に「天明七年丁未冬十一月　越中　山本中郎謹校」と記されているので、この版本の版行が天明七年（一七八七）以後であることを確認することができるが、正確な版行年はこの版本を見る限りでは不明である。

「越中」の人とある校訂者「山本中郎」については、まことに偶然と言うほかないのだが、拙蔵の整版本『本佐録』の裏表紙内側に貼り付けられていた大正一五年（一九二六）発行の新聞『高岡新報』の数枚の切り抜き記事によって、その人物像を知ることができた。切り抜きはその年の二月二〇日から二三日にかけて同紙「郷土稀書」欄に連載された「封山先生詩歌」と、おそらく二四日の掲載であると思われる篠島復庵という人の書いた「封山先生遺稿」、そして二六日掲載の高野義太郎「山本封山先生　本佐録を版行す」という記事である。「封山先生詩歌」はその解題に、

封山《ほうさん》とは高岡出身の医師にして本名《ほんめい》を山本中郎《やまもとちうろう》と云ひ、日下庄兵衛《くさかせうべゑ》の二男《なん》である。二十才のと

き京都に出《い》で医を吉益東洞《よしますとうどう》に学び寛政文化のころ日本に於ける有名の医師となつた。儒学に造《ぞう》詣《けい》深く詩歌《しか》文章《ぶんせう》を善《よ》くした。その伝《でん》は市民読本、高岡史料等に出てゐる。封山の詩歌文章は元《げん》治甲子《ちこうし》の年京都兵火《へいくわ》の節《せつ》自宅焼失の為烏有《ためうゆう》に帰《き》したるを当地松田《まつた》三知《ちし》氏方《かた》にあつた書簡類から抜き書きせられたのが此《こ》の一巻にして、之《こ》れ以外に猶《なほ》あらば本欄の記者へお知らせあらんことを切望する。（これらの記事はほぼ総ルビの形で書かれているが、必要と考えたルビ以外は略した。また、以下に続けて引用する同紙掲載記事に付されたルビの中には「手沢本（しゅたくぼん）」を「てさはほん」としたり「安房守（あわのかみ）」を「あぼうのかみ」と読んでいるような誤りもあるが、そのまましした。漢字仮名はともに現行の字体に改めた。句読点も現行の形態に改めた）

と記しているが、重要なのは高野義太郎という人の書いた「山本封山先生　本佐録を版行す」という記事のほうである。三段以上にわたる長いものであるが、ここに全文を引いてみたい（句点や鉤括弧の片方が脱落している箇所には、これらを加えておいた）。

山本封山先生

本佐録を版行す

高野義太郎

此頃《このころ》郷土稀書《きしょ》として珍しい書籍の内容が掲載せられて居《ゐ》るのは、高岡人士《じんし》の郷土研究上大《おほい》に啓発せられることが多いと思ふ。行《ゆ》く〲は取りまとめて刊本とせられたら宜《よろ》しいと思ふ。篤《とく》志家《しか》の輩出せられんことを希望してやまぬ次第である。そこで最近に封山《ほうさん》先生詩歌《しか》が三日間継続掲載せられた。其《その》冒頭に先《ま》づ封山居士の自賛《じさん》の詩が見え、其次に読書室銘《どくしょしつめい》が二首《しゅ》並べられてあつた。

読　書　室　銘

惟我書室、制傚梅里、其屈也環堵有余、其伸也九州不足
主敬涵養以立其本、読書窮理以致其知、身体力行以践其実

これは封山先生の主義と抱負を発表したものである。其次に

夙起読書且写字、日中売薬夕陽旋、夜来環堵為何事、山妻繰糸野老眠

に至つて其生活状態の一端《たん》を示すもので極《きは》めて面白い。

▽

私は封山先生が此《この》読書室で朝早く起き字を写し読書して居《を》つた傍ら、其《その》生産物の一つとして『本佐録《ほんさろく》』出版の挙《きよ》を実行せられた事を知つた。これは『高岡市民読本』にも『高岡史料』にも見えて居らぬ。先生の逸事《いつじ》として爰《こゝ》に記《しる》すことは時期を得《え》たものであらう。私は高岡新報の封山先生の詩歌《しか》篠島翁《さゝしまおう》の封山《ほうさん》先生遺稿《いこう》といへるものなどを読み、フト私の所蔵本の『本佐録』を出して見ると、其本文の終りに天明《てんめい》七年《ねん》丁未十一月《ぐわつ》　越中山本中郎謹校《えつちうやまもとちうろうきんこう》　と記されて居《を》るのを見た。山本中郎といふ人が封山先生であつた事が此新聞で気がついたのである。私の『本佐

録』には、読書室現蔵記《どくしよしつげんぞうき》といふ二行《げう》六文字の隷書《れいしよ》の黒印《こくいん》が本書九枚目の本文の初《はじ》めの下《した》のところに捺されて居《ゐ》るので、或《あるひ》は其手沢本《てさはほん》ではないかとも思はれる。巻末に明朝文字で大きく平安《へいあん》読書室蔵《どくしよしつぞう》と印刷せられ、発行書肆は勿論《もちろん》無い。巻頭《くわんとう》柴野《しばの》栗山《りつさん》の序文の処《ところ》には読書室蔵版《ぞうはん》とあるから、無論《むろん》先生の自己出版であつた事は明了《めいれう》である。私は実に古先聖《こせんせい》と会見した様に感じて嬉しかつた。

▽

本書が厳密なる意義に於《おい》て本多佐渡守正信《さどのかみまさのぶ》の著で、加賀藩の家老本多安房守政重《あぼうのかみまさしげ》の家に伝へられたものであるか否《いな》かに於ては、出処曖昧《しゆつしよあいまい》であつて信用は出来ぬものであるといふが、徳川時代に勢力のあつた一政教論《せいけうろん》として珍重《ちんてう》された書籍であつた事は確実である。各大名家では大《おほ》方《かた》写本を所蔵し、其《その》写本も麗写珍蔵《れいしやちんぞう》して尊崇《そんすう》して居《を》つた事は誰知らぬものはない。徳川時代の武士は競《きそ》ふて愛読したものである。従《したが》つて幾種《いくしゆ》の写本があつて伝播《でんはん》の範囲も広いものである。本書が天下に広がつたのは新井《あらゐ》白石《はくせき》によつて紹介せられたのであるが、八代将軍吉宗公《よしむねこう》は尤《もつと》も愛読せられたものと伝へられて居《ゐ》る。従つて此本《このほん》は魯魚《ろぎよ》の誤《あやま》りは勿論《もちろん》文章も種々錯雑《さくざつ》して命題《めいだい》もまち〳〵で異本《いほん》も多い様である。これを数本を集めて校合《こうごう》して此《この》出版を企《くはだ》てられた事は、先生京都在住中の事蹟《じせき》として、即《すなは》ち読書室の生産物として尤《もつと》も親切な時機《じき》を得たものといふて差《さし》支《つかへ》あるまい。

▽

史学雑志（ママ）第十二編第三号に『本佐録考《ほんさろくこう》』と題して文学士中村勝磨氏《なかむらかつまろし》の悉（ママ）しい考証《こうせう》がある。其《その》説によれば、二種の版本《はんほん》があるといふことである。前田侯爵家《まへたこうしやくけ》所蔵の『質問本佐録《しつもんほんさろく》』といふ書によれば、江戸にて流布《るふ》の本《ほん》には『本佐録』と命名し、京師《けうし》にて流布の本には『正信集《まさのぶしう》』とある。而《しか》して京師本の『正信集』には跋語《ばつご》といふものが載せられ、江戸本《えどほん》には序言《じよげん》として之《これ》を巻頭《くわんとう》に載せられて居《ゐ》るが又《また》写本や版本でも此《この》序言跋語の載せてあるもの無きもの等《とう》ありて一定《てい》して居《を》らぬといふことである。命題なども更《さら》に色々な名称が附《ふ》せられて居《を》る点から考へて、元来は命題は無かつたものといふことは確実であらう。『本佐録』といふのは本多安房守政重の老臣《ろうしん》戸《と》田《た》靱負介《ゆきゑすけ》といふ人退隠《たいいん》して京都に在《あ》りし時、仏道の友《とも》三宅玄賀《げんが》といふ者切《せつ》に懇望《こんぼう》して之《これ》を写し置き、其《その》子孝伯《こうはく》に伝へたといふので、此《この》時玄賀が『本佐録』と命名したものであるといふのが普通の伝説である。

▽

又大学図書館所蔵の版本などといふのは、序言《じよげん》の外《ほか》に室鳩巣《むろきうそう》の本多佐渡守藤政信論治道国字書、といふ文《ぶん》を載せ、巻末《くわんまつ》には新井白石が或人《あるひと》の問《とひ》に答へたる長文《てうぶん》を附《ふ》し延宝《えんほう》五年の林学士《はやしがくし》の跋文《ばつぶん》もあり開巻《かいくわん》第一には柴野栗山《しばのりつさん》の序文もあるといふから、これは山本中郎先生の出版せられた予《よ》が蔵書と同一なものに相違ないと考へるが、中村学士は一言《げん》此山本先生のことに及んで居《を》らぬのは不思議である。山本先生の版本には天明七年丁未冬十一月越中山本中郎謹校と記《しる》したあとに、更《さら》に附録《ふろく》として新井白石の『藩翰譜《はんかんふ》』中の本多佐渡守正信の伝《でん》を五枚載《の》せてある。中村氏は亦《また》一言此事《この》に論及《ろんきう》してない。東京の大《たい》鐙閣《かく》刊行の『改訂日本経済叢書』第一巻の最初に『本佐録』が収められて居《ゐ》るのは、此山本先生の版本ではあるが、新井白石の或人に答へたりといふ一文《ぶん》を附録として印刷してあるのは原本《げんほん》と相違してゐる。

▽

扨《さ》て新井白石の或人に答へたりといふ一文は『白石叢書《はくせきそうしよ》』中の『本佐録附言《ほんさろくふげん》』と同文《どうぶん》で『質《しつ》問本佐録《もんほんさろく》』によれば、これは加賀藩の儒士《じゆし》青地《あをち》礼幹《れいかん》に答へたもので、此《この》人は本多氏の一族で兄斎賢《さいけん》と共に室鳩巣の門人である。『質問本佐録』は実《じつ》に此青地礼幹の著述したものである。而《しか》して山本封山先生も初《はじ》め此鳩巣先生に就《つい》て学んだ人であるから同門の人である。故《ゆゑ》に室鳩巣が『本佐録』に題言《だいげん》したのは青地斎賢が特に依頼したのであるといふことは信ずべきで此《この》鳩巣は又《また》実に新井白石の門下である。故に白石が此書を推尊《すいそん》し其経由《けいゆう》を述べ世に紹介するに至つた経路も自然わかるわけである。又幕府の儒者柴野栗山は山本封山先生の人となりを信頼し、屢〻《しば〳〵》加賀侯に仕官《しかん》せんと《（ママ）》ことをすすめられた程の親交があつたので、此書の巻頭に序文を書いたのである。故に其《その》末尾に

友人山本蘭卿篤信此書、校以数本繕写成帙、一日出以乞序、乃書邦彦平生所持論、以置諸其首

阿波国儒員柴邦彦書

とは記《しる》されたのである。蘭卿《らんけう》は即《すなは》ち中郎封山先生である。

▽

かく説明して来ると山本封山先生が自然此《この》『本佐録』に力瘤《ちからこぶ》を入れて、一は郷土の名誉保存として一は底本《ていほん》無きを憂《うれ》へて完本《くわんほん》を刊行するに至つた事は洵《まこと》に意義ある事業の一つといはなければならぬ。特に宝暦《ほうれき》九年四月十日金沢大火《かなさわたいくわ》で本多家に有つたといふ正信親筆《しんひつ》の『本佐録』も、本多家此時の類焼《るいせう》で失《うしな》つてしまい、現今《げんこん》佐渡守伝受《でんじゅ》の真本《しんほん》も其由緒《そのゆいしょ》さへ曖昧《あいまい》になつてしまつた次第であるから、其昔種々苦心の結果有るだけの資料を添《そ》へて此刊行を企《くはだ》てられたといふことは、読書趣味を有する人の好模範《こうもはん》であると推尊《すいそん》せねばならぬ。史学雑誌《しがくざつし》の『本佐録考』に一言《ごん》山本先生の版本《はんほん》に論及せられぬことを遺憾《いかん》とし、且《か》つ封山先生逸事《ほうさんせんせいいつじ》の一端《たん》ともなれかしとかく禿筆《とくひつ》を呵《か》して此拙文《せつぶん》を綴《つゞ》つた次第である。――（完）――

この記事は、室鳩巣を新井白石の門下としたり、青地斉賢の名を斎賢とするような誤りはあるが、整版本『本佐録』の校訂者「山本中郎」の学統や交友関係、加えてこの版本を版行するに至る経緯等を考えるうえで重要な情報を含んでいる。拙蔵版本には冒頭箇所に「高野蔵書」という朱色の蔵書印が捺されており、さらに氏の記事にある「九枚目の本文の初《はじ》めの下《した》のところ」の「読書室現蔵《どくしょしつげんぞう》記《き》といふ二行《げう》六文字の隷書《れいしょ》の黒印《こくいん》」の上方にも、同じ蔵書印が捺されている。このことからすると拙蔵版本は高野義太郎氏旧蔵本である可能性が高いが、記事にある氏の「私の『本佐録』には、読《どく》書室現蔵記《しょしつげんぞうき》といふ二行《げう》六文字の隷書《れいしょ》の黒印《こくいん》が本書九枚目の本文の初《はじ》めの下《した》のところに捺されて居《ゐ》るので、或《あるひ》は其手沢本《てさはほん》ではないかとも思はれる」という推定は、残念ながら誤っている。なぜならば、他の「平安読書室蔵」の刊記を持つ版本の「九枚目の本文の初《はじ》めの下《した》のところ」のまったく同一箇所にも、同じ「黒印《こくいん》」が見えるからである。

また、『高岡新報』の他の記事「封山先生詩歌」から「山本中郎」が京都に住する医師であったということを知ったおかげで、一九八四年に刊行された杉立義一氏の『京の医史跡探訪』(思文閣出版)という著作に出会い、これによって一九八一年に出た遠藤正治氏編の『読書室200年史』(山本読書室)[*14]という詳細な研究の存在を知ることができた。この著によれば、山本中郎は通称で、名は有香、字《あざな》を蘭卿、封山と号したとのことで、先述した「封山先生詩歌」解題の記事にあったように、越中高岡の生まれで後に儒医として名をなした人である。その生年は寛保二年(一七四二)。文化一〇年(一八一三)に七二歳で歿している。元の姓は日下、豊臣秀次について聚楽第に勤仕した山本隆貞を祖とする山本家を継いで、西本願寺の文如《もんにょ》上人の侍読を務め、天明六年(一七八六)に退任した際に上人からその学問所の「読書室」なる一堂を与えられたので、これを自邸に移して講堂とした。本草学者として名高い山本亡羊《やまもとぼうよう》(一七七八〜一八五九)は彼の次男である。加えて、この著には、おそらく何らかの史資料に基づくものであろうが、整版本『本佐録』の実際の正確な版行時期を考えるために参考とすべき「寛政元年刻成」という重要な情報が記されている(二頁、三一頁)。天明七年に校訂を終えたこの『本佐録』版本の草稿は、二年をかけて寛政元年(一七八九)に「刻成」すなわち版木として完成したということとなる。

「山本中郎」こと山本封山、字を蘭卿とする人物がこの『本佐録』版本を版行する経緯については、高野義太郎氏の記事が詳しく示しているとおりであるが、その情報源はこの版本、特に序文や跋文の中にあるようである。まず、序文からこのことを確認してみよう。

整版本『本佐録』には三つの序文が配されている。その冒頭に置かれたものは柴野栗山の序文「本佐録序」であるが、栗山はその文末に次のように述べている。

友人山本蘭卿《やまもとらんけい》、篤《あつ》くこの書を信じ、校するに数本を以てし、繕写《ぜんしゃ》して帙《ちつ》を成す。一日出でて以て序を乞ふ。乃ち邦彦平生持《ほうげんへいぜい》する所の論を書し、以てこれをその首《はじめ》に置く。

阿波国儒員柴邦彦《さいほうげん》書す[*15]

ここには、「友人山本蘭卿《やまもとらんけい》」が「校するに数本を以てし、繕写《ぜんしゃ》して帙《ちつ》を成」した『本佐録』を出版するに際して序文を書くことを求めて来たので、「邦彦《ほうげん》」すなわち柴野栗山は、この序文中に『本佐録』に関して「平生持《へいぜい》する所の論を書し」たということが述べられている。

その「平生持《へいぜい》する所の論」とは、どのようなものか。栗山はまず第一に、『本佐録』は間違いなく本多正信の手になるものであって、正信自身が執政を務めていた二代将軍徳川秀忠に呈するために書かれたものであったとする。その内容に対する評価は、序文中に言う「世に本佐録ありて云ふ、侯（本多正信――筆者註）手録《しゅろく》して以て台徳公《たいとくこう》（徳川秀忠――同前）に告ぐる所は、その言一《いっ》に王道の正より出でて、辞を雙《ふたつ》にして権詐《けんさ》詭譎《きけつ》に渉《わた》ることとなしと。蓋し三代の後、佐命の臣にして、未だこの議論あるを聞かざるなり」という発言や、「その言以て三代の謨《ぼ》訓《くん》と表裡《ひょうり》すべしと曰ふといへども可《か》なり」という表現に明らかなように、まことに高い。そして、栗山は「平生《へいぜい》持する所の論」の第二として、「侯のこの道を受くる所のいはゆる唐人」、すなわち『本佐録』本文中で著者が「天道の理」について教えを受けたと述べている「唐人」について「ただし人多くその受くる所を疑ふも、これ弁じ難からざるなり」と述べ、著者に教えを授けることが可能であったのは「藤惺窩数子の外その人なし」と断じてもいる（二七〇〜二七一頁）。

論の第一として述べられた、『本佐録』の著者を本多正信とし、これを二代将軍秀忠への上呈本とする主張は、本章冒頭に示しておいたように、整版本『本佐録』巻頭の栗山の序文に続いて掲載されている二つ目の序文とも言うべき室鳩巣の手になる「本多佐渡守藤政《（ママ）》信治道を論ずる国字の書に題す」という題名の文の中や、本文の目次の前に置かれた三つ目の序文、栗山のものと同名の「本佐録序」の中でも強調されている（二七二頁、二七五頁）。

また、これもすでに本章冒頭に記しておいたことであるが、『本佐録』成立に「藤惺窩数子」、すなわち藤原惺窩らの協力があっただろうという第二の主張も、整版本『本佐録』本文の後ろに置かれた林鵞峰の跋文の中で強調されていることに近い（二九九頁）。

ところで、『本佐録』の著者問題にふれるこれらの序文や跋文の中には、この問題のほかにも『本佐録』が世に現れ出た経緯について述べた文が含まれている。一つは、室鳩巣の「本多佐渡守藤政《(ママ)》信治道を論ずる国字の書に題す」に記す次のような文である。すでに本章冒頭に引いたものだが、改めて引いてみよう。

佐州君の次子、安房守政重《まさしげ》大夢と号する者、始めて加賀に仕へて国老となる。子孫承襲《しょうしゅう》して以て今の安房守政昌《まさまさ》に至りてすでに四世なり。その家蔵、先世の旧物の中に簡牘《かんどく》文書あり、この書はその一に居る。ここにおいて始めて知る、この書は佐州君の撰する所たり、しかうして当時啓沃《けいよく》の余に成りしことを。順庵白石の監定《かんてい》もまた謂ふべし、信じて謬《あやま》らずと。大夢君二世、安房守政長《まさなが》素立軒と号する者、嘗《かつ》て手づからこの書を写して以てその幼子政寛《まさひろ》に授け、これを蔵《おさ》む。素立君の卒《しゅつ》せし後、その本始めて出づ。今この夏、今の房州君の族人青地斉賢《あおちせいけん》別にその本を写し、逓送《ていそう》して直清《なおきよ》(鳩巣——筆者註)に示す。(二七二頁)

鳩巣のこの文章は、文末に「直清すでに青地の請を重んじ、また房州君の意を嘉《よみ》し、遂にこれがために書す。時に享保十年なり」(二七四頁)と記されているように、享保一〇年(一七二五)に書かれたものであるが、鳩巣が目にした写本は、正信の次男で、加賀前田家の家老職を務めた本多政《まさ》重《しげ》にはじまる加賀本多家伝来の文書を原本としたという、政重の四男で襲封し二代目となった本多政長《まさなが》書写本を、「房州君の族人青地斉賢《あおちせいけん》」がさらに写したものであるとしている。

一方、鳩巣の文章に続いて配されている「本佐録序」は、この書物が二代将軍秀忠に上呈されたものであることを述べた文に続けて、次のように記している。

然るに此書の下書、本多佐渡守次男安房守《あわのかみ》、松平加賀守家老に被レ送《おくられ》、他の見分もなかりし。安房守家老戸田靱負助《とだゆげいのすけ》、七十余後号二雲斎《うんさい》一、京二条下材木町東側に隠遁し、居られたるとき、予が友三宅玄賀《みやけげんが》法名慶雲《けいうん》、仏道の友達なれば、折にふれ興に乗じて、此書の物語ありし時、玄賀強く懇望《こんもう》致され、写置て子息孝伯へ送られたり。予ひたすら所望《しょもう》申に依て、辞するに言葉なく借たまへり。尤《もっとも》他見可レ有二用捨一もの也。本多佐渡守子息両人、兄は上野介《こうずけのすけ》、次男は安房守、戸田靱負助は佐渡守内儀方《ないぎかた》之甥《おい》也。此書を本佐録と号する事は、後に玄賀名付られたり。献上の時は尤外題《げだい》無レ之。（二七五頁）

この序文が誰の手になるものであるかは不明であるが、その人物が目にしている「予が友三宅玄《みやけげん》賀《が》法名慶雲《けいうん》」が後に名づけたという『本佐録』は、外部に持ち出した者が「佐渡守内儀方《ないぎかた》之甥《おい》」の「戸田靱負助《とだゆげいのすけ》」である点が異なるが、鳩巣が見たものと同じく、やはり加賀の本多家から出たものと述べられている。*16

ところが、本文の後ろに配されている林鵞峰の跋文には、これとは異なる出所が記されている。この文章もすでに本章冒頭に一部を引いているが、改めて全文を御覧いただきたい。

この一冊、題名なく作者なく、故《こ》本多《ほんだ》豊前守正貫《ぶぜんのかみまさつら》の家より出づ。伝へ称して、正貫の伯父佐渡守正信、幼君の輔佐たりし時、惺窩先生の筆を倩《こ》ひてこれを献ぜしなり。幼君とは台徳公なりと云ふ。今按《あん》ずるに、惺窩の文禄年中に東遊せしは、則ち正《まさ》に台徳公幼少の時に当るなり。しかれども、この冊中に秀吉一代にして亡ぶの語あれば、則ち台徳公幼少の時にあらざるなり。関が原の戦後、大阪の乱後の作なり。冊中理を説くこと通徹《つうてつ》し、述詞《じゅつし》滞《とどこお》らず、惺窩の作となすといへども誣《し》ふとなさざるか。故に源尚舎《げんしょうしゃ》の本を借りて、これを写す。名づけて治要七条と曰ふ。延宝五年丁巳《ひのとみ》五月十四日。林学士跋

（二九九頁）

鵞峰はこの文において、「この一冊」は「題名なく作者なく、故《こ》本多《ほんだ》豊前守正貫《ぶぜんのかみまさつら》の家より出」たもので、「源尚舎《げんしょうしゃ》の本を借りて、これを写」したと述べている。新たな出所としてその名が記されている「本多《ほんだ》豊前守正貫《ぶぜんのかみまさつら》」は、文中に「正貫の伯父佐渡守正信」とあるように、正信の弟正重の子（正重の娘の子で外孫であるが、正重の養子となった）で、正信にとって関係としては甥（実際は姪の子）にあたる人である。この「正貫《まさつら》の家」については、若尾政希氏が前掲論考の中で、次のような事実を紹介している。

正貫家に関しては、さらに興味深い事実がある。林羅山（天正一一〈一五八三〉～明暦三〈一六五七〉）が『本多正信碑銘』を執筆しているが、羅山にこの碑銘を懇請したのが、「慶安二年己丑

六月七日　本多豊前守正貫　立」（『本多正信碑銘』末尾）なのである。本多正信の子孫は、正純家が絶え、政重は金沢藩の家老となり、いわば正信の血統を継ぐものが幕臣にはいなくなった。正貫は、自らがそのような立場にあると意識して碑銘執筆を依頼したと推定されよう。さて、この羅山筆の碑銘には、「政事軍謀知而無レ不レ言、諷諫善巧思而無レ不レ告」と、正信が政事・軍謀両面で才能を発揮したという。また正信・正純父子の権柄は、「雖二細川頼之頼元之管轄一亦不レ能レ過也」と、室町幕府の細川頼之・頼元を越えていたとまで述べていながら、『本佐録』については一言の言及もないのである。　（二四九頁）

この事実からは、本多正貫と林鵞峰の父の林羅山との間には交渉があったことを確認できるが、「羅山筆の碑銘」に「『本佐録』については一言の言及もない」とするならば、ここに示された出所に関する情報は、あるいは「本を借り」たという「源尚舎《げんしょうしゃ》」から得たものであったのかもしれない。「源尚舎《げんしょうしゃ》」という人については、『本佐録』版本を日本思想大系28『藤原惺窩 林羅山』（岩波書店）に収録する際に校訂を担当した石毛忠氏が、その補注に「身分、生没年からして、寛永九年（一六三二）主殿頭に叙任された松平忠房（一六一九—一七〇〇）あたりが該当するのではないかと推測されるが、もとより確証はない」（四〇五頁）と記している。石毛氏は慎重に「推測される」と言うにとどめているが、たとえば一九九五年に出版された雅俗の会編『西国大名の文事』（葦書房）で、入江滑氏が『肥前島原松平文庫目録』中の「押印」の表記にふれて、「押印とは松平文庫本には、多くは青肉で「尚舍源忠房」と押し、その下に多くは朱肉で「文庫」とある蔵書印を仮称したのである。「尚舍」は忠房が主殿頭であったその唐名である」（一四八〜一四九頁）と述べていることからして、この人物は間違いなく島原藩主であった松平主殿頭《とのものかみ》忠房であると考えてよい。[*17] 好学の大名として知られていた人である。しかしながら、この松平忠房がどのようにしてこの「本」を蔵書とするようになったのか、その経緯については今のところ一切不明である。

整版本『本佐録』は、他に出所についてのもう二つの情報を提供してくれる記述を含んでいる。その一つは、林鵞峰の跋文の後ろに付された「附録」と称されている二つの文のうちの最初の文中の以下のような記述である。[*18] この「附録」の文は、文末に「享保癸卯仲秋」という日付の記載があり、「筑後守源君美」という記名もあるので、享保八年（一七二三）に新井白石が書いたものであることがわかるが、まずこれの内容を確認してみよう。

又此書もと、上州へ伝られ候を、上州より一岳へ伝られ、又一岳正之へ伝られ候説の事、上州と申も、房州と申も、彼御息に候へば、わかち伝へられ候事と見へ候。正之の伝られ候本には、定て上野介殿へとしるされ候はん。某本は戸田の伝へられし所を、うつして候へば、他説の事は承も伝へず候事。

この文は、先述したように白石の『本佐録考』を転載したものである。白石はここで「此書」は本多正信の長男の「上州」、すなわち本多上野介《こうずけのすけ》正純家にも伝えられているという所在に関する「説」があるということを述べている。本多正純（一五六五〜一六三七）は、父の正信とともに家康の信任を得て幕政に参画し、家康の死後は秀忠の執政として権勢をふるったが、後に失脚し出羽国に流されてその生涯を終えたことで知られる人である。白石はこの人物と『本佐録』にかかわる「他説」を伝えた上で、「某本」すなわち自らの持つ本は「戸田の伝へられし所」のもの、先にふれた加賀本多家から「佐渡守内儀《ないぎ》方《かた》之甥《おい》」である「戸田《とだ》靱負助《ゆげいのすけ》」の手を経て出た「本」を写したものであると述べている。

前段の所在に関する「説」については、中村勝麻呂氏の論考「本佐録考」（前掲）が「加賀藩の第二伝説」として、以下のごとく詳しく紹介している。

『質問本佐録』によれば、本多上野介正純左遷の際、佐渡守の遺篇及び副本を取りて執友成瀬隼人正正虎に致せり。正虎旧好を変ぜず上野介の遺孤正之を養育しけるが、一日其遺篇を出し之を正之に授けて父祖相伝ふるの意を示し、且つ漫《みだり》に副本あるべからずとて之を火中に投じ其鄭重の意を示せり。正之後幕府に事《つか》へ、代々此篇を伝へ深く秘蔵して他人に向ひては此書あることをいはずとぞ。而して成瀬受授の事は即ち正之の後なる旗本本多家の伝説なりと。此家の什物は今本多正憲子爵の家に保管せらるゝ由なれば就て質しゝにさる物なしとぞ。（六〇頁）

この説明の根拠として取り上げられている『質問本佐録』は、『質問本佐録信疑事条』という文書として現存しているが（この史料については、後に詳しくふれる）、その中に「飛州犬山城主隼人正成瀬正虎、老て一岳と称す」と記している箇所があるから、白石の文中に言う「一岳」というのは、成瀬隼人正《はやとのかみ》正虎（一五九四～一六六三）のことである。また、中村氏の説明の末尾に記されている「旗本本多家」の「什物」を保管しているという家の主「本多正憲子爵」は、「今の本多正憲子爵は正貫の裔」（六一頁）とのことであるから、この「説」にはこれまでの出所の検討の中で名前の出た多くの人物が顔を出しているということになる。

『本佐録』にまつわる言い伝えは、このように少なからず複雑に入り組んでいるが、最後に示す「附録」のうちのもう一つの文の中の記述には、これまで一度も出て来たことのない人物の名前が登場している。白石が、師である木下順庵から聞いたという話を記したものである。

先師にて候もの丶申候ひしは、此の程池田勘兵衛の家に秘せしもの也といひて、借されしもの、佐州撰呈の所也。其書に、唐人に聞しと云事のあるを、池田は惺窩の事にこそといひしかど、其書には、本朝儒家の説のごときはよしともおもはぬよし、爰《ここ》かしこに見たり。さらば池田のいひしごとくにはあるべからず。[*19]

ここには、順庵が「池田勘兵衛」という人が秘蔵していたこの書物を借りて読んだが、「其書に、唐人に聞しと云事のあるを、池田は惺窩の事」と言っているのは間違っているという著者問題にかかわる見解が示されている。「池田勘兵衛」とは、どのような人なのか。この人物についても、若尾政希氏がすでに調査をおこなっていて、前掲論考で次のように報告している。

池田勘兵衛は、旗本池田貞雄（勘兵衛は通称、慶長一八〈一六一三〉〜貞享四〈一六八七〉）のことであろう。勘兵衛は、徳川家光に仕え、寛永一八年一二月二一日には、若君（家綱）の病気平癒の賀で「納戸番」「池田勘兵衛貞雄銀十枚」と褒美を貰っており（『徳川実記』）、家綱の近くに仕えていたのであろう。後に幕府の書物奉行（延宝二〈一六七四〉〜貞享一〈一六八四〉）を勤めている。順庵はこの池田勘兵衛からこの書物を借用したのだという。だが、池田勘兵衛との関わりを伝える写本は、これまで見つかっておらず、この説も確認することができない。

（二五〇頁）

この人物が秘蔵していたという『本佐録』がどのような内容のもので、どのような来歴を持つものであるのかを知るための材料は、若尾氏が言うように今のところ見つかっておらず、これまた一切不明である。

整版本『本佐録』の序文や跋文、そして「附録」から得ることのできる情報は、以上のようなものであるが、本文からはどのような情報を得ることができるのであろうか。続いてこれについての検討をおこなってみよう。

整版本『本佐録』は、柴野栗山が序文「本佐録序」に「友人山本蘭卿《やまもとらんけい》、篤《あつ》くこの書を信じ、校するに数本を以てし、繕写《ぜんしゃ》して帙《ちつ》を成す」と記しているように、「山本蘭卿《やまもとらんけい》」すなわち山本中郎が「数本」の『本佐録』写本に基づいて、それらを「繕写《ぜんしゃ》」することによってなったものである。「繕《ぜん》写《しゃ》」とは補訂編集のことであるが、その結果、以下に示すようないくつかの整版本に特徴的な記述が生じている（整版本については、これまでと同様に日本思想大系28所収のものから引き、頁数のみ記す）。

若私《シ》欲にふけり身の栄花を極め、万人恨を含ば、天道に天下を取返され、子孫永くほろぶべし。（二七八頁）

これは、第二条の「身を端《ただ》する事」の冒頭に近い部分の記述であるが、他本の、たとえば「金沢市立玉川図書館近世史料館稼堂文庫」（以下「稼堂文庫」と表記する。引用に際しては句読点を施す。以下同様）所蔵の写本『本佐録』のこの部分は、

若私欲にふけり身の栄花を極め、万人恨をふくまは、天道に天下を取かへされ、先祖の名を失ひ、人民にうとまれ、子孫なかく亡へし。（問題としたい箇所の文には傍線を施した。以下同様）

となっている。また、同条には次のような記述もある。較べやすいように整版本の記述と「稼堂文庫」所蔵写本のそれとを並べて引いてみよう。先に引くのが整版本の記述である。

然ば大臣に智恵深く正路なる人を撰て、少の事をも独り〳〵わけて呼出し、談合して智恵の上下を察して能事《よき》をとり、悪敷《あしき》を捨べし。（二八〇頁）

然らは大臣に智恵深き正路なる人をえらひ、又奉行に能ものをえらひ、近習に能ものを撰て、少の事をも一人〳〵わけて呼出し、談合して智恵の上下を察してよき事を取、あしきを捨へし。

ここに引いた整版本のこれらの記述は、いずれも校訂者である山本中郎が他本の同一箇所の記述から、意図的にかどうかの判断は難しいが、おそらく意図的に傍線部を省くことによって成ったものである可能性が高いことを示している。それのみならず、整版本には明らかに校訂者が意図的に叙述の変更をおこなったと見なければならない箇所もある。同じく「稼堂文庫」所蔵写本の記述と並べて引くので、傍線部に注意して御覧いただきたい。

又頼家は弟に殺され、実朝は甥に殺されて、天下をとつて程なく、平時頼といふもの少し道のこゝろを知て、我身の欲を忘れて、万民の為に心を尽す。（二九二〜二九三頁）

又頼家は弟に殺され、実朝はおいにころされて、程なく天下を失ひたり。北条天下を取て、泰時時頼と云者少し道の心を知て、我身の欲を忘れて、万民の為に心をつくす。

また、整版本の目次で「三　諸侍の善悪をしる事」となっている条目題は、本文中では「時の善悪を知る事」という題に改められてもいる。だが、これについては改変というよりは「侍」という字の偏を見誤って「時」とした写し間違いであった可能性もある。いずれにしても、この箇所を「時」と記しているのは、管見の及ぶ限りでは整版本とそれを写したと考えられる写本に見られる大きな特徴である。

以上に指摘したような整版本およびその系統の写本に特徴的な記述は、少なく見積っても十数箇所で確認できる。したがって、その十数箇所の記述に着目すれば、他本それぞれと整版本との間の関係を判断することが可能となる。『本佐録』は、若尾氏も指摘しているように、「それぞれの文章については」「諸本の間で大幅な異同を見いだせな」いために「諸本を系統立てて整理すること」は困難である（前掲論考二四三～二四四頁）が、それぞれが整版本の系統であるかどうかを判断することだけは可能なのである。その具体例をここに示してみよう。取り上げるのは、『遺老物語』に収録されて伝えられてきた『本佐録』写本の中の一部のものである。

『遺老物語』は、新井白石の義弟であった朝倉（日下部）景衡《かげひら》（一六六〇～？）が編纂したもので、

『国書総目録』（前掲）は享保一八年（一七三三）の序を持つ二〇巻本であると記している。全二〇巻中に『備前老人物語』や『東照宮御遺訓』等を含むこの『遺老物語』写本は、少なからぬ数のものが現存しているが、私の手許にも二〇巻の写本一組がある。その巻第六の「遺老物語　本佐録　六」という外題を持つ拙蔵『本佐録』写本（後述する「拙蔵写本⑬」）には、冒頭に序文と目次、本文の後ろに改丁して新井白石の『本佐録考』の文と、さらに改丁のうえ「附録」と題して同じく白石の『藩翰譜』第十一の中の「本多」の記事の一部が置かれている。これは整版本の形式と同じである。しかも、この写本本文は先に整版本に特徴的な記述があると指摘した箇所が、すべて整版本と同様の記述となっている。

このことから、この写本の入手当初は、成立時期からして、天明七年（一七八七）に山本中郎の手で校訂がおこなわれて成った整版本は、あるいはこの享保一八年の序を持つ『遺老物語』に収録されている写本の形式や記述に倣《なら》って作成されたものであるかもしれないと考えたが、その後、他の一〇本程の『遺老物語』収録写本を検討してみた結果、どうやらそうではない可能性のほうが高いということがわかった。検討の結果を以下に示しておこう。

写真2　『遺老物語』写本、拙蔵

検討をおこなってみて驚かされたのは、『遺老物語』収録の『本佐録』写本には様々なタイプのものがあるということであった。「宮城県図書館伊達文庫」所蔵本のように序文と目次はあるが附録はないものや、「国立国会図書館」所蔵本のように附録だけでなく序文や目次もなく本文だけで、その本文が上中下に分けられているものがあるかと思えば、附録はなく序文と目次はあるものの、いくつかの箇所の記述が欠落している「筑波大学附属図書館」所蔵本のようなものや、拙蔵写本のように整版本と同様の形式や記述を持つものがあるといった具合である。私が見たのは一一本であるが、管見の及ぶ限りで示せば、これらは概《おおむ》ね次のように分類できる。

［A］ 附録を付さず、本文の記述が先に引いた「稼堂文庫」所蔵写本をはじめとする他の多くの写本の記述とほぼ同様であるタイプのもの。「宮城県図書館伊達文庫」所蔵本のように序文と目次があるものや、「国立国会図書館」所蔵本のように序文や目次もなく本文だけで、その本文が上中下に分けられているものが現存している。巻第一の冒頭には両本ともに全二〇巻の「目録」の記事に続けて、

此書文禄の比より享保の間古老の雑談といふ書を数年の中一冊を得ては予写し置しを大成して遺老物語と題号す

享保十八年癸丑　朝倉日下部景衡識

という全体の序文が記されている（「宮城県図書館伊達文庫」所蔵本の記述を用いた）。

［B］ 附録を付さず、序文と目次があるが、他本とは異なり本文中の少なからぬ箇所の記述が欠

落しているもの。最終の第七条の冒頭近くの「漢の高祖」や「唐の代」の「太宗皇帝」を取り上げた話や、「神武天皇」や「頼朝」「頼家」「実朝」といった鎌倉の源氏三代を扱った話が述べられた箇所などは、ほぼ一丁半から二丁分が欠落している。「筑波大学附属図書館」所蔵本は全巻揃いのものではないようなので確認できないが、このタイプのものである「國學院大學図書館」所蔵本や「明治大学中央図書館黒川文庫」所蔵本、「龍谷大学大宮図書館」所蔵本、「東京大学総合図書館」所蔵本（南葵文庫旧蔵。外題は「古老物語」。ただし巻第一の「目録」を記した冒頭には「遺老物語」とある）や「国立公文書館内閣文庫」所蔵本（他のものと少し異なる点があるが、このタイプのものと見てよいと思う）の巻第一には、ともに「目録」に続けて［A］タイプのものと同じ序文と日付と署名が記されている。

［C］　冒頭に序文と目次、本文の後ろに改丁して新井白石の『本佐録考』の文と、さらに改丁のうえ「附録」と題して同じく白石の『藩翰譜』第十一の中の「本多」の記事の一部が置かれており、整版本と形式が同じである。このタイプのもののうち「宮内庁書陵部」所蔵本と拙蔵写本（後述する「拙蔵写本⑬」）には、巻第一冒頭の「目録」の記述に続いて［A］［B］両タイプのものと同様の全体の序文と日付が記されているが、署名は「朝倉日下部景衡識」ではなく「新井君美識」となっている（ただし、拙蔵写本は、これらの序文や日付や署名の記事の左に、朱筆で「遺老物語　右日下部景衡の纂集也」という記述を含む文を書き込んだ紙片が貼付されている）。『国書総目録』（前掲）が「宮内庁書陵部」所蔵本について「新井君美写」と記しているのは、このゆ

えであろう。また、「慶應義塾大学三田メディアセンター」所蔵本の巻第一当該箇所には、この序文とは異なる「文化元年十二月」の日付を持つ文が置かれているが、その冒頭には「遺老物語廿巻は白石先生の集合玉ひしものなり」と記されている。

『遺老物語』に収録された『本佐録』写本にこうした複数のタイプのものがあるという事実は、何を意味しているのであろうか。［A］［B］二つのタイプだけであれば、相互間の異同は他の書物の写本群においても見られることがある現象なのだが（たとえば［B］タイプ本は［A］タイプ本のいずれかを写す際に写し間違いが起きたことによって成立したものである可能性が高い）、［C］タイプ本の存在についてはどのように説明すればよいのであろうか。［C］タイプ本は、明らかに［A］［B］両タイプのものとは別のものを原本として成立していると見なければならないからである。

結論から先に述べるならば、［C］タイプ本は天明七年（一七八七）に校訂を終えた整版本ないしはその系統本を写すことによって新たに成ったものである。［C］タイプ本には、拙蔵写本を含むすべての写本の本文第五条と第六条の叙述の中の三箇所に整版本とは異なる記述があり、その異同は［C］タイプ本が整版本ないしはその系統本を原本として成立する際に生じたとしか考えられないものであるからである。それら三箇所の記述を較べやすいように整版本の当該箇所の記述と並べて御覧いただくこととしよう。［C］タイプ本については、こうした異同が生じる原因となったと考えられる「宮内庁書陵部」所蔵本から引くこととする（このように考える理由については後に示す。

引用文には句読点を施し、改行箇所には／を入れた。整版本については、これまでと同様に日本思想大系28所収のものから引き、頁数を記す）。

（1）［「宮内庁書陵部」所蔵本　一六丁裏最終行／一七丁表冒頭行］
りやすきは心なり。種々おそろしき工夫を以、たらするに依／あり。又物をも云ひかねて、天下国家を治かたに利発なる者

［整版本］
りやすきは心なり。種々おそろしき工夫を以、たらするに依て、覚《おぼえ》ずしてたらさるゝなり。かりにも近所に不レ可レ置と也。（二八七頁）

（2）［「宮内庁書陵部」所蔵本　一八丁裏最終行／一九丁表冒頭行］
つかるゝ時は、田に糞を捨る力なし。田をかへす事も半作／て覚すしてたらさるゝなり。かりにも近所に不可置と也。

［整版本］
つかるゝ時は、田に糞《こえ》を捨る力なし。田をかへす事も半作《はんさく》成に依て、物成《ものなり》あしく、此故につかれ民亡び、天下国家の費、一倍二倍にあらず。（二八九頁）

（3）［「宮内庁書陵部」所蔵本　一九丁裏最終行／二〇丁表冒頭行］
に利発なるもの有。又無能無芸にして、算用に利発成もの／成に依て、物成あしく、此故につかれ民亡ひ、天下国家

［整版本］
に利発なるもの有。又無能無芸にして、算用に利発成ものあり。又物をも云ひかねて、天下国家を治かたに利発なる者有。（二八七〜二八八頁）

こうした異同は、「宮内庁書陵部」所蔵本の錯簡《さっかん》、具体的に言えば本来一七丁目でなければならない一枚を一九丁目に誤って入れて綴じ合わせたことによって生じたものである。このことを確認するために、「宮内庁書陵部」所蔵本の一九丁を一七丁目に移して見てみよう。

（1）［一六丁裏最終行／一九丁表冒頭行］
りやすきは心なり。種々おそろしき工夫を以、たらするに依／て覚すしてたらさるゝなり。かりにも近所に不可置と也。

（2）［一九丁裏最終行／一七丁表冒頭行］
に利発なるもの有。又無能無芸にして、算用に利発成もの／あり。又物をも云ひかねて、天下

国家を治かたに利発なる者

（3）［一八丁裏最終行／二〇丁表冒頭行］

つかる丶時は、田に糞を捨る力なし。田をかへす事も半作／成に依て、物成あしく、此故につかれ民亡ひ、天下国家

このようにすると、［C］タイプ本は三箇所ともにすべて整版本と同一記述となる。また、両者は行文《こうぶん》すなわち文章中の語句の配りや漢字や仮名といった文字の使い方までもが同一であるということも確認できる。

写本の場合、丁数や行数そして一行あたりの文字数までもが同一の本があるとは考えにくいことからすると、「宮内庁書陵部」所蔵本は［C］タイプ本の最初のものであって、写して綴じ合わされた段階からここに示したような錯簡が生じていた可能性が高い。このタイプに分類できる拙蔵写本も「慶應義塾大学三田メディアセンター」所蔵本も、「宮内庁書陵部」所蔵本の錯簡によって生じたと考えられる新たな誤った記述が、改丁部分ではない丁の中途の箇所にそのまま写されているからである。『遺老物語』収録の［C］タイプ本のほうが逆に整版本校訂の際に原本として用いられた本の一つであったかもしれないという見方は、したがって成り立ち得ない。整版本ないしはその系統のもののほうが、明らかに『遺老物語』に収録された『本佐録』の中の一部のものを成立さ

せる際の原本として使用されているのである。[20]
続いて、もう一種の版本である木活字本を見てみることにしよう。

木活字本

木活字本『本佐録』は、全二五丁（序と目録が各一丁、本文が二三丁）の大本《おおほん》である。活字は半丁あたり二四字一二行で組まれ、仮名は片仮名が用いられている。私の手許にはこの木活字本が二本あるが、その本文一丁裏一一行目の冒頭は、いずれも「■」となっている。私が目にした他の木活字本『本佐録』の同箇所もすべて拙蔵本二本と同じ活字の組み方であるから、どうやらこれについても別の版の存在を考えなくてもよさそうである。刊記も奥付もないので、この版本自体から版行年や版元すなわち版行書肆名を知ることはできない。だが、版元については、これを知るための手がかりが一つだけ残されている。それはこの版本を入れていた袋に注目することである。

袋とは、中野三敏氏が「和本教室四　和本のできるまで」（『図書』第七一四号、岩波書店。この「和本教室」は雑誌『図書』の二〇〇八年六月号から二〇一〇年一一月号まで、三〇回にわたって連載されたものであるが、後にこれに加筆したものが同じ岩波書店から同氏著の新書本『和本のすすめ——江戸を読み解くために』として刊行されているので、この引用の新書版頁数をも併記しておくこととする。以下同様）の中の「袋入れ」に関する解説をおこなった文で、袋入れは、今でいうカヴァー付けで、十八世紀中頃からは多くの出版物を、上下の開いた袋、というより筒状の紙だが、それに収めて店頭に並べた。そこには著者名、書名をはじめ重要な書誌情報が刷りこまれているのが普通で、さらに草紙類などは袋だけ綺麗な色刷りなどにして目を引くようにしたが、残るものは稀なので、この袋の有無を研究者はかなり気にするのが通例でもある。　（六二頁、新書一二五頁）

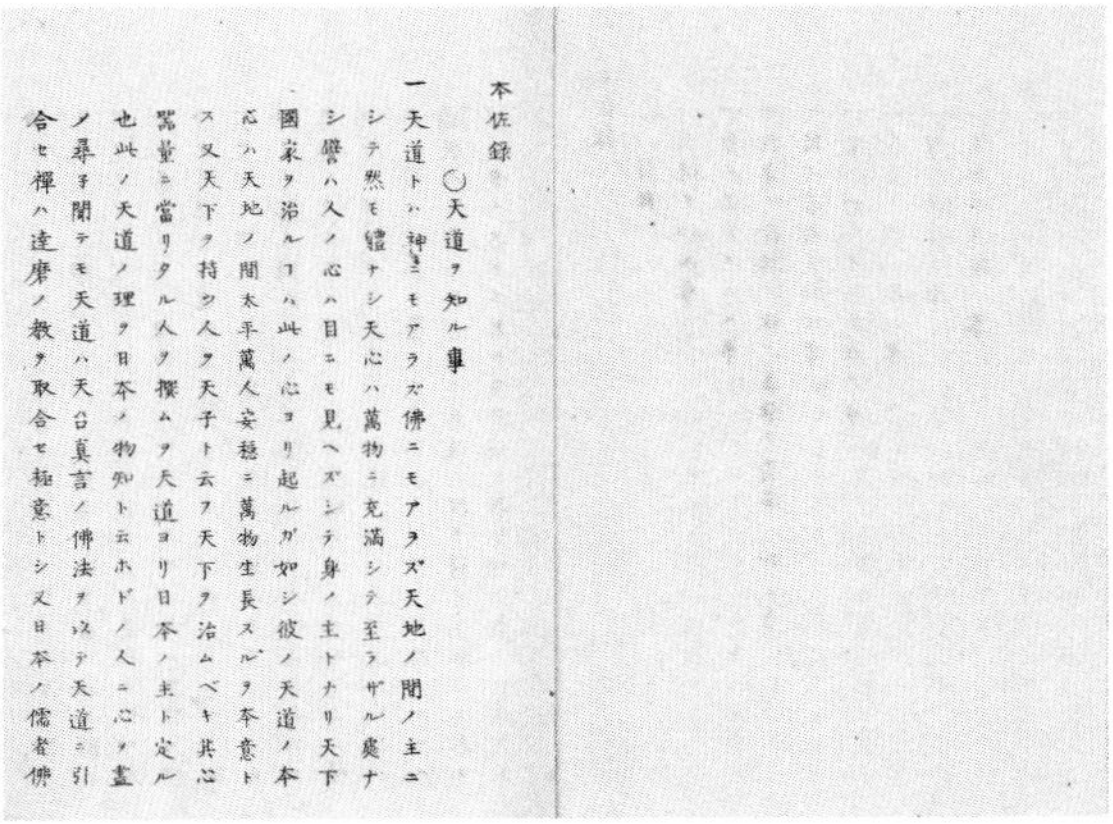
本佐録
○天道ヲ知ル事
一天道トハ神ニモアラズ佛ニモアラズ天地ノ間ノ主ニ
シテ然モ體ナシ天心ハ萬物ニ充滿シテ至ラザル處ナ
シ譬ハ人ノ心ハ目ニモ見ヘズシテ身ノ主トナリ天下
國家ヲ治ルヿハ此ノ心ヨリ起ルガ如シ彼ノ天道ノ本
心ハ天地ノ間太平萬人安穩ニ萬物生長スルヲ本意ト
ス又天下ヲ持ツ人ヲ天子ト云フ天下ヲ治ムベキ其心
器量ニ當リタル人ヲ擇ムヲ天道ヨリ日本ノ主ト定ル
也此ノ天道ノ理ヲ日本ノ物知ト云ホドノ人ニ心ヲ盡
ノ尋テ聞テモ天道ハ天台真言ノ佛法ヲ以テ天道ニ引
合セ禪ハ達磨ノ教ヲ取合セ極意トシ又日本ノ儒者佛

写真３　木活字本『本佐録』、拙蔵

と述べているように、いくつかの「重要な書誌情報」が刷り込まれているものである。木活字本『本佐録』は、どうやら袋入りで出された版本であったようで、管見の及ぶ限りでは「東京都立中央図書館加賀文庫」所蔵本に「残るものは稀」という「重要な書誌情報」を整版印刷で刷ったこの袋が残っており、そこには「大橋先生校　本佐録　至誠堂蔵版」という「書誌情報」が刷り込まれている。また、この袋の残っていない「慶應義塾大学三田メディアセンター」所蔵の木活字本表紙裏すなわち見返しには、「本書袋ニ「大橋先

生校　本佐録　至誠堂蔵版」」という書き込みがなされている。

版行書肆「至誠堂」が、どのような書肆であったのかということを知るための手がかりは、今のところない。江戸時代の書肆情報を得るために用いられることの多い『増訂慶長以来書賈集覧』（高尾書店）や『徳川時代出版者出版物集覧』正続編（萬葉堂書店）といったものの中にも、その名が記載されていないからである。だが、それは木活字本というものの性格から言って、珍しいことではないようである。

木活字本の性格について、中野三敏氏は「和本教室六　逆字彫り（整版）だけが木版ではない——出版史の沿革」（『図書』第七一六号、同前）の中で、次のように説いている。

> 寛政前後（一七八九）からは、一時逼塞状態にあった木活字による印刷が、再度、素人出版の簡便な方法として復活し、相当な流行をみせて幕末、明治まで刊行され続ける。現存数はおそらく千五百種ほどにもなろう。古活字版と区別して「近世木活《きんせいもっかつ》」とよばれることが多い。木活字と植字盤さえあれば至って簡単に印刷ができるので、素人が私家版として刊行できる。しかし板木が残らないので、営利には向かぬという理由から、官権も出版規制の埒外と認めて放置した。そのため、ある種の規制外出版物としての意味も担うようになり、注目すべき領域となっているが、これも次回に記すことにする。
>
> （六三頁、新書二一頁）

そして、「次回に記す」とした「和本教室七　整版と活字版——営業と非営業の間で」（同前第七一八号）の中では、後段でふれている「ある種の規制外出版物としての意味も担うようにな」ったという木活字本の持つ性格について、より詳しく以下のように述べている。

> 第二に、私製・私家版ゆえ、本屋仲間の自主規制や官権の法令には一応関わらずにすむ。何故なら版が残らないから営業品ではない物として、官権は本とはみなさなかったからである。我々でも経験のあるガリ版による出版というように考えればよかろう。その意味で内容的にもある程度の自由性を保ち得た。有名な林子平の「海国兵談」など、整版の初版本は絶版で板木没収の憂目を見、著者も不遇のうちに没したが、その後、全く同内容の物が、活字版で刊行されるや、板種も数種に及び、何の咎めも受けた形跡はない。出版者もそこを見越して、わざわざ見返しなどに「十部限定・禁売買」などと刷り込んだりしている。
>
> 要するに売品ではないことを鮮明にするための処置なのである。実際にはそんな部数ではないのは現存数でわかる場合もしばしばある。結構普及したためその内、本屋で活版所などと名乗って営業とする者（江戸・菊沖藤兵衛など）も現われたので、官権も天保以降は取締りの対象にするようになった。
>
> （四一頁、新書一〇五〜一〇六頁）

木活字本『本佐録』は、こうした江戸時代以後の出版史に関する研究成果に学ぶ限りでは、私家版の形をとって版行されたものである可能性もあり、版元として名を記している至誠堂についても、この版本以外のものをいくつも版行するようなところではなかったのではないかとも思われるが、この版本の版行時期については、どのように考えればよいのであろうか。

若尾政希氏は、この木活字本の版行時期について、前掲論考の中で、「刊本には「平安読書室蔵」版と「至誠堂蔵」版があり、両方とも刊記（刊行年、版元等の記載）がないが、後者は明治以降の版本である可能性が高く考察から外すことにする」（二四四頁）という判断を示している。若尾氏の「明治以降の版本である可能性が高」いとするその判断がどのような根拠に基づくものであるかは不明であるが、私はこの版本は江戸時代の後期、すなわち木活字本が復活した「寛政前後」から「幕末」にかけてのあたりに版行された可能性のあるものなのではないかと考えている。[*21] この考えに明確な根拠があるわけではない。私がこれまでに確認して来た木活字本の存在形態から得た材料に基づいて見る限りでは、「可能性」としてわざわざ「明治以降の版本である」と判断するよりも、江戸時代後期の成立の可能性をも含めて考えるほうがより妥当なのではないかと思うからである。

このことの確認のためには、校訂者として袋に名を記されている「大橋先生」が、具体的にどのような人であったのかを明らかにできればと思う。しかしながら、このことを明らかにするための手がかりは、残念ながらない。したがって、版行時期についての検討をおこなうためには、他の手段を用いるほかかない。それは、この木活字本の書物としての構成形態や、行文すなわち文章中の語句の配りや文字の使い方などを他の版本や写本のものと較べてみるという方法を用いることである。

木活字本『本佐録』は、たとえば整版本『本佐録』と比較してみても、構成形態の点で大きく異なっている。まず、両者の目次に注目してみよう。最初に御覧いただくのは、木活字本の目次部分である。

目録

一　天道ヲ知ル事
一　身ヲ正シクスル事
一　我身ノ行国ノ政ノ善悪ヲ前廉ニ知ル事
一　時ノ善悪ヲ知ル事
一　家ヲ継ヘキ子ヲ撰フ事
一　後見ニ附ル人ノ事
一　百姓仕置ノ事
一　異国ト日本ノ事

以上のように、木活字本は八箇条で構成されている。これに対して、整版本のほうの目次部分は次のようになっている。

天下国家を治御心持之次第

一　天道を知る事

二　身を端《ただ》する事付我身の行《おこない》国の政悪しきを前廉《まえかど》に知《しる》事

三　諸侍の善悪をしる事

四　国持《くにもち》の心を知る事

五　家を継べき子をえらび付後見《うしろみ》の人弁おとなやくの人えらぶ事

六　百姓仕置《しおき》の事

七　異国と日本との事

右治要七条の目録也。

容易に確認できるように、両者は条目数が異なっている。その相違は、整版本での第二条と第五条が、木活字本の場合はそれぞれ二条ずつに分割され、独立して扱われていることと、第四条の「国持《くにもち》の心を知る事」の条目が省かれていることによって生じている。第二条と第五条については、整版本や他の多くの写本の本文中で、木活字本と同様に二条ずつに分割して別々の条目として記述されていることが多いので、あるいは木活字本は校訂に際して他本のそうした扱いに倣い、目次にもそれを反映させたまでのことであるのかもしれない。だが、第四条の問題については、「大橋先生」が木活字本作成にかかわった際に、校訂者として従来の『本佐録』に対して意図的にかなり大がかりな手を加えた可能性があることを示している。木活字本の四番目の条目「時ノ善悪ヲ知ル事」は、整版本を用いて説明すると、第三条「諸侍の善悪をしる事」（本文中では「時の善悪を知る事」。この条目題の件については、先に整版本を検討した際にふれた）の記述の末尾ほぼ半丁分のかわりに第四条「国持《くにもち》の心を知る事」の末尾部分数行をつなげて一つの条目としているからである。

しかしながら、これは意図的におこなわれた改変というわけではないのかもしれない。なぜならば、木活字本の本文の記述中には、次に示すような例も見られるからである。

代々ノ聖人、此ノ語ヲ以テ、天下ノ万民ヲ安楽ニ治ムベシ。

（木活字本には句読点が施されていないので、適宜これを加えた。以下同様。二丁表）

この記述は「身ヲ正シクスル事」という条目中のものであるが、この箇所は他本では、以下のようになっている。整版本から引いてみよう。

代々の聖人、此語をもつて天下を譲るなり。此語の意《ここロ》は、天道より天子に、天下を与《アタ》へ玉ふの心は、天理を行ひ、天下の万民を安楽に治むべし、

（二七八頁）

おそらく傍線部直前と傍線部末尾にある「天下」という語に引かれてのことであろう、木活字本

は傍線部分の記述を飛ばして欠落させてしまっている。こうした類のケアレスミスかもしれないような例が他のいくつかの箇所にも見られることからすると、「大橋先生」の手による校訂は少なからぬ問題を含んだものであったようだ。先に取り上げた「和本教室七　整版と活字版――営業と非営業の間で」（前掲）の中で、中野三敏氏は木活字本の持つ性格について、「さて寛政以降の、いわゆる「近世木活」はどのように推移したか。こちらは整版本が十二分に成熟した中で再度出現した活字本であり、作り手も庶民まで下りて、次のような性格を示している」とし、

第一に、素人出版の宿命ともいうべき性質を、より顕著に示す。本屋の造る本が営業品としての魅力を示すことに専念するのに対し、こちらは私家版の配り本ゆえ稚拙さを恐れる必要はない。活字も大方は手造りであった。（四〇〜四一頁、新書一〇五頁）

と述べて、その「稚拙さ」を指摘しているが、この「稚拙」という表現は、木活字本『本佐録』が私家版であったかどうかは別にして、「大橋先生」の手になる校訂のあり方に対してもあてはまるものであるように思われる。木活字本『本佐録』の校訂は、厳密におこなわれているとは言いがたいものであるからである。

他本との比較によって気づかされることの二つ目は、木活字本『本佐録』は、校訂に際して整版本の場合と同様に一つだけではなくいくつかの写本等との突き合わせをおこなっているということ、

そして、その突き合わせ本の一つとして整版本『本佐録』ないしはその系統の写本が用いられているということである。

整版本『本佐録』は、山本中郎が「校するに数本を以てし、繕写《ぜんしゃ》して帙《ちつ》を成」したものであるが、先述したようにその「繕写《ぜんしゃ》」すなわち補訂編集の結果として、整版本に特徴的な記述が少なく見積っても十数箇所で生じている。そして、それらの記述のほとんどを我々は木活字本の当該箇所に見出すことができる。だが、見出せるのはすべての記述ではない。このことが、木活字本が整版本だけではなく他のいくつかの写本との突き合わせのうえで成立したものであろうと考えた理由の一つであるが、整版本に特徴的な記述は木活字本の中ではどのように記されているのであろうか。これを確認するために、先に省略の例として取り上げた整版本の第二条冒頭近くの文と、叙述の変更の例として示したものをもう一度引いてみよう。

若私《シ》欲にふけり身の栄花を極め、万人恨を含ば、天道に天下を取返され、子孫永くほろぶべし。（二七八頁）

又頼家は弟に殺され、実朝は甥に殺されて、天下をとつて程なく、平時頼といふもの少し道のこゝろを知て、我身の欲を忘れて、万民の為に心を尽す。（二九二～二九三頁）

これらの箇所を、木活字本はそれぞれ次のように記している。

君私欲ニ耽リ身ノ栄花ヲ極メ、万人ノ恨ヲ含メハ、天道ニ天下ヲ取替サレ、子孫長ク亡ブベシ。（二丁表）

又頼家ハ弟ニ殺サレ、実朝ハ甥ニ殺サレテ、天下ヲ取テ程ナシ、平時頼ト云フモノ少シク道ヲ知リテ、我ガ身ノ欲ヲ忘レテ、万民ノ為ニ心ヲ尽ス。（一七丁表）

前者は冒頭の記述「若《シ》」が「君」と改められてはいるが、整版本と同一部分の記述を省いている。また、後者も表現が少し変った箇所があるものの、整版本と同様の変更が加えられた叙述である。木活字本『本佐録』本文には、整版本系のものに基づいた記述が含まれている。「大橋先生」は木活字本版行のための校訂に際して、突き合わせ本の一つとして明らかに整版本ないしはそれを写した本のいずれかを用いているのである。

しかしながら、こうした判断に対しては、異なる捉え方の可能性を指摘するむきもあるかもしれない。木活字本のほうが逆に整版本校訂の際に用いられた突き合わせ本の一つであったかもしれないという可能性の指摘である。だが、私にはこの逆の成立関係は成り立ちようもないように思われる。理由は、ここに指摘したように、木活字本の文中には他本にはない整版本に特有の記述が少なからず認められるが、木活字本のみにある記述のほうを整版本の文中に見出すことはできないからである。

また、整版本の目次題「三 諸侍の善悪をしる事」が本文中では「時の善悪を知る事」という題に変わっているという点についても、木活字本は目次題、本文中の条目題ともに「時ノ善悪ヲ知ル事」となっている。この条の条目題は内容から見ても「侍」とあるべきであって、整版本を写したと考えられるもの以外の他の写本がいずれも「侍」であることからしても（例外的に「諸将」としているものがあるが、意味からすると「侍」と同一方向の記述であろう）、「時」への変更（私は誤写の可能性が高いと考えている）は山本中郎による整版本本文の「繕写《ぜんしゃ》」、すなわち補訂編集の際に生じたものと考えるべきであろう。木活字本はもう一手間《ひとてま》かけて、目次題も新たに本文中の条目題と同じ「時ノ善悪ヲ知ル事」と改め、題を揃え整えたと考えるほうが自然である。

とするならば、木活字本成立の可能性の上限は山本中郎による整版本版行のための校訂が完了した「天明七年丁未冬十一月」ということになる。それでは、木活字本成立の可能性の下限はいつか。残念ながら、これを確認するための手がかりはない。我々が現段階で確認できるのは、木活字本の成立が整版本成立の後であろうということだけである。

『本佐録』の成立時期や、この書物が世に出た経緯等について、二種類の版本『本佐録』の書誌学に基づく検討から得られる情報は以上のようなものであるが、こうした両版本成立の元となったと考えられる多くの写本からはどのような手がかりが得られるのであろうか。続いてそれを確認してみよう。

二　書誌学に基づく写本の検討から

『本佐録』写本は、先にふれた若尾政希氏の論考が明らかにしているように、一二〇本程のものが現存している可能性がある。その詳細は、氏の論考の末尾に置かれた「『本佐録』データベース一覧」に示されているが、これらのほかにも少なからぬ数の写本が現存している。たとえば、この『本佐録』データベース一覧」に若尾氏がすでに調査をおこなったと記している「金沢市立玉川図書館近世史料館」には、氏が現存を確認した「氏家文庫」本、「大島文庫」本、「加越能文庫」本、「稼堂文庫」本、「藤本文庫」本の五本のほかにも、「本佐記」と題する一冊の写本と、地方史家で石川県史の編者をも務めた日置謙氏が寄贈した上下二冊の『本佐録』写本の二本が収蔵されている。[*22]また、私も先述した二種の版本のほかに、以下に示すような一三本の写本を所蔵している。いずれもここ二十数年程の間に、古書店を通して入手したものである。

1　写本『本佐録』（以下「拙蔵写本①」と略記）　一冊。冒頭に「治要七条之序」として、林鵞峰の手になるとされる整版本に付された跋とほぼ同一の文章が置かれており、その日付は「旹元禄十四巳林鐘中旬」となっている。続けて「本佐録」という内題と目次で、序文はない。奥には「本多佐渡守」「正信」の名と花押が記され、日付については「三月三日」とだけある。最終丁には「此書者本多佐渡守正信執事職之節天下国家之政道之儀異国本朝之智識尋問而其身工夫鍛錬之所書記之将軍被差上本佐録題号者也」と記されている。

2　写本『本佐録』（以下「拙蔵写本②」）　一冊。冒頭に序文と目次。奥には「本佐録跋」として、「旧記曰。本多佐渡守正信は　神君未た三州一国を領し玉ひし頃、御鷹匠なり。夫より段〳〵立身して慶元の頃は御老職の随一たり。老年に及駿府殿中杖御免にて、息上野介正純は江府　新将軍家の御老中たりとかや。正信卑賤より出て戦国の中なるにいつか学ふいとま有てかく博学秀才なるや。諸侯多しといえとも本多正信大久保忠隣ことき賢士は誠に麟角のことし。慶元両度の闘戦も正信肺肝を砕れし事、古未曾有之忠臣可信可尊と謹而跋す」（句読点を施した）という文がある。文中の「慶元の頃」というのは慶長元和の頃のことであろう。書写の日付については「于時寛政四壬子末秋」と記されている。また、この記述の後ろの巻末には、「白石曰」として「大相国佐渡守え天下治め玉はん様を尋させ給ひしに、一巻の書撰ひて奉りし。彼艸案世に出しを某も見たり。天下第一の書なり。我師たりし者の常に此書の事を云出して、王道の最中なりとて感しき」（これにも句読点を施した）という新井白石の『藩翰譜』中の記事の一部が写されている。

3　写本『本佐録』（以下「拙蔵写本③」）　一冊。外題は「本佐録　上下」。冒頭に序文と目次。奥には「山本氏　寛政九巳歳」とある。

4　写本『本佐録』（以下「拙蔵写本④」）　一冊。冒頭に序文と目次。奥には「寛政十二申年六月写之　小川氏」。巻末に「本多正信壁書　拾箇条」が付されている。

5　写本『本佐録』（以下「拙蔵写本⑤」）　一冊。冒頭に序文。目次はない。奥には「本佐録終」とだけ記されている。一丁表に「鳥重」という縦長の楕円の黒印が捺されているので、あるいは貸本屋の所持していたものか。

6　写本『本佐録』（以下「拙蔵写本⑥」）　一冊。題簽は「本佐録　天地人　全」。目次のみで序文なし。奥に書写の日付の記載もないが、巻末には「此一冊者本多佐渡守正信依忠義之志弁天下国家之治要時之真儒妙寿院以爾令相談稽聖経訂賢伝記之大君奉献所之秘書是也」という記述が置かれている。文中の「妙寿院」は藤原惺窩のこと。

7　写本『本佐録』（以下「拙蔵写本⑦」）　一冊。題簽に「本佐録　新井白石著」とあるが、後人が書いたものと思われる手跡の新たなもの。冒頭に室鳩巣の「本佐録題言」と柴野栗山の序文（ともに漢文）があり、続けて序文と目次が置かれ、本文の後ろには林鵞峰の跋文、奥には附録の部分も写されているので、整版本ないしはその系統のものを写したものと思われる。書写時についての記載はない。

8　写本『正信集』（以下「拙蔵写本⑧」）　一冊。表紙はない。冒頭に序文と目次。奥書には

「右此書者大極秘事候間努々他見不有者也」と「元文元丙辰七月五日　酒井氏写之者也　行齢七拾八歳」という記述がある。

9　写本『正信集』（以下「拙蔵写本⑨」）　一冊。冒頭に序文と目次。奥書に「于時慶長十七壬子孟春　正信判」という記述が付されている。その後ろには「此一冊は跡書也。其方手前に被置披見可有之。必他にもらさるましく候也。　阿波守とのへ」（句読点を施した）という記述があり、「文化六己巳歳仲冬於東都写之　佐久間三郎右衛門　盛芳（花押）」と記されている。

10　写本『本多正信記』（以下「拙蔵写本⑩」）　一冊。冒頭に序文と目次。奥書に「慶長十七壬子孟春　本多佐渡守正信判」の記述が付されており、その後ろには「此一冊者下書其方手前指置可有披見必他尓洩サルマシク候　佐渡　阿波守との」という記述が置かれているが、巻末には「文久元年九月廿日一読本書誤字多々得異本可校正　忠宝」という朱書がある。塙保己一《はなわほきいち》の設立した「和学講談所」の印が冒頭に捺されているので、「忠宝」は保己一の四男で、父の歿後に跡を継いで和学講談所御用掛を務めた塙忠宝《ただとみ》であろう。

11　写本『本多佐渡守政治意見書』（以下「拙蔵写本⑪」）　一冊。この題は、近年盛んに使用されるようになったフェルトペンのようなもので書かれたもの。元の題がどのようなものであったのかについては不明。冒頭に序文と目次。奥書に「于時慶長十七壬子孟春　正信判」の記述がある。奥には「文化四丁卯七月　久留米藩　中嶋誠行写之」とある。

12　写本『天下国家を治御心持之事』（以下「拙蔵写本⑫」）　一冊。題簽が失われており、冒頭にこの題が記されている。目次はあるが、序文はない。奥書の日付は「三月三日」とだけあり、これに続けて「右此書は本多佐渡守正信書記され中物とて其題号を本佐録と名付秘蔵せられ候を求出し写置物也」という記述が置かれ、「正徳四甲午歳六月廿二日写之」という書写時の日付が記されている。

13　写本『本佐録』（以下「拙蔵写本⑬」）　一冊。拙蔵の『遺老物語』写本（全二〇巻）の巻第六。題簽は「遺老物語　本佐録　六」とある。冒頭に序文と目次。本文の後ろに改丁して新井白石の『本佐録考』の文と、さらに改丁のうえ「附録」と題して同じく白石の『藩翰譜』第十一の中の「本多」の記事の一部が置かれている。また、本文の整版本に特有の記述があると指摘した箇所も、すべて整版本と同様の記述となっている。したがって、この写本は先に検討した整版本と同様の形式を持つ［C］タイプのものであり、その成立時期は、整版本が成立した天明七年以後の可能性が高いということになる。ところで、この写本には不思議な印が捺されている。全二〇巻すべての冒頭丁裏中央に捺された、左に「福如東海」右に「寿比南山」、中央に「関白」と刻された直径三・五糎程の丸い朱印である。この印がいかなるものであるのかを調べるために、いくつかの日本の「印章」を論じた書物等にあたってみたところ、この印のこれら左右に刻した語は、中国で高齢者の誕生日にさらなる長寿を祈って用いられるもので、「福如東海長流水、寿比南山不老松（福は東海への水のように長く止まらずに流れ続け、寿は南山の松のように老いない）」を略した表現であり、中央の「関白」は豊臣秀吉のこととされ、かつて秀吉が使用したと伝えられて来た印であることがわかった。石井良助氏はその著『はん』（学生社）の「秀吉の印章と花押」についての解説の中でこの印にふれ、「なお、秀吉の印といわれるものに、二重の円で、小円の内側に「関白」、大円と小円の間に「寿比南山、福如東海」という印文を収めたものがある。印の実物が三個も現存し、しかも、これをおした秀吉の文書が一つもないところをもって見ると、これが秀吉の印であったとは考えられない」（一一三頁。この著は後に『印判の歴史』と改題されて明石書店より再刊された。同書では一三七頁）と記している。このような疑問のあるものが何ゆえにこの写本に用いられているのかということについては、まったくもって不明である。

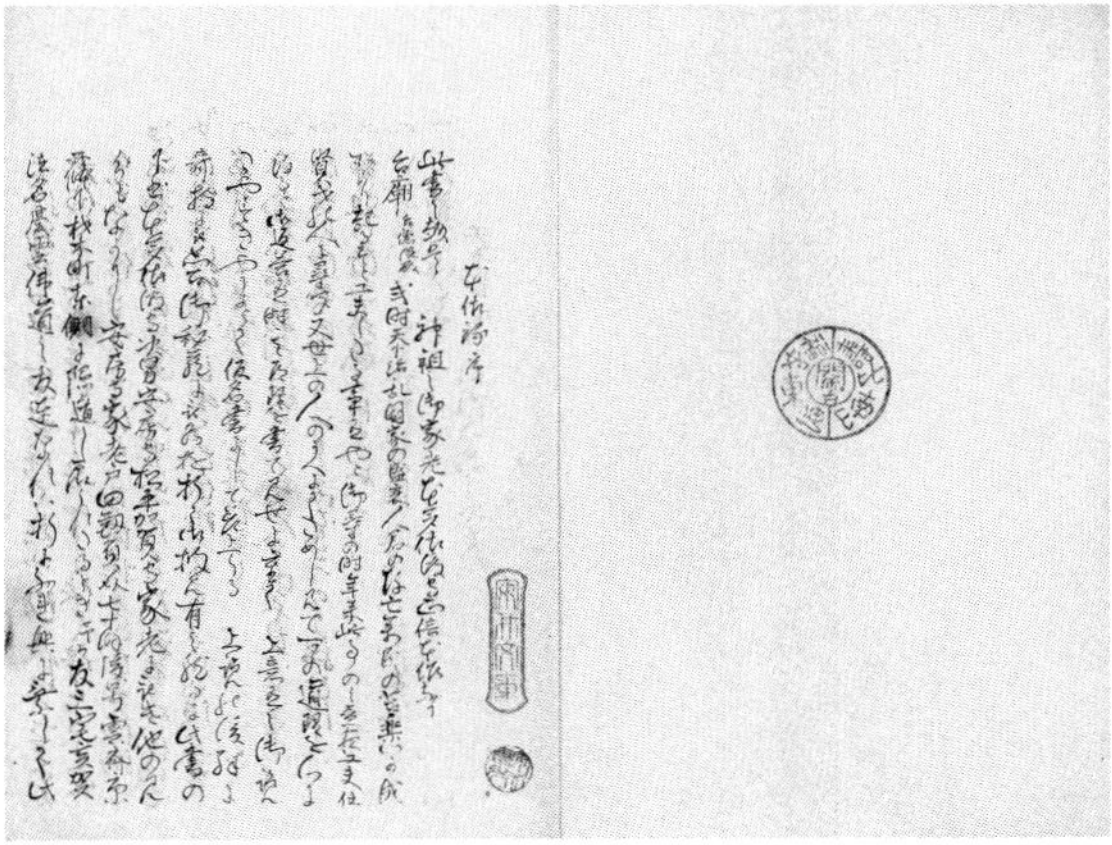
写真４　「拙蔵写本⑬」冒頭の印

版本の場合と同様に、若尾氏の蒐集した貴重な情報に私の持つ情報を加えることで、以下成立時期等に関する書誌学に基づく検討を試みてみたい。まず、書名を手がかりとして見てみよう。

書名をめぐる問題

この書物の書名については、多くの先学が指摘しているように、「本佐録」以外にも「本多佐渡守覚書」や「本佐記」、「正信集」や「正信記」といった本多佐渡守正信の名を様々に用いたものがあるが、他に「本聞集《ほんぶんしゅう》」というような彼の名とは無関係な題のものもある。中村勝麻呂氏は早く明治三四年（一九〇一）に「本佐録考」（前掲）の中で、「流布の版本並に写本には、作者の定かならぬはしがきを載す」として、その「はしがき」にふれながら、次のように述べていた。

『本佐録』とは三宅玄賀の名づくる所なりと。今前田侯爵家の『質問本佐録』と云ふ書によれば、江戸にて流布の本には『本佐録』と題し、京師にて流布の本には『正信集』と題すとぞ。而して京師流布の『正信集』に跋語ありとて、載するものは彼の流布本に在る所の序言なり。但し玄賀を以て『正信録《ママ》』と名づくるものなりと為せる差違あり。『正信録《ママ》』と云ふ題号は余も亦之を見たり。差違の点は何れが正しきか知らず。（五六頁）

引用中の「前田侯爵家の『質問本佐録』と云ふ書」は、『国書総目録』（前掲）等に「前田育徳会尊経閣文庫」所蔵として記載されている加賀藩士で加賀本多家一族の青地礼幹の手になる『質問本佐録信疑事条』のことであるが、同文庫所蔵とされているこの文書は、残念ながら現在は所在不明となっているとのことで目にすることはできない。しかしながら、これについては他に「金沢市立玉川図書館近世史料館」と「東京大学史料編纂所」の所蔵するものがある。前者は先に扱った「稼堂文庫」所蔵の『本佐録』写本の後ろに『新井氏白石丈返翰』とともに収められているもので、この写本自体の末尾には、「右一冊は青地氏の本を以富永金昌請求て写之所也　安宅平冬温」と記されている。*23 後者の「東京大学史料編纂所」の所蔵するものは、『白石叢書十一』に『本佐録附言』(『新井氏白石丈返翰』と同一内容)とともに収録されており、文書の末尾には「右質問本佐録信疑事条　明治三十三年九月侯爵前田利為蔵本ヲ写ス」という来歴が記されている。*24

それらを見てみると、その冒頭には次のような記事が置かれている。「稼堂文庫」所蔵のものから引いてみよう(句読点を施した。以下同様)。

本佐録と申書の事、元来題号も無之候。然所江戸にて流布の本には本佐録と題し、京師に流布の本には正信集と題号有之候。皆後人の名を命するものにして、此書の意義にも不叶候。京都流布の正信集に跋語あり。今左に記して後来の参考に備ふ。

そして、「左」には「後来の参考に備ふ」ための「跋語」が写されているが、その内容は多くの写本や版本に付されている「本佐録序」の記述、すなわちこの書物が世に出たのは「佐渡守次男」家の家老であった「戸田《とだ》靫負助《ゆげいのすけ》」のところからであり、書名は彼の友人の「三宅玄賀《みやけげんが》」が名づけたものであるというあの文章である。その「三宅玄賀《みやけげんが》」が名づけたという書名は、この記事の中では

「正信集」と記されている。

この記事は果していつ頃に書かれたものなのだろうか。『質問本佐録信疑事条』という文書自体には、成立時を示す記述はない。しかしながら、青地礼幹が『本佐録』についての様々な疑問を新井白石に質《ただ》した内容をまとめたこの文書には、先述したように「稼堂文庫」所蔵写本『本佐録』には『新井氏白石丈返翰』が、「東京大学史料編纂所」所蔵『白石叢書十一』には『本佐録附言』が付されている。これらはいずれも礼幹の質問に対する白石の返答をまとめたものであり、記述された内容はこれまでにふれてきた白石の『本佐録考』と同一で、末尾にはともに『本佐録考』と同じ「享保癸卯仲秋　筑後守源君美」という執筆時期についての記述を含む奥付がある。「享保癸卯」というのは享保八年（一七二三）のことである。

この事実から確認できることは、「元来題号も無之」であったこの書物は、享保八年頃の段階では「本佐録」ないしは「正信集」という名で流布するようになっていたということ、そして「正信集」のほうには、後に多くの写本や版本の本文の前に「序」として置かれることとなる文章が付されていたということである。

若尾氏の調査によれば、現存するこの書物の写本のうち「書写年の記載があるもので最も早いのは、国立史料館蔵『本佐録』（番号48）であり、享保一二年（一七二七）四月二日に書写されたもの」（文中の括弧内の「番号」は、氏の作成した「『本佐録』データベース一覧」の通し番号。同氏前掲論考二四一頁）とのことである。とするならば、私の手許にある「正徳四甲午歳六月廿二日写之」という記述を持つ「拙蔵写本⑫」が、「国立史料館」の所蔵する享保一二年に書写されたものよりも一〇年以上早い正徳四年（一七一四）に書写されているのだから、現段階では「書写年の記載があるもので最も早い」ものということになるのだが、残念ながら題簽が失われているので、これにどのような題名が記されていたのかを確かめることはできない。だが、この写本の書写時についての記述の前には、先に紹介したように「右此書は本多佐渡守正信書記され申物とて其題号を本佐録と名付秘蔵せられ候を求出し写置物也」という記述が置かれている。この書物は、享保八年を一〇年程さかのぼる正徳四年の段階においては「其題号を本佐録と名付秘蔵せられ」るようになっていたことを確認することができる。

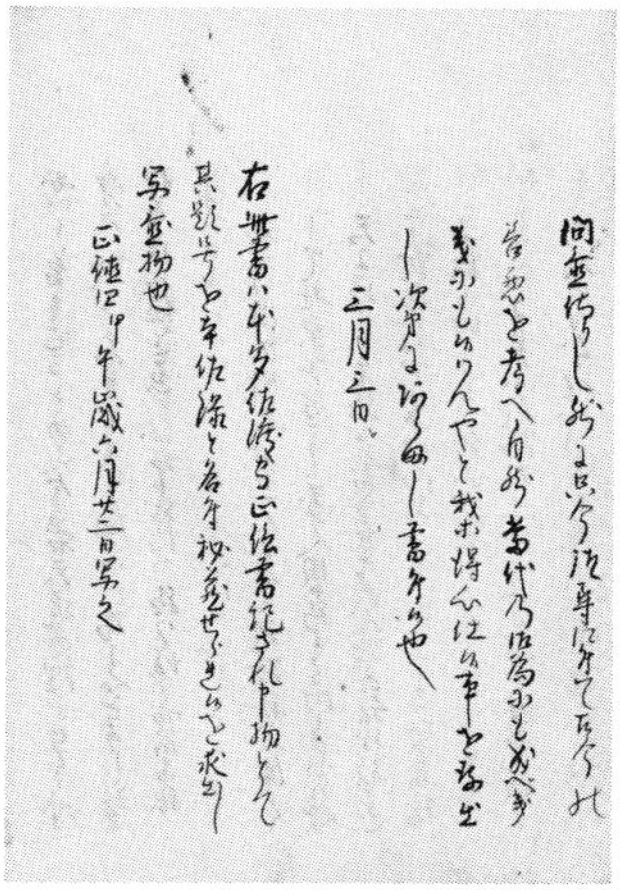

写真５　「拙蔵写本⑫」奥書部分

また、『質問本佐録信疑事条』をまとめた青地礼幹が、兄である青地斉賢とともにやりとりした室鳩巣からの書簡を年月順に集録した『兼山秘策』の第二冊、正徳四年（一七一四）の箇所には、

佐州公筆記の物、新井筑州へ物語申候得ば江戸
にては先年より取伝候て新井氏も一部写置申候。
佐渡守殿自記無レ疑《うたがいなき》もの慥成書《たしかなるしよ》に御座候。
則《すなわち》御先代上《かみ》へ一部写候て上《あげ》候由に候。此辺
にては本佐記と題号有レ之候。口の序は無レ之候。[*25]

という文章がある。この書物は正徳四年の頃には、序文を持たない「本佐記」という名のものとしても流布していたのである。

　こうした書名はいつの頃から用いられるようになったのか。「丁巳五月」すなわち延宝五年（一六七七）五月の日付を持つ林鵞峰の「治要七条跋」冒頭に、「この一冊、題名なく作者なく、故本《こほん》多《だ》豊前守正貫《ぶぜんのかみまさつら》の家より出づ。伝へ称して、正貫の伯父佐渡守正信、幼君の輔佐たりし時、惺窩先生の筆を倩《こ》ひてこれを献ぜしなり。幼君とは台徳公なり」とあり、文末に「名づけて治要七条と曰ふ」とあることからすると、[*26]延宝五年の段階では「題名なく」、ただ「治要七条《ちようしちじょう》」とよばれていたものであったということがわかる。しかし、「作者」については、この段階ですでに「佐渡守正信」の名が論議の対象とされているので、残っている文献を手がかりとする限りでは、この書物はこうした状況を背景として、延宝五年（一六七七）から正徳四年（一七一四）のあたりの間に本多佐渡守正信の名にちなんだ題名で流布するようになっていたということになる。

　それにしても、題名のことはともかくとして、この書物が写本として姿を現しはじめた時期はいつ頃なのだろう。「書写年の記載があるもので最も早い」ものがその姿を現したのは、確認したように正徳四年であった。しかしながら、この問題についての検討の範囲を「書写年の記載があるもの」から〝書写された日付である可能性のある記載があるもの〟にまで拡げてみると、我々はその登場時期の下限を、もう少しさかのぼった頃と考えることもできるのではないかと思う。私の手許には一本のそうした可能性を持った記載のある写本がある。先に示したものの中の「拙蔵写本①」がそれである。

この写本は表題は「本佐録」であるが、その冒頭には「治要七条之序」として、次のような文章が置かれている（句読点を施した）。

> 夫此書者本多豊前守正貫家伝。正貫伯父佐渡守正信、為　幼君輔佐之時、倩惺窩先生筆献之也。幼君《（ママ）》者　台徳公也云。今按惺窩先生文禄年中東遊、則正当　台徳公幼少之時也。然此冊中有秀吉一代而亡去語、則非　台徳公幼少之時也。可為関ヶ原戦後大坂乱後之作也。説理通徹、述詞不滞、雖惺窩師之作不為誣乎。故名此本治要七条云爾。
>
> 　旹元禄十四巳林鐘中旬

一読してすぐにお気づきの方もおいでのことと思うが、これはこれまでにも書き下しの形でしばしば引いた林鵞峰の「治要七条跋」（延宝五年筆）、すなわち後に整版本『本佐録』の本文後ろに付された跋文とほとんど同一の文章である。だが、ここには鵞峰の名はない。そしてこの序文の日付は延宝八年（一六八〇）に世を去った鵞峰には記すことの不可能な元禄一四年（一七〇一）というものである。このことからすると、「旹元禄十四巳林鐘中旬」という記述は、この序文としたものの日付であるとともに、あるいは序文の日付というわけではなく、この写本の書写時を表しているものである可能性がある。その可能性に着目するならば、我々はこの書物が写本として姿を現した時期の下限を、正徳四年（一七一四）をさらに十数年さかのぼる元禄一四年（一七〇一）の頃と考えることができる。[*27]

島原図書館松平文庫所蔵『本聞集』

ところで、先に述べておいたように、この書物には正信の名とは無関係な題名のものがいくつかある。その一つが『本聞集』という題の写本である。この題名を持つ写本は三本の現存が確認されているが、その中の一本の「島原図書館松平文庫」所蔵本は、現段階でこの書物の写本登場の上限と考えられる延宝五年をさかのぼる時期に書写された可能性のある写本である。[*28] 若尾氏はこの写本について、前掲論考の中で次のように述べている。長い引用になるが、重要なことが述べられているので、略さずに引いてみたい。

書名に関しては、『本佐録』の他に、複数見つかった書名を挙げれば『正信集』や『本聞集』がある。『正信集』とは、本多正信の名を取って付けた書名であろうが、もう一方の『本聞集』は、どうしてこの名が付いたのか、その言われはわからない。注目すべきは、この『本聞集』が、本文と末文（「右七ヶ条ノ肝要ハ君一人……有増書付者也」）を載せるだけで、他の諸本に付されている序・跋の文がなく、もっともシンプルな体裁をなしていることである。したがって作者が本多正信だといぅような由緒をまったく説いていない。この書の一本は、長崎県島原市立図書館松平文庫に収められている。周知のように当文庫は、好学の大名として知られる松平忠房（元和五〈一六一九〉～元禄一三〈一七〇〇〉）が寛文九年（一六六九）島原藩主に封ぜられて以来、幕末まで続いた島原藩松平家の蔵書であり、そのなかには「尚舎源忠房文庫」といぅ蔵書印を押した、忠房の蔵書も数多くある。この『本聞集』（データベース番号113）にもこの蔵書印が押されており、この書は忠房の蔵書であり、忠房の在世中に書写された古い写本であることがわかる。実はこの忠房の蔵書については興味深い逸話がある。幕府儒官の林鵞峰（羅山の子、元和四〈一六一八〉～延宝八〈一六八〇〉）が、「借二源尚舎本一写レ之。名曰二治要七條一。延宝五年丁巳五月十四日。林学士跋」（刊本『本佐録』跋文、もと『鵞峰林学士文集』巻一〇三所収）と、忠房の蔵書を借りて書写したといぅのである。ここから松平文庫本『本聞集』は、鵞峰がこの跋文をものする延宝五年（一六七七）以前に書写されて忠房の蔵書になっていたことがわかる。『本佐録』データベース一覧」から明らかなように、これまでのところ、延宝五年以前に書写されたという証拠をもつ『本佐録』は見つかっておらず、この書物は、現存する最古の写本だと言えるのである。（二四〇～二四一頁）

若尾氏は、この写本は「源尚舎」すなわち島原藩主であった松平忠房の「在世中に書写された古い写本」で、林鵞峰が「借りて書写した」ものであることから、「延宝五年（一六七七）以前に書写されて忠房の蔵書になっていたことがわかる」として、この『本聞集』は「現存する最古の写本だと言える」としている。

だが、このように断定するのは、早計に過ぎるのではないかと思う。なぜならば、この写本は確かに松平忠房の文庫に所蔵されていたものであるが、林鵞峰が「借りて書写した」ものではない可能性もあり、したがって「現存する最古の写本」とは言えないかもしれないからである。そのように考える最大の理由は、「題名」の存在である。鵞峰は自らが見たものには「題名」がなく、ただ「名づけて治要七条と曰ふ」とのみ記している。しかしながら、この写本には「本聞集」という「題名」があり、写本中のどこにも「治要七条」という記述はない。

「島原図書館松平文庫」の所蔵する文献については、昭和三五年（一九六〇）から約一年をかけて本格的な調査がおこなわれ、その調査における中心的な役割を担った中村幸彦氏らによってまとめられた報告が、昭和三六年一一月発行の『文学』第二九巻一一号（岩波書店）に「《新資料紹介》肥前島原松平文庫」という題のもとに掲載されている。この報告は、冒頭で「肥前島原松平文庫とは、現に長崎県島原市の島原公民館図書部蔵する所で、もとこの地の旧藩主松平家の有、後に市に寄贈された和書漢籍約三千部一万冊からなっている」と述べ、この文庫の蔵書をその性質から四つに分類している（六八〜六九頁）。「一に島原藩主となった松平氏で初代にあたる松平忠房が、様々の人々に写させたもの」、「二は、忠房が父祖代々からうけついだ書物群」、「三は、忠房以後の松平家の代々が求めて蔵したもの」、「四に、藩校の本や臣下の蔵書で藩校やこの公民館に寄贈されたもの」

の四つである。ここでの検討に必要な情報は「一」についてなので、その内容についてふれた箇所を引いてみよう。

その多くには「尚舎源忠房」（多くは青肉）「文庫」（多くは朱肉）の蔵書印が捺さっている。尚舎とは主殿寮の唐名、忠房は主殿頭であったからで、彼の師友林鵞峰は、「尚舎奉御」などと称した。ただしこの尚舎源忠房の蔵書が、今の松平文庫に全部、旧時のまま残ったのではない。昭和の初めかに、その一部、といってもかなりの数が市上に出たことは、早く古書籍に親んだ人々の記憶に残ることであり、公私の図書館や、個人の蒐書家で、その蔵印を持つ本を蔵するものも少くない。がなおその大部分は、島原市に残っていたのである。又僅かであるが、その蔵書印があって、忠房生前の写本としては、新しい筆蹟に過ぎるものが存する。或は彼の遺命による写か、後人が何かの意味で捺したのであるか、今は不明である。その反対に、この印を持つ書物と、同じ頃に写され、相似た装釘をとるが、印のないものが多い。印の有無にかかわらず、この一に分類して、忠房の蒐めたものと見なすべきである。（六八頁）

この報告から確認できることは、忠房の蔵書印が捺されたものであっても、必ずしも彼の「在世中に書写された古い写本」であるとは限らない場合があるということである。この指摘と題名の存在等の問題を考え合わせると、この『本聞集』は延宝五年以後に書写されたものである可能性もあるので、これが林鵞峰に貸し出されたものであると即断することはできない。しかしながら、鵞峰は確かに「延宝五年（一六七七）以前に書写されて忠房の蔵書になっていた」ものを目にしている。とするならば、鵞峰が借りて見たのは別の忠房所蔵写本であったという可能性をも考えなければなるまい。[*29] 報告にあるように、かつての蔵書は現在所蔵されているものよりも多くあって、「昭和の初めかに、その一部、といってもかなりの数」のものが散佚《さんいつ》してしまったということであり、鵞峰が見た「名づけて治要七条と曰ふ」ものはその散佚してしまったものの中の一つであったかもしれないからである。もちろんこの『本聞集』が若尾氏の言うように鵞峰が「借りて書写」した原本で、「現存する最古の写本」である可能性はある。だが、それはあくまでも〝可能性〟なのであって、忠房の文庫に所蔵されていることを「延宝五年以前に書写されたという証拠」として、「現存する最古の写本だと言える」といったような断定をすることまではできないように思われる。

「政長親書の本」

また、そうした〝可能性〟に着目するならば、この書物の写本の中には「延宝五年以前に書写された」可能性のあるものがほかにも現存している。「まえがき」でふれた金沢市の「藩老本多蔵品館（現在は「加賀本多博物館」）」の所蔵する本多正信の次男の子である本多政長の書写した写本である。これまで展示以外では未公開であったというこの写本は、室鳩巣が本多氏の一族の青地斉賢から送られて読んだというものの原本である。鳩巣は後に整版本『本佐録』に付されることになる

「題本多佐渡守藤正信論治道国字書」という文書の中で、この写本にふれて次のように述べている。漢文で書かれているので、いささか長い引用になるが、再び書き下された日本思想大系28収録の整版本『本佐録』に付されたものから引いてみよう。

佐州君の次子、安房守政重《まさしげ》大夢と号する者、始めて加賀に仕へて国老となる。子孫承襲《しょうしゅう》して以て今の安房守政昌《まさまさ》に至りてすでに四世なり。その家蔵、先世の旧物の中に簡牘《かんどく》文書あり、この書はその一に居る。ここにおいて始めて知る、この書は佐州君の撰する所たり、しかうして当時啓沃《けいよく》の余に成りしことを。順庵白石の監定《かんてい》もまた謂ふべし、信じて謬《あやま》らずと。大夢君二世、安房守政長《まさなが》素立軒と号する者、嘗《かつ》て手づからこの書を写して以てその幼子政寛《まさひろ》に授け、これを蔵《おさ》む。素立君の卒《しゅつ》せし後、その本始めて出づ。今この夏、今の房州君の族人青地《あおち》斉賢《せいけん》別にその本を写し、逓送《ていそう》して直清《なおきよ》（鳩巣——筆者註）に示す。かつ房州君の意を致して曰く、これ政長親書の本を以てこれを写すものなり。まさに旧物の本と両《ふた》つ出で、今両本を取りてこれを校す。旧本は雑《まじ》ふるに漢字を以てす。大抵《たいてい》俗間伝ふる所の本と相類す。ただ題号跋語なきのみ。政長親書の本に至りては、則ちその漢字を用ふるもの、悉《ことごと》く国字に従ふ。書中もまた小異あり。疑ふらくは、当時上進の日、乙覧《いつらん》に便ならしめ読み易きに取り、故《ゆえ》に更《か》ふるに国字を以てして録呈し、かつその語もまた稍《やや》改置を経て、しかうして政長その本を以てこれを写せしならん。吾子《ごし》幸ひに数語を題して以てこの書の経由を記さば、則ちまさに政長親書のものと並《とも》に家に伝へ、以て後昆《こうこん》に示さんとす。これ政昌の願ひなりと。

（二七二〜二七三頁）

ここには、「加賀に仕へて国老とな」った「佐州君の次子、安房守政重《まさしげ》」家が蔵する「先世の旧物の中」に「この書」があり、政重の「二世」である「安房守政長《まさなが》」が「嘗《かつ》て手づからこの書を写して以てその幼子政寛《まさひろ》に授け」、家に蔵していたものが政長の歿後に出て来たというこの写本に関する来歴とともに、この写本すなわち「政長親書の本」と「旧物の本」すなわち「旧本」の「両本を取りてこれを校」した青地斉賢の校合報告の内容が記されている。

報告されているのは、「旧本」は「雑《まじ》ふるに漢字を以てす」るもので「大抵《たいてい》俗間伝ふる所の本と相類す」が、「題号」も「跋語」もないこと、「政長親書の本」は「悉《ことごと》く国字に従ふ」、すなわち仮名書きとなっており、記述にも「旧本」とは「小異」があるといったことである。仮名書きとなっていることについて斉賢は、本多佐渡守正信が二代将軍秀忠に「この書」を「上進」する際に「乙覧《いつらん》に便ならしめ読み易き」を考えて「国字を以てして録呈し」たもう一つ別の「この書」があって、政長は「その本を以てこれを写」したのかもしれないとしており、記述に「小異」があるのも「国字」に改めた際に「その語もまた稍《やや》改置」されたのではないかと述べている。そして、加えてもう一つ、「数語を題して以てこの書の経由を記」してくれれば、「政長親書のもの」とともに後代まで伝えたいという加賀本多家「四世」の「政昌」からの鳩巣への依頼があったことが記されている。

「旧本」についてはこの報告内容を確認することはできない。だが、「政長親書の本」についてはこれを確認することができる。「政長親書の本」は、以下に示すような体裁のもので、間違いなく斉賢が報告するとおりの記述内容を持つものである。

「藩老本多蔵品館（加賀本多博物館）」が所蔵する本多政長書写のこの写本は、縦約一六糎、横約一七・五糎、記述部分は全五八丁で半丁あたり一一行で書かれた冊子である。表紙に題はなく、一丁表の冒頭、目次の前に「てんかこくかをおさむる御心もちのしだい」という内題が記されており、末尾には「三月三日」とのみある。[*30] この冊子は桐の小箱に収められ、その小箱を塗りの箱に収め、その箱をさらに塗りの大箱に収めるといった三重の箱入りの形で保存されているが、その内と外の大小の箱の蓋《ふた》にはそれぞれ「本佐録」と題書され、中の箱の蓋には、

本佐録　素立軒公御筆
同跋語　鳩巣室先生作

とある。[*31] この中の箱には題書のとおり鳩巣自筆の「題本多佐渡守藤正信論治道国字書」という題（この題も記されているが、冒頭には「題本多佐州君論治道書巻文中旁加倭訓以便通読」とある）の「跋語」も収められているので、先に引いた引用文の末尾に記されている「吾子《ごし》幸ひに数語を題して以てこの書の経由を記さば、則ちまさに政長親書のものと並《とも》に家に伝へ、以て後昆《こうこん》に示さんとす」という、鳩巣に依頼した加賀本多家「四世」の「政昌の願ひ」はかなえられているということになる。

この写本は、果していつの頃に書写されたのか。このことを探るための手がかりは、先の引用文すなわち「題本多佐渡守藤正信論治道国字書」の文中にある。鳩巣はその中に、「安房守政長《まさなが》」が「嘗《かつ》て手づからこの書を写して以てその幼子政寛《まさひろ》に授け」たという伝聞を記しているからである。

「この書」を「授け」られたという「幼子政寛《まさひろ》」は、日置謙氏編『加能郷土辞彙』(前掲)によれば政長の六男で、寛文六年(一六六六)の生まれ、後に父の隠居料三〇〇〇石を相続のうえ分家して藩臣となり、寺社奉行等に任ぜられた人である。元文四年(一七三九)に七四歳で歿している。したがって、その「政寛《まさひろ》」が「この書」を「授け」られたという幼い折りを、仮に一〇歳の頃と想定するならば、この写本の成立は延宝五年(一六七七)の直前のあたりということになる。「この書」が仮名書きであることについて、斉賢は先に見たように、もともと仮名書きの別本があってそれを写したのではないかと推測しているが、「幼子政寛《まさひろ》に授け」るために政長が写したという記事に着目するならば、「この書」は「幼子」の「読み易き」ように、政長が自らの手で仮名書きに改めて写すことによって成立したものと考えることもできるのではないかと思う。鳩巣の「跋語」にあるこの写本の来歴に関する記事が事実なら、この写本もまた「延宝五年以前に書写された」〝可能性〟を持つものと見ることができるのである。

『松雲公採集遺編類纂』収録写本

さらに〝可能性〟ということから言えば、この書物にはもう一本の興味深い内容を持った写本が現存している。「金沢市立玉川図書館近世史料館加越能文庫」（以下「加越能文庫」と表記する）所蔵の『松雲公採集遺編類纂』百六十九（内題は「松雲公遺稿古文類纂」）「教訓部一」に収録されている『本佐録』がそれである。

『松雲公採集遺編類纂』は、「松雲公」すなわち加賀前田家の五代前田綱紀《つなのり》（一六四三～一七二四）が蒐集した書物や史料を、明治一八年（一八八五）から三一年にかけて、森田平次（柿園《しえん》と号す。一八二三～一九〇八）という人が、『加越能古文叢』や『金沢古蹟志』等とともに編纂した史料集の一つである。『加越能文庫解説目録』（金沢市立図書館）は、綱紀の蒐集したものが「明治初年その多くを散逸」と記しているから（上巻三頁）、この編纂作業はさらなる散佚から遺された書物や史料を守るためにおこなわれたものであったのであろう。*32

その編纂のおかげで見ることのできるこの『本佐録』写本には、本文の後ろに次のような記事が置かれている（句読点を施すべきと考える箇所を一字あけとした）。

右本佐録一冊　本多佐渡守正信自筆草稿本　正信之次男本多安房守政重子孫累代相伝焉　今以稿本謄写之訖

文末には、書き下して一部振り仮名をも付して記せば「今稿本《こうほん》を以て之《これ》を謄写《とうしゃ》し訖《おわ》る」とあるが、この記事が、綱紀が蒐集したもの自体に記されていたものであるのか、あるいは『松雲公採集遺編類纂』編纂に際して新たに書き記されたものであるのかを判断することはできない。だが、いずれにしてもこれは、この写本の元になった本、すなわち原本が「正信之次男本多安房守政重子孫累代相伝」と考えられる「本多佐渡守正信自筆草稿本」であるということを主張している記事である。

ここに述べられていることが事実であるとするならば、すべての写本と版本の原本であるということになる現存していない「本多佐渡守正信自筆草稿本」は、いつの頃に成立したものであろうか。残念ながら、このことを探るための直接の手がかりはない。また、それが「自筆草稿本」であるかどうかを確かめるすべもない。しかしながら、私はこの写本の原本は、すべてのものの原本であるかどうかはともかくとして、この書物の現存している他の写本よりも早い時期に成立していた〝可能性〟があるものなのではないかと考えている。その理由を以下に述べてみよう。

「加越能文庫」所蔵の『本佐録』写本には、他の現存する写本とは少なからず記述が異なっている箇所がある。ここに引くのは最終第七条の「異国と治乱之事」（他のほとんどの写本の条目題は「異国と日本の事」）の中の儒の教えについて述べている箇所の記述である（検討に用いる箇所には傍線を施した）。

されは大学曰《ニ》。君子《ハ》慎㆓其独㆒と有事此事なり。又中庸曰《ニ》。道《ハ》也者、不㆑可㆓須臾離㆒、可《モ》㆑離《ハ》非㆑道、是故君子《ハ》戒㆓慎乎其所㆑不㆑謂、懼《ル》㆓恐乎其所㆑不㆑聞、莫㆑見乎陰（ママ）、莫㆑顕㆓乎微㆒、故君子《ハ》慎㆓其独㆒と有も此事なり。独といふは人も不㆑知我独り思ふ一色なり。

この箇所の記述は、他本では以下のようになっている。「島原図書館松平文庫」所蔵の『本聞集』も「藩老本多蔵品館（加賀本多博物館）」が所蔵する本多政長書写の写本も、また数本の写本を校訂に用いて成立したものとされる整版本『本佐録』も、この箇所の記述は同様であるから、比較的目にすることの容易な整版本から引くこととしよう（これまでと同様に、日本思想大系28収録本の頁数を記しておく）。

大学曰、君子慎《ハム》二其《ノ》独《リヲ》一と有も此事也。独りとは、人も知らず、我思ふ一念なり。（二九六頁）

両記述を較べると、冒頭からすでに記述が異なっているが、そのことよりも重要なのは、「加越能文庫」所蔵写本のほうの傍線を施した少なからぬ量の記述が他本にはないという事実であろう。こうした例は他のいくつかの箇所にも見られるが、このことを果してどのように捉えればよいのであろうか。どのように捉えるかというのは、この傍線部の記述の有無を書き落としと考えるか、逆に書き加えと考えるかという問題である。書き落としたと捉える場合は、「加越能文庫」所蔵写本の原本と他本との成立の先後関係は、傍線部の記述を持つ「加越能文庫」所蔵写本の原本のほうが先であるということになり、書き加えたと捉える場合は、逆に「加越能文庫」所蔵写本の原本の成立が多くの写本の後であったということになる。

このことを判断するための手がかりの一つは、先の「加越能文庫」所蔵写本からの引用記述の中にある。引用文をもう一度御覧いただきたい。引用文中の傍線を施した部分は『中庸』の一節を引いたものであるが、その直前の文の末尾は、「と有事此事なり」という記述である。そして、傍線を施した文の末尾の記述は「と有も此事なり」となっている。このことは、「加越能文庫」所蔵写本の原本（ないしはその系統本）を写して写本を作成しようとした者が、筆写作業をおこなっている際にこの箇所の「と有事此事なり」と「と有も此事なり」というよく似た記述に目を引かれて、傍線部分を飛ばして写し、書き落としてしまったのではないかということを想像させる。このように捉えるならば、傍線部の記述を持つ「加越能文庫」所蔵写本の原本は、明らかに傍線部の記述を欠落させている他本よりも先に成立していたと考えることができるということになる。

だが、事はそれ程簡単ではない。「加越能文庫」所蔵写本の他の箇所では、まったく逆のことがおこなわれている例があるからである。すなわち、『本聞集』をはじめとする他本にはある記述が「加越能文庫」所蔵写本の中にないという例があるのである。次に引く二つの文を見比べていただきたい。先に引くのが「加越能文庫」所蔵写本の文、後が整版本の文である。

昔殷湯王天子の位をすへり、

昔殷《の》湯王天下を治給《メ》ふとき、天久しく旱《カン》して、万民困窮す。湯王天子の位をすべり、（二八一頁）

もう一箇所の文を同じ形で引いてみよう。

弁舌利発なる者は、作事普請に利発なる者あり。諸芸に利発なる者あり。

弁舌に利発なるものあり。作事普請に理発なるもの有。物数寄《ものずき》に利発成もの有。諸芸に利発なるもの有。（二八七頁）

この二箇所の文も、先に見た箇所の文と同様に傍線部の直前の語句と傍線部の末尾の語句とが同様の記述である。すなわち、同様の語句に目を引かれて傍線部の記述を飛ばして写したものと考えることが可能である。だとすると、両者の先後関係は、「加越能文庫」所蔵写本の原本のほうが傍線部の記述を持つ他本よりも後に成立したということになる。

これら双方に見られる同様の欠落を、どのように捉えればよいのであろうか。前者の例すなわち他本には「加越能文庫」所蔵写本にある少なからぬ量の記述がないという例は、この書物の後半部分に多く見られる特色であり、後者の例すなわち「加越能文庫」所蔵写本に他本にはある記述がないという例は、逆に前半部分に多く見られるが、一つの捉え方はこれらをいずれも脱落と考えることであろう。そもそも脱落という事態は、ミスが発生することによって起きるものである。これはここで確認したように、前者また後者のいずれの場合にも起き得る事態である。

だが、これらの欠落については別の捉え方もできるのではないかと思う。それは、後者の例は脱落と考えてよいかもしれないが、前者の例、すなわち「加越能文庫」所蔵写本にある少なからぬ量の記述が他本にはない、という事実のほうは削除と考える捉え方である。前者の場合の欠落部分の一箇所あたりの記述の量は、圧倒的に後者の場合より多く、これらのすべてを脱落というミスの結果と考えることは困難であるように思われるからである。その具体例を実際に御覧いただこう。最終第七条にある文だが、これまでと同じく、先に引くのが「加越能文庫」所蔵写本の文、後が整版本の同一箇所の文である。

儒者は殊に道の大事を不レ知。奥意禅法に類す。然は何も心もなし、天道もなき物と落付なり。諸人迷ふも理りなり。是も譬ていはゝ、昔の聖人医法薬法を教へ置き、末世の庸医共不学にして能も知れぬ薬をのませ、殺ましき病人をも殺す。是薬の科に非す。不学の愚医の仕業たるか如し。我も年来此心面白く思ひて感する。後に唐土を治めし道を唐人の哲に逢て問聞に、天道の理を始て明らかに会得しぬ。上代も末代も人に替り有事なし。

又今の儒者は禅法と奥意一つ也。然れば何も心なし、天道もなきものと落着す。諸人まよふも尤也。我も年来此心面白《おもしろく》して迷ひしが、然共上代末代といへども人に替りはなし。（二九五頁）

こうした例をもう一つ示してみよう。やはり最終第七条にある文である。

又梁の武帝は仏法を偏に信して、後に達磨に逢ふて聖仏第一義を問ふ。達磨答て不レ識といふを以て終る。於レ爰武帝達磨の答る所を不二会得一。依レ之達磨終に揚子江といふ江を渡て魏へ至る。武帝信二仏法一偏に信の心つのり、誌公を信仰して教倫を請、日夜此事のみを勤て国政を忘れ、果は国を失ひて餓死しぬ。

梁《りょう》の武帝といふ王、達磨を信じて、国の政を忘れて、国を失ひ、餓死す。（二九四頁）

これらの例を見ても、「加越能文庫」所蔵写本にある傍線を施した部分の記述は、その量の多さからしても他本においては意図的に削除された可能性が高いと考えるのが自然であろう。加えて言えば、他本は削除に際して、前後の記述にも少なからぬ修正を施して、文章を整えているようにも見える。「加越能文庫」所蔵写本の原本が、現存している他の写本よりも早い時期に成立していた〝可能性〟のあるものなのではないかと考える所以である。だが、その成立の時期がどのあたりであるかということについて検討するための手がかりはない。

後に主に「本佐録」という名で流布することとなるこの書物の成立時期や、この書物が世に出た経緯等について、少なからぬ数の現存する写本の書誌学に基づく検討から得られる情報は、以上に確認してきたようなものである。この検討方法では、残念ながら書写年の記載がある写本で最も早い時期に成立したものが、正徳四年（一七一四）に書写された「拙蔵写本⑫」であり、〝可能性〟に着目した検討でもその成立の可能性の上限は延宝五年（一六七七）を少しさかのぼったあたりの時期までであるということしか確認できなかった。

節を改めて、異なる方法での検討を試みてみることとしよう。文献学に基づく検討である。

三　文献学に基づく検討から

文献学とは、書誌学に含められることもあるが、狭義には文献の本文批判《ほんもん》（Textkritik［独］）をおこなうことで、文献の性質や成立過程の問題（場合によっては流布に際しての誤写・誤伝過程の推測といったもの）を考究し、当該文献成立の〝時代における意義の確定〟や〝作者に関する考証〟等を目指す学問である。狭義の書誌学とは異なり、文献学は文献の中に展開されている様々な表現や論述の内容をも問題とする。

『本佐録』に対してこの方法を用いた検討をおこなうについては、はじめに示しておいたように、中村勝麻呂氏の論考「本佐録考」（前掲）における、『本佐録』の中に惺窩著として流布した〝「『仮名性理』一名『ちよもと草』といふ書」の記述〟があるという指摘が重要である。繰り返して言えば、『仮名性理』は、版本としては慶安三年（一六五〇）に現在知り得る限りではじめて著者不明のままその姿を現した『心学五倫書』という書物[*33]を寛文期に改変した『五倫書』を元として成立したものであり、『千代もと草』はその『仮名性理』をさらに改変することで天明八年（一七八八）に版行されたものであるが、これらの書物は数度にわたる改変の過程の折々で細部の記述を変えており、『本佐録』に含まれる中村氏の言う〝「『仮名性理』一名『ちよもと草』といふ書」の記述〟がどの折りの書物から引かれたものかを文献学の方法に基づいて検討することで、我々は『本佐録』のおおよその成立時期を知ることが可能になるかもしれないからである。以下、この検討をおこなってみよう。

『心学五倫書』系統本との関係

後に主に「本佐録」という名で流布することとなるこの書物の成立の時期を考えるための重要な手がかりとなるはずの記述、すなわち〝「『仮名性理』一名『ちよもと草』といふ書」の記述〟とは、以下に示すものである（本節における『本佐録』からの引用も、特にことわらない限り、比較的目にすることの容易な日本思想大系28に収録されているものからおこない、頁数のみを記す。日本思想大系28収録版本は先述したように天明七年以後に版行されたものであり、しかも異本も多いこの書物の数本を集めて校合して成立したものであるが、早い時期に書写されたものである〝可能性〟がある『本聞集』や「政長親書の本」、「加越能文庫」所蔵写本、さらには拙蔵写本一三本を含む多くの写本を見ても、以下に引く一三箇所の記述には問題となるような大きな変更は加えられていないからである。ただし、これまでの引用の仕方と同じく、校註者の付した振り仮名は残したが、括弧や中黒等は取り除いた。また、後におこなう検討の便を考えて、重要な語句には傍点を施しておいた）。

（一）天道とは、神にもあらず、仏にもあらず、天地のあいだの主《ある》じにて、しかも躰なし。天心は万物に充満して、至らざる所なし。縦《たとえ》ばひとのこゝろは目にも見えずして、一身の主じとなり、天下国家を治る事も、此心より起《ル》が如し。彼《かの》天道の本心は、天地の間太平に、万人安穏《あんのん》に、万物生長するを本意とす。（二七七頁）

（二）又堯の家居をいはゞ、地形の高さ三尺、垂木《たるき》をけづらず、萱《カヤ》をもつて屋根ふきて、金銀をかざらず、御衣も破れざる内はかへずして、唯天下の万人を撫育する心の外は、別の念なし。（二九〇頁）

（三）天地の間に生る、金銀米銭は、天下の万人を養《やしなわ》むため天道よりあたへ給ふを、万人をかつえにのぞませて、君の蔵に納め置、壱人の栄花とするは、天地の物を盗たる成べし。天其科《そのとが》をゆるさんや。（二九〇頁）

（四）日本の延喜の帝は、民をあわれみ、寒夜に御衣をぬひで、寒苦を民と同じふし給ふ。

（二九一頁）

（五）　頼朝天下を奪て、口には仁義を以、万民を治むといふて、内心は欲深く天下を我為にして、万民を苦しむるに依て、其身死後全《まった》からず。又頼家は弟に殺され、実朝は甥に殺されて、天下をとつて程なく、平時頼といふもの少し道のこゝろを知て、我身の欲を忘れて、万民の為に心を尽す。此故に九代其法度を以治たり。相模守高時入道遊楽をこのみ、万民安穏の政をわすれて、先祖の功をむなしくして、一朝に亡びたり。（二九二〜二九三頁）

（六）　先釈迦仏と云は天竺の人の心すなをならずして国治らず、釈迦だんどくせんといふ山へ引籠りて、天竺の風俗を工夫して、国を治る方便に、極楽地獄といふ事をかりに立て、此世にて善をなせば、極楽へ生じ、悪をなせば地獄へ落ると教たり。誠の極楽地獄あるにあらず、此世を治めん為也。仏の心は殊勝なり。（二九三頁）

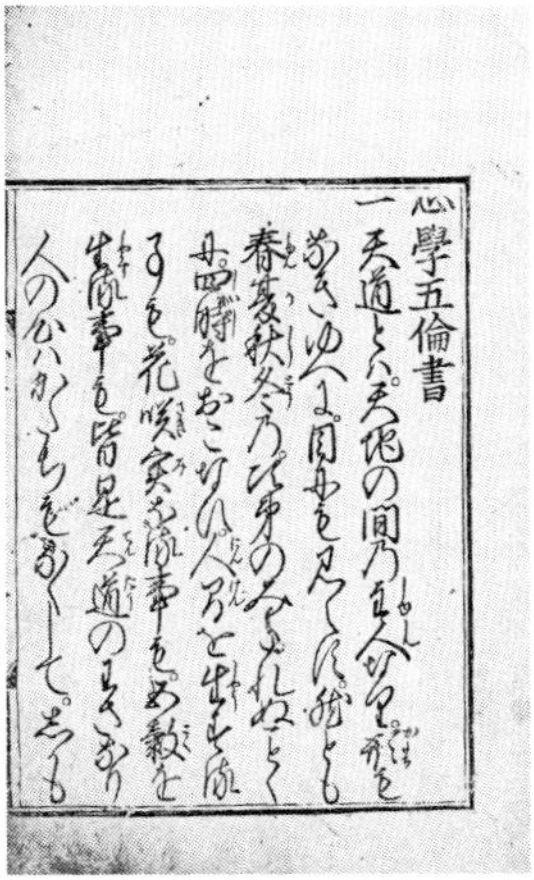
写真６　『心学五倫書』慶安三年版本、拙蔵

写真７　『仮名性理』写本、拙蔵

（七）　此神仏の心は万民安穏にこそ守り給へ、人民を苦しめて、宮寺へ金銀をさゝぐるを、満足におもはるべきや。却て罰はあたり候とも、神仏の御心に叶ふべからず。慈悲正直なれば、祈らずして神仏の内証にかなふなり。（二九四頁）

（八）　日本にも此法伝て、種々辞《ことば》をかざれども、極意は心もなし、何も無物ぞと落着也。（二九四頁）

（九）　又夫婦の間は天地のごとし。天と地と和合し、万物を生る也。故に女は男を天の如く戴《いただ》き、夫は女をふかくあはれみ、恨なきやうに和合すれば、家の内和合して、其風俗天下へひろまる。（二九六頁）

（一〇）　我心則天道の心と一つ也。然ども人間と生れ来て、人心といふものの心にそなはりて有。此人心は聖人にも有。人心とは私の心也。此人心勝《かつ》時は天心亡ぶ。天心勝ときは人心亡ぶ。（二九六頁）

（一一）　一念に悪事を思へば一念天に通じ、一念に善事をおもへば、一念天に通ず。大学曰、君子慎《ハム》二其《ノ》独《リヲ》一と有も此事也。（二九六頁）

（一二）　右の五つの道を、能行ひ尽せば、死してのち、此心元の天に帰るによつて、子孫を守る間、子孫長久なり。（二九七頁）

（一三）　五つの道おもて斗に行ひ、心に悪心あれば、此世にて身の亡ぶのみならず、此心浮世の間に沈淪して、天に帰らず、鳥獣などの性とひとしく、此故に五つの道を行ふ事を、儒者の大

事とする也。（二九七頁）

これらの記述は行文すなわち文章中の語句の配り方や文字の使い方、および表現等が著しく近似しているものであるが、他の箇所にも『本佐録』の著者が『心学五倫書』系統の書物を読んでいるのではないかと想像し得る記述が少なからずある。

はたして『本佐録』の著者は、『心学五倫書』系統のどの書物を目にしたのであろうか。『千代もと草』は先述したごとく天明八年（一七八八）に成立したものであり、百十余年をさかのぼる延宝五年（一六七七）に書かれたとされる林鵞峰の文章の中で論議の対象となっているこの『本佐録』の著者の目にふれるはずもないので除外し、ここに取り上げた一三箇所に対応する『心学五倫書』『五倫書』『仮名性理』の記述を［表一］として、それぞれ比較しやすい形で示してみたい（『心学五倫書』と『仮名性理』については、日本思想大系28に収録されているものを用い、頁数を付した。『五倫書』については、拙著『『心学五倫書』の基礎的研究』［学習院大学研究叢書12、学習院大学］資料編に収めたもの——同名異本があるので、拙著の中では「石川本『五倫書』」という名で扱った——から引き、同様に頁数を付した。ここに用いる『心学五倫書』『仮名性理』には、校訂者の判断によって記述が改められた箇所があり、さらに濁点も施されているが、改められた記述については底本の形にもどし、濁点についてはそのままで引用した。『五倫書』の濁点については底本のままである。以下、本書における三書からの引用は、特にことわらない限りこの原則でおこなう。なお、表中へは、三書ともに振り仮名を除いて引くこととする）。

［表一］

	『心学五倫書』	『五倫書』	『仮名性理』
一	天道とは、天地の間の主人なり。形もなきゆへに、目にも見えず。然ども春夏秋冬の、次第のみだれぬごとくに、四時をおこなひ、人間を生ずる事も、花咲実なる事も、五穀を生る事も、皆是天道のわざなり。人の心はかたちもなくして、しかも一身のぬしとなり、爪の先髪筋のはづれまで、此心行わたらずと云事なし。（二五七頁）	天道とは天地の間の主人なり。かたちもなきゆへに目にも見えず。しかれ共春夏秋冬の次第のみだれぬことくに四時をおこない、人間を生する事も花さき実なる事も五穀を生する事も、皆これ天道のわざなり。人のこゝろは形もなくして、しかも一身之主となり、爪のさきかみすぢのはずれまで此心のゆきわたらずといふ事なし。（一五六頁）	天道とは天地の間の主人なり。かたちもなきゆへに、目に見えず。しかれども春夏秋冬のしだひのみだれぬごとくに四時をおこなひ、人間を生ずることも、花さきみなることも、五穀を生る事も、みな天道のしわざなり。人のこゝろはかたちもなくして、しかも一身の主人となり、つめのさきかみすぢのはづれまでも此心ゆきわたらずと云事なきがごとし。（二四〇頁）
二	堯四百余州の天子なれども土階三尺にして、屋作をばかやぶきにして、かやのこぐちをもそろへず、垂木をけづらず、御ふくはやぶれざればめしかへず、食珍物不レ調、あかざのあつものなどにてすゝめ給ひて、天下の万民を我子のごとくにし給ふ。（二六〇～二六一頁）	堯四百余州の天子なれ共、土階三尺にして屋ねをばかやぶきにして、かやのこぐちをもそろへす、たる木をけづらす。御服はやぶれされは召かへず。食に珍物をとゝのへず、あかざのあつ物なとにてすゝめ給て、天下の万民を我子のことくにし給ふ。（一六一頁）	堯四百余州の天子なれども、家の地形高三尺にして、屋ねをばかやをもつてふき、かやのこぐちをもそろへず、たるきをもけづらず、御ふくはやぶれざればめしかへず、しよくに珍物をとゝのへず、あかざのあつものなどにてすゝめ給ひて、天下の万民をわが子のごとく

			にしたまふ。（二四七頁）
三	国に生ずる程の、米穀は、一国の人をやしなわんために、天より生じたまふなり。然をその国、人民をしぼりとりて民の涙をあつめて、金銀珠玉をたくわへおきて我身の栄花とする事は、天道の物をぬすみて我栄花とするなり。その科なにとしてのがれんや。（二五九頁）	国に生ずる程の米穀は、一国の人を養わんがために天より生し給ふなり。然るを其国の人民をしぼり取て、民の涙をあつめて金銀珠玉をたくわへ置て、我身の栄花とする事は、天道の物をぬすみて我栄花とするなり。其とが何としてのがれんや。（二五九～二六〇頁）	一国に生るほどの米穀は、一国の人をやしなはんために天より生じ給ふなり。しかるに一国の人民をしぼりとり、民のなみだをあつめて金銀珠玉となし、蔵にたくはへおきてその身の栄花とする事は、天道の物を盗て我栄花とするなり。その科なにとしてのがれんや。（二四五頁）
四	延喜の帝は、寒夜に御衣をぬぎて、国土の民どもの、如何にも寒からむと歎給ふ。（二五九頁）	延喜の帝は寒夜に御衣をぬきて、国どの民共のいかにさむからんとなげき給ふ。（二六〇頁）	延喜のみかどは寒夜に御衣をぬぎて、国土の民どものいかにさむからんと歎給ふ。（二四五頁）
五	頼朝天下を取て、おもてに慈悲をほどこす道を、たつるまねをして、心に天下を取、我身のたのしみとす因果にて、其身死する所さだかにしれず。又頼朝の子、頼家は弟の実朝に殺され、実朝は甥に殺されて、四拾弐年にて子孫ほろび、天下をうしないたり。（後略） 一　北条時政は、頼朝のしうとに	頼朝天下を取て、おもてには慈ひをほとこし道をたつるまねをして心には天下を取、我身のたのしみと思ふ因果にて、其身死する所さだかにもしれす。又頼朝の子頼家は弟の実朝にころされ、実朝はおいにころされて、四十二年にて子孫ほろひ天下を失ひたり。（後略） 一、北条時政は頼朝しうとにて、	頼朝天下をとりて、おもてには慈悲を施し道をたつるまねをして、心には天下をとり、我身の楽をもひたる因果によりて、其身は死するところさだかにもしれず。頼朝の子頼家は弟実朝にころされ、実朝は甥にころされて、四十二年にて子孫ほろび、天下をうしなふたり。（後略）

	て、自然に天下の権を取て、百年余治めたり。時政よりも三代、泰時と西明寺、此二人道のおもかげをすこしばかり、信じ行ひたる人にて、此二人泰時天照大神の掟を守りて、天下の万民を憐み、栄花をなさずして、家居をもそさうにして、ついぢなどもこぼれ落て、往来の人の見入るばかり、あさはかなり。(中略)加様の心のとくつもりて民を憐み、天道に叶ひて、百年余治りたり。九代めの相模守高時、西明寺の掟を背き、一人栄花をきはめ、美女を愛し酒を好み、民のついへをいとはずして、おごりをきはめ、天罰にて、先祖のこらず空しくして、一門けんぞく鎌倉にて、首をはねられたり。(二六〇頁)	自然に天下の権を取て百年余治めたり。時政より三代泰時と又西明寺、此二人道の面影を少ばかり信じ行たる人にて、此二人のしまりを以百年余治めたり。泰時天照太神の掟を守て、天下の万民をあわれみ、身の栄花をなさすして、家居をもそさうにしてついじなともこぼれおちて、往来の人の見いるゝばかりあさはか也。(中略)かやうの心の徳積りて、民をあわれみ天道にかないて、百年余おさめたり。九代めの相模守尊時西明寺の掟をそむき、一人栄花をきわめ美女を愛し酒を好み、民のついえをもいとわすしておごりをきわめたる天罰にて、先祖の功をむなしくして、一門けんぞくかまくらにて首をはねられたり。(一六〇～一六一頁)	一　北条時政、頼朝のしうとにて自然に天下をとりて、九代百六十年治めたり。時政の孫泰時、又最明寺といふ。此二人道をすこし知たる人にて、此二人のしまりをもつて百六十年おさまりたり。泰時天照太神のおきてをまぼり、天下の万民をあはれみ、身の栄花をなさずして、家居もそさうにして、つゐぢなどもくづれおちて、往還の人見入ばかりあさまなり。(中略)かやうの心のとくつもり、民をあわれみ、天道にかなひ、百六十年治めたり。九代目の相模守高時、最明寺のこゝろとちがひ、一人栄花をきわめ、美女を愛し、酒を好、民の費をいとはずしておごりをきわめたる天罰によりて、先祖の功をむなしくして、一門けんぞく鎌倉にて首をはねられたり。(二四六～二四七頁)
六	釈迦仏は、天竺の人なり。天竺の人も心直ならずして国治らず。仏	釈迦仏は天竺の人也。天竺の人も心すくならすして国治ず。仏難行	釈迦仏は天竺の人なり。天竺国の人心すなほならずして、国おさま

難行六年苦行六年、合拾弐年の間、だんどくせんといふ所に引籠、国の治めやうを工夫して、仏法と云事を五十年説めされたり。初は心あるものと説、中比は心は空なるものと説、心は有にもあらず、無にもあらず、中道実相と説めされたり。今極楽地獄をたて丶、人の悪道をせぬやうに教へたるは、心は有物と説れたる所なり。今は無物は、五躰の有間のつきものぞと、教るは、仏の有にもあらず無にもあらず、中道実相ととかれたるなり。如レ此色々にとかれたるは、其人々の気によつて、善をすゝめ悪をこらし、人の心をすなをにして、国を治め万民をやすくおかんためなり。釈迦の心は一段殊勝なれども、今時の出家は、仏をあきないにして、身をすぐるゆへ、人の心をだまし迷すばかりなり。

（二六一頁）

六年苦行六年、合て十二年の間だんとくせんといふ所に引籠、国の治やうを工夫して仏法といふ事を五十年説めされたり。初は心は有物と説、又中比には心は空なる物と説、心は有にもあらすなきにもあらす、中道実相と説めされたり。今極楽地ごくを立て人の悪道をせぬやうにおしゆるは、心は有物と説れたる所也。今心はなき物ぞ、五躰の有間の付物そとおしゆるは、仏の有にもあらすなきにもあらす、中道実相と説れたる処也。かくのことく色々に説れたるは、その人人の機によつて善をすゝめ悪をこらし、人の心をすなをにして、国を治万民を安くおかんためなれは、釈迦の心は一段しゆしやうなれ共、今時の出家は仏法をあきないにして身をすぐる故に、人の心をだましまよはすばかりなり。

（一六二～一六三頁）

らず。仏なんぎやう六年、苦行六年、十二年の間だんどく山といふ所へ引籠、国の治めやうを工夫して、仏法と云事をとき給ふ。はじめは心と云物は有物とゝき、また中ごろは心は空なるものと、後には心は有ものにもあらず、無ものにもあらず、中道実相とゝき給ふ。今浄土宗のごとく極楽地獄をたて丶人のこゝろをすなほになすは、仏の心はあるものぞととかれたるところなり。禅宗のごとく心はなき物に、五体の有間のつき物ぞとのをしへは、仏の空ととかれたるところなり。又天台の法は、仏の有にもあらず無にもあらず、中道実相ととかれたるところなり。かくのごとく仏のいろ／＼にとき給ふは、その人／＼の気におうじて、心をすなほにして国を治、万民をやすくおかんためなり。ほとけの心もちも有がたし。

（二四九頁）

七	八
神仏に金銀を進上して、我身を祈るはおろかなる事なり。人さへ少道の心あるものは、邪なる供物まいないを請ず。ましてや仏神に音信をいたしたりとて、請たまはんや。其身正直にして、慈悲をほどこし、祀典の天真に随てまつる時は、いのらずとも神は守べし。（二五九～二六〇頁）	釈迦仏、一切経の内に、心はあるものなり、地獄極楽もある物なりと説れたる所もあり。又心もなし、極楽もなしとかかれたる所もあり。然共心はなき物ぞと落居するなり。（二六二頁）
神仏に金銀を進上して我身をいのるはをろかなる事なり。人さへすこし道の心ある者は、邪なるくさづとまいないをばうけず。まして神仏に音信をいたしたりとてうけ給わんや。其身正直にして慈ひをほどこし、祀典の天真にしたがいて祭る時は、いのらす共神はまもりたまふなり。（一六〇頁）	釈迦仏一切経の内に心は有物也。地こく極楽も有物なりと説れたる所も多し。又心もなし極楽もなしと説れたる処も多し。然共心はなき物ぞといふに落居する也。（一六三頁）
神仏に金銀をしん上して我身のうへ祈事、おろかなることの第一なり。人さへすこし道の心有ものは、邪なるまいなひをうけず、悪人にちかずかず。まして民をくるしめ、被官一類をかつえにをよばせて、神仏に音信申たるとてうけ給はんや。その身正直にして慈悲を人に施ぬれば、祈ねども神はまもり給ふなり。かなはぬ事を神仏に祈てかなふと云事はなきことなり。（二四六頁）	釈迦仏一切経のうちに心は有物なり、極楽地獄も有ものなりとゝきたる所もおほし。また心もなし、極楽地獄もなしとかれたる所もおほし。しかれば心はなき物ぞと云は落着たり。心あるものならば、かりそめにもこゝろはなき物ぞとはときたまふべからず。しからば後生はなき物に落着なり。（二五〇頁）

九	一〇
天地は夫婦の初なれば、夫は妻を憐みおしへ、夫の下知にしたがひ、夫婦の間和順にしてあはれみめぐみ、（二五八頁）	我心の初は天の心と一躰なり。然共人と生れ来ては、人心と云もの出来る物なり。上智の人といへども道心あり。下愚の人といへ共道心あり。此二つの物、人の胸中にまじはりてあるものなり。此心をおさむる道を知らざれば、人心が主人となり、道心下人となりて、天理の性亡るなり。此人心道心二の間を、くはしくさつして、むざとしたる念を発さず、正しく本心の明を守りて一にする事、少もたえまなければ、人心ひくわんとなりて、天理日々に明にして、天心に叶なり。（二六二頁）
天地は夫婦のはしめなれば、おつとはつまをあわれみおしへ、つまは夫の下知にしたがい、夫婦の間和順にして別道正しくすべし。（一五八頁）	我心の始は天の心と一体也。然共人と生れきては人心といふ物出来る者也。上知の人といへ共道心あり。下愚の人といへ共道心あり。此二の物、人のきやう中にましはりて有物也。此心を治道をしらされは、人心が主人となり道心下人となりて、天理の性亡るなり。此人心道心二の間をくわしく察して、むさとしたる念を起さず、正しく本心の明を守て一にする事少もたゐまなければ、人心ひくわんとなりて、天理日々に明にして天心にかなふなり。（一六四頁）
夫婦 此間は天地のごとく、夫は女をあはれみ、婦は夫をたつとんで、たがひにうらみなきやうにすべし。（二四三頁）	我心の初は天のこゝろと一躰なり。しかれども人と生れ来ては人心と云もの出来候物なり。上智の人と云ども人心有。又下愚の人と云ども道心有。此二のもの人の胸中にまじはりてあるものなり。是をおさむるゆへをしらざれば、人心主人となり、道心ひくはんとなりて、天理ほろぶるなり。此人心道心の二の間をくはしくさつすべし。またかの本心をたゞしくして、胸中にはなさずして、一にすることすこしもたへまなきやうにする時は、道心主人となり、人心ひくはんとなりて、天理日〳〵に明にして天心にかなふ。（二五一頁）

一一	此故に、一念慈悲を思へば、其一念天に通じ、悪を思へば、其悪天に通る故に、君子は、独をつゝしむ。（二五七頁）	このゆへに一念ぢひを思へば其一念天に通じ、一念悪を思へば其悪天に通ずるゆへに、君子は独をつゝしむ。（一五七頁）	かるがゆへに一念慈悲をおもへばその念天に通じ、一念あくをおもへばそのねん天に通ず。かるがゆへに君子はひとりをつゝしむ。（二四〇頁）
一二	正直にして我身の栄花を忘れ、財宝をちらし、人を憐み民をあひすれば、此世にては天の心に叶、死して後は天の本土に帰り、子孫長久にして栄ぬる事は、微妙にして見えがたし。（二六二～二六三頁）	正直にして我身の栄花を忘れ、財宝をちらし人をあわれみ民を愛すれば、此世にては天の心にかない、死しては後天の本土に帰り、子孫長久にして栄ぬる事は、微妙にして見えかたし。（一六四頁）	正直にしてわが身の栄花をわすれ、財宝を散じ、人をあはれみ、民をあひすれば、此世にては天心にかなひ、死して後天の本土に帰り、子孫長久にしてさかへぬることは、微妙にして見えがたし。（二五一頁）
一三	道に背くものは、子孫をほろぼし、後の世には、此心天にもかへらず、中途に流浪して、鳥けだものとひとつになるなり。かくある故に儒道には天をおそれて、道を行事を一大事とするなり。（二五八頁）	道にそむくものは子孫をほろぼし、後の世には此心天にもかへらず、中途に流ろふして、鳥けだ物とひとつになる也。かくあるゆへに、儒道には天をおそれて道を行事を一大事とする也。（一五八頁）	天にそむきたるものはしそんほろび、後の世に此心るろふして天に帰らず、鳥けだものとなるなり。かるがゆへに儒道には天を恐て道を行事を一大事とするなり。（二四三～二四四頁）

この表の中で注目すべきは、（三）（五）（六）（八）（九）（一一）の文中の次に示す記述である（これらは、いずれも先に『本佐録』から取り上げた一三箇所の文の中で傍点を施したものと同一の語句を含む記述、

ないしは比較の必要があって引くものなので、重要と考える語句には傍点を施した。また、『心学五倫書』『五倫書』『仮名性理』は、それぞれ『心』『五』『仮』と略記した。以下同様）。

（三）『仮』――蔵にたくはへおきて　（『心』は「たくわへおきて」、『五』は「たくわへ置て」）

（五）『五』『仮』――先祖の功をむなしくして　（『心』は「先祖のこらず空しくして」）

（六）『仮』――天竺国の人心すなほならずして、国おさまらず　（『心』は「天竺の人も心直ならずして国治らず」、『五』は「天竺の人も心すくならすして国治ず」）

『心』――釈迦の心は一段殊勝なれども

『五』――釈迦の心は一段しゆしやうなれ共　（『仮』は「ほとけの心もちも有がたし」）

（八）『仮』――しかれば心はなき物ぞと云は落着たり　（『心』は「然共心はなき物ぞと落居するなり」、『五』は「然共心はなき物ぞといふに落居する也」）

（九）『仮』――夫は女をあはれみ　（『心』は「夫は妻を憐みおしへ」、『五』は「おつとはつまをあわれみおしへ」）

『仮』――たがひにうらみなきやうにすべし（『心』は「あはれみめぐみ」、『五』は「別道正しくすべし」）

（一一）『五』――一念悪を思へば

『仮』――一念あくをおもへば（『心』は「悪を思へば」）

これらの記述は、（六）の「釈迦の心は一段殊勝なれども」（『心学五倫書』の記述。『五倫書』もほぼ同様）をのぞいて、いずれも『仮名性理』のものであるが（うち二箇所は『五倫書』においても同様）、その文中の傍点部分の語句すべてを、我々は『本佐録』の中に見出すことができる。先に取り上げた『本佐録』の一三箇所の記述中の傍点部分を確認してみていただきたい。また、唯一異なる（六）の二つ目の記述にしても、『本佐録』の該当部分の記述は「仏の心は殊勝なり」とあるので、冒頭部分の語句「仏の心」のほうに着目すれば、『仮名性理』の「ほとけの心もち」が最も近似したものと見ることもできる。

以上の検討に従う限り、後に主に「本佐録」という名で流布することとなるこの書物は、『仮名性理』を手許に置いて書かれたものと見てよいのではなかろうか（後述するが、『五倫書』もともに著者の手許にあった可能性がある）。とするならば、我々はここでこの書物の著述が可能であった時期をかなりの程度明確に特定することができる。この書物は、『仮名性理』の成立した時点から、後に跋文として整版本『本佐録』に付された林鵞峰の文章の執筆時期の日付である延宝五年の間に書かれたものであると。鵞峰の文章は、この書物にふれた文として存在を確認し得るものの中で、現段階では最も早い時期に書かれたと考えられるものであるからである。

『仮名性理』の成立時期との関係

『仮名性理』の成立時期については、かつて拙著『『心学五倫書』の基礎的研究』（前掲）の中で検討を加えたことがある。その概要を述べてみたい。

先述したように『仮名性理』は、慶安三年に現在知り得る限りではじめて版本として登場して以来数度の改版を経て幕末に至るまで広く流布した『心学五倫書』という書物を改変した、『五倫書』を基として成立したものである。このことを確認するために、ここに［表二］として三書の対応関係を示してみよう（傍点を施すために、三書からの引用はともに振り仮名を除いて引くこととする）。

［表二］

	『心学五倫書』	『五倫書』	『仮名性理』
1	敬は、君につかふまつるも、おや	敬は君につかふまつるも親につか	敬は君に仕るにも親につかへるに

	につかふまつるも、心をしめて一大事にかけてつゝしむなり。（二五七頁）	ふるも、心をしづめて一大事にかけてつゝしむなり。（一五七頁）	も、一大事の客人をあひしろふごとくに心をしづめて、大事にかけてつゝしむなり。（二四一頁）
2	又下人をつかふも、つゝしむなり。（二五七頁）	又下人をつかふも朋友にまじわるにも、少も邪心なきやうに慎むなり。（一五七頁）	又下人をつかふにも、まして友にまじわるにも、邪の心なきやうにつゝしみ申なり。（二四一頁）
3	礼は上の人を敬ひ下たる人も、それ〴〵にあひし、（二五八頁）	礼は上の人をうやまひ、下たる人をもそれ〳〵にあいしらひ、（一五八頁）	礼は上の人をうやまひ、下となる人をもそれ〴〵にあひしらひをするなり。（二四二頁）
4	夫は妻を憐みおしへ、夫の下知にしたがひ、（二五八頁）	おつとはつまをあわれみおしへ、つまは夫の下知にしたがい、（一五八頁）	夫は女をあはれみ、婦は夫をたつとんで、（二四三頁）
5	弟は兄を敬ひ互にあやまちをたゞし、（二五八頁）	兄は弟をあわれみ、弟は兄をうやまひ、たかいにあやまちをたゞし（一五八頁）	兄はおとゝをあはれみ、弟はあにを敬すべし。（二四三頁）
6	子孫必後世には天の本道に帰るなり。（二五八頁）	子孫かならずさかへ、後の世には天の本土に帰る也。（一五八頁）	子孫かならずさかへ、後の世には天の本土にかへるなり。（二四三頁）
7	此二人道のおもかげをすこしばかり、信じ行ひたる人にて、此二人	此二人道の面影を少ばかり信じ行たる人にて、此二人のしまりを以	此二人道をすこし知たる人にて、此二人のしまりをもつて百六十年、

	泰時天照大神の掟を守りて、（二六〇頁）	百年余治めたり。泰時天照太神の掟を守て、（一六一頁）	おさまりたり。泰時天照太神のおきてをまぼり、（二四六頁）
8	天道に叶ひて、百年余治りたり。（二六〇頁）	天道にかないて、百年余おさめたり。（一六一頁）	天道にかなひ、百六十年治めたり。（二四七頁）
9	おごりをきはめ、天罰にて、先祖のこらず空しくして、（二六〇頁）	おごりをきわめたる天罰にて、先祖の功をむなしくして、（一六一頁）	おごりをきわめたる天罰によりて、先祖の功をむなしくして、（二四七頁）
10	唯明徳至善、誠敬を明にし、五倫の道を行、こと〳〵く尊上なり。（二六一頁）	唯明徳至善誠敬五常を明にして、五倫の道を行が道の極意高上也。（一六二頁）	たゞ明徳、新民、至善、誠、敬、五常、五倫、これ道の極意高上なり。（二四八頁）
11	盗賊合戦止事なし。（二六一頁）	盗賊合戦やむ事なし。是を治りたる世とはいふへからず。（一六二頁）	合戦さらにやむ事なし。これをおさめたる世とはいふべからず。（二四八頁）
12	今の出家は財宝をたくはへ、（二六二頁）	今の出家は財宝をつみたくわへ（一六三頁）	今時の出家たち財宝をつみたくはへ、（二四九頁）
13	地獄極楽もある物なりと説れたる所もあり。又心もなし、極楽もなしととかれたる所もあり。（二六二頁）	地こく極楽も有物なりと説れたる所も多し。又心もなし極楽もなしと説れたる処も多し。（一六三頁）	極楽地獄も有ものなりとゝきたる所もおほし。また心もなし、極楽地獄もなしととかれたる所もおほし。（二五〇頁）

14	堯舜とは、天下の大聖人なり。（二六二頁）	堯と舜と禹とは天下の大聖人なり。（一六四頁）	堯舜禹は大聖人なり。（二五〇頁）
15	上智の人といへども道心あり。（二六二頁）	上知の人といへ共人心あり。（一六四頁）	上智の人と云ども人心有。（二五一頁）
16	然共この世にては、天の心に背き、（二六三頁）	然共此世にては天命にそむき、（一六四頁）	しかれども此世にては天命にそむき、（二五一頁）
17	賢人にして財宝多き時は、其心ざしを存じ、（二六四頁）	賢人にして財多き時は其志を損し、（一六六頁）	賢人にしてたからおほき時は、その心ざしを損じ、（二五三頁）

このような『心学五倫書』から『五倫書』『仮名性理』への改変には、滝川恕水《たきがわじょすい》（生歿年不詳）の著した『滝川心学論《たきがわしんがくろん》』という書物が重要な役割を果している。『滝川心学論』は、寛文七年（一六六七）に版行された『心学五倫書』批判の書である。この時期、『心学五倫書』を熊沢蕃山《くまざわばんざん》（一六一九〜一六九一）の著作とする風評があったらしく、著者滝川恕水は『心学五倫書』蕃山著者説の立場で、その一行一行に対して逐一批判を展開している。［表二］で取り上げた記述への批判を、『心学五倫書』『五倫書』『仮名性理』の当該箇所に対応させる形で、ここにいくつか取り上げてみよう（『滝川心学論』からの引用は、前掲拙著『『心学五倫書』の基礎的研究』資料編からおこない、『滝』と略記して引用の最後に頁数を記す。引用に際しては、傍点を施すために『滝川心学論』以外のものについては振り仮

名は除いて引いた。以下同様）。

（1）『心』敬は、君につかふまつるも、おやにつかふまつるも、（二五七頁）

→

『滝』親にまつるとは、おやにつかふることをかきあやまる歟。又なきあと祭《まつ》る事歟。（二三九頁）

←

『五』敬は君につかふまつるも親につかふるも、（一五七頁）

『仮』敬は君に仕るにも親につかへるにも、（二四一頁）

（4）『心』夫は妻を憐みおしへ、夫の下知にしたがひ、（二五八頁）

→

『滝』夫婦の道をしるせり。夫《おつと》のと書上に婦の字あるべし。書きおとせるにや。くはしくは題の下のごとし。（二三八頁）

〈題の下〉夫《おつと》は天に象《かたどり》、婦《つま》は地に准《なずらふ》なり。（二一七頁）

←

『五』おつとはつまをあわれみおしへ、つまは夫の下知にしたがい、（一五八頁）

『仮』夫は女をあはれみ、婦は夫をたつとんで、（二四三頁）

（9）『心』おごりをきはめ、天罰にて、先祖のこらず空しくして、（二六〇頁）

→

『滝』心学先祖残らずと書たるは何たる文章ぞや。先祖は皆先《さき》に他界し給へば、相模入道の乱をまたず。定て子孫のこらずといふ事なるべし。されども近代にも、北条宗雲（ママ）が家関《くはん》八州を領ずる事あり。若天下に北条の筋もあらば此心学を見せたし。（二六二～二六三頁）

←

『五』おごりをきわめたる天罰にて、先祖の功をむなしくして、（一六一頁）

『仮』おごりをきわめたる天罰によりて、先祖の功をむなしくして、（二四七頁）

取り上げた批判は、ここに確認できるように、いずれも『五倫書』『仮名性理』の改変された記述の中に反映されている。すなわち『五倫書』も『仮名性理』も、改変をおこなうに際して恕水の批判に明らかに耳を傾けているのである。このような例を、我々は次にあげる改変部分により顕著なものとして見出すことができる。同じ形式で対応関係を具体的に示してみたい。

（i）『心』右此五倫皆道心の左右なり。（二五八頁）

→

『滝』左右とはみぎひだりといふ事か。又文選《もんせん》に左右と書てとせんかくせんと読《よま》せたり。とせんかくせんと、はからふときを云ならば、猶以義《き》穏頭《をんとう》ならす。（二三八頁）

←

『五』右此五倫皆道心の作用なり。（一五八頁）

『仮』右此五倫また日夜のしよさなり。（二四三頁）

（ii）『心』此道をおこなはゞ、ひつきやう我明徳を明にせん為なり。（二五八頁）

→

『滝』おこなはゞのてにはにては、明《あきらか》にせんがためなりとはいはれず。道をこゝろさす人皆見らるへし。（二三九頁）

←

『五』此道をおこなふは、ひつきやう我明徳をあきらかにせんためなり。（一五八頁）

『仮』――なし――

（iii）『心』如レ此色々にとかれたるは、其人々の気によつて、（二六一頁）

→

『滝』人々のきといふには、機《き》の字《じ》を書へし。何も心学は当字《あて》片言《かたこと》いひ也。（二七七頁）

←

『五』かくのことく色々に説れたるは、その人人の機によつて（一六三頁）

『仮』かくのごとく仏のいろ〲にとき給ふは、その人〲の気におうじて、（二四九頁）

（iv）

『心』人心とは我かたち心なり。道心とは天の心なり。（二六二頁）

→

『滝』我かたち心とは何たる心ぞや。定めて沢庵《たくあん》が法語づれにてすましたる学なるが故に、かくあさましき注解《ちうげ》をなす。彼《かれ》に意《い》と云字をかたち心とよめりとおほえたり。是あやまり也。意者心之所発也《いといふはこゝろのはつするところなり》。おこる心は善にも有悪にもあり。しからば何ぞ意をとりて人心とせんや。今云べし。人心は私欲邪慮《しよくじやりよ》也。道心は公道《こうたう》正思《し》なり。（二九七頁）

←

『五』人心とは我形の心也。道心とは天の心なり。

（「形」には〝すがた〟という振り仮名が付されている。一六四頁）

『仮』人心とは人の心なり。道の心とは天の心なり。（二五一頁）

このような対応関係は、『心学五倫書』から『五倫書』や『仮名性理』への改変にかかわった人物が、改変に際して『滝川心学論』からの批判に反応し、当該部分の記述を改めたことを示すものであろう。(ii)(iii)を例にとれば、『五倫書』はまず『心学五倫書』の批判された記述部分を滝川恕水の言うままに改め、『仮名性理』はさらにその部分を改変者自身の判断で削ったり表現を変更したりすることで、批判への対応をおこなっているのである。

こうした対応は、語句レベルの改変にとどまらない。特に『五倫書』から『仮名性理』への改変に際しては、次に示す例に明らかなように、『滝川心学論』の批判に基づく、より大がかりな改変がおこなわれている。

『心』　五倫《りん》は、君臣《くんしん》父《ふ》子《し》夫婦《ふうふ》兄弟朋友《ほうゆう》是《これ》なり。是則《これすなはち》人の日々夜《や》々の諸作《しょさ》なり。子《こ》は親《おや》につかへて孝《こう》行を尽《つく》し、親《おや》は子をそだつるに道ををしへ、芸《げい》を習《なら》はせ、臣《しん》は君《きみ》につかふまつるに二心なく、一命《めい》をもおしまず忠節《ちうせつ》を尽《つく》し、君《きみ》は又臣《しん》を我手《わがて》足《あし》のごとく思ふべし。（二五八頁）

→

『滝』　是父子《ふし》の道をしるしたり。先君臣《まつくんしん》よりこそことはるへきを、今父子の道を先にことはる事は、君臣にも各此父子はあるものにて、殊《ことに》天地の道に准《なすら》へて先此父子の道をしるせりとみえたり。何も心学利口《りこう》の人也。子に道ををしゆるとも、心学のごとく僻道《へきだう》をばをしゆる事なかれ。天下の通義を教べし。

（二三七頁）

『五』五倫《ごりん》は君臣父子夫婦兄弟朋友《くんしんふしふうふけうだいはういう》これ也。是則《これすなはち》人の日々夜々のしよさなり。子《こ》は親《おや》につかへて孝行《かう〳〵》をつくし、親は子をそたつるに道《みち》をおしへけいをならわせ、臣《しん》は君《きみ》につかふまつるに二心《ふたこゝろ》なく、一命《いちめい》をもおしまず忠節《ちうせつ》をつくし、君は又臣を我手足《わがてあし》のごとく思ふべし。

（一五八頁）

『仮』　五倫《ごりん》

君臣《くんしん》　父子《ふし》　夫婦《ふうふ》　兄弟《きやうだい》　朋友《ほうゆう》

是《これ》を五倫《ごりん》と云《いふ》。これまた人の日《にち》〳〵夜《や》〳〵のしよさなり。

君臣《くんしん》

君《きみ》につかへ奉には一命《めい》をおしまず忠節《ちうせつ》をつくすべし。また君《きみ》は臣《しん》を我身《わがみ》のごとくにあはれむべし。すこしも心《こゝろ》にいつわりあれば天《てん》にそむく。

父子《ふし》

子《こ》のおやにつかへるには孝行《かう〳〵》をつくすべし。おやは子に道《みち》をおしへて哀《あはれ》みをくはへべし。

（二四二〜二四三頁）

この部分に関して『五倫書』は「父子」と「君臣」の順序を逆転させる書き換えはおこなってい

ないが、『仮名性理』は明らかにここで『滝川心学論』の批判を受け容れている。これは『心学五倫書』から『五倫書』への改変の場合とは異なり、言わば思想内容にまでわたる、より大がかりな改変であり、『仮名性理』成立に果した『滝川心学論』の役割の大きさを示すものであろう。『仮名性理』の成立を『滝川心学論』による『心学五倫書』批判への対応の完了と見れば、我々は、『五倫書』と『仮名性理』は同一の人物ないしは同一の人々の手によって作られたものであって、『五倫書』は『心学五倫書』を『仮名性理』に改変する際の、言わば〝試作品〟であったと考えることさえ可能である[*34]（先に、後に主に「本佐録」という名で流布することとなるこの書物の著者の手許には『仮名性理』とともに『五倫書』があった可能性があると述べたのは、このことによっている）。

　このような事実に着目すれば、『仮名性理』成立の可能性の上限は、『滝川心学論』が姿を現した寛文七年としなければなるまい。それでは、『仮名性理』成立の可能性の下限はいつなのか。それは、『仮名性理』巻末に記された野間《のま》三竹《さんちく》（一六〇八～一六七六）の識語の日付「寛文九年重陽節後日」にしたがって、寛文九年（一六六九）と考えてよかろう。

　とするならば、我々は後に主に「本佐録」という名で流布することになるこの書物の成立時期を、寛文七～九年（一六六七～一六六九）の頃から延宝五年（一六七七）までの間であったと結論づけてよい[*35]。この結論は結果的に、前節でおこなった少なからぬ数の写本に関する書誌学の方法に基づいた検討や〝可能性〟に着目した検討でも、その成立の可能性の上限を延宝五年（一六七七）を少しさかのぼったあたりの時期までしかたどることができなかったという事実とも符合する。この書物は、元和二年(一六一六)に世を去った本多正信や同五年(一六一九)に五九年の生涯を終えた藤原惺窩には著すことのできるはずもないものであり、明らかに偽書として流布したものなのである。

偽書『本佐録』は、したがって江戸時代初頭の幕府や諸藩の政治理念を問題にするための書物などではない。この書物は、むしろ幕藩体制の確立期と言われる寛文延宝期の政治状況や思想状況を探るための材料として重要である。この観点に立って、次章では『本佐録』として流布したこの書物の思想内容を検討し、続いてそれが寛文延宝期という幕藩体制史上の重要な時期において、どのような思想的機能を果すものであったのかを問題としてみたい。

註

＊1――たとえば日本思想大系28『藤原惺窩 林羅山』(岩波書店)中の解題において石毛忠氏は、この書物について「内容は、著者が二代将軍徳川秀忠の求めにより、天下国家の治乱盛衰、人君の存亡、万民の苦楽の原因を上申するというかたちで、天道の存在、君・臣の理想像、大名・百姓の統制策、日中両国における治者・国家興亡の歴史とその原因などを具体的に説いたものであり、そこには初期幕政のイデオロギーが端的に示されている」(二六九頁)と述べている。また、衣笠安喜氏もこの書物において展開されている農政論や天道論にふれて、「『本佐録』にみられる農政論が幕藩制初期の農政の基本方針を示すものであるならば、その天道論は幕藩体制の初期段階の政治哲学であったといってよい」(「幕藩体制と

政治思想――仁政思想の展開」、古川哲史氏・石田一良氏編『日本思想史講座4 近世の思想1』〔雄山閣〕所収、三四頁。なお、この論考は後に「仁政思想と幕藩体制」と改題され、同氏著『近世日本の儒教と文化』〔思文閣出版〕に収められた。一四七頁）としている。なお、本書における以下の西暦表記については、いわゆる旧暦を新暦に厳密に変換することはせず、和暦に機械的にあてはめたものであることをおことわりしておく。

＊2――同書二七五頁。この版本は、東京都立中央図書館東京誌料をはじめとする多くの機関が所蔵する「平安読書室蔵」の刊記を持つものである。その形態上の特色や成立の経緯等については、後に詳しく述べる。

＊3――石毛忠氏は前掲解題に、書名について「書名も本書の序文によれば、初めは外題がなかったというし、今日多数残されている写本には、『藤原正信論治道書』『正信録』など正信の名を冠したものと、『天下国家之要録』『治要七条』などのごとくそうでないものがあり、後者は多く藤原惺窩作としている」と記している。前掲書二六九頁。詳しくは『国書総目録』（岩波書店）を参照していただきたい。なお『天下国家之要録』は、『藤原惺窩集』巻下（国民精神文化研究所、一九七八年に思文閣出版より復刊）に収録されているが、これはかつて水戸の彰考館文庫が所蔵していた写本を翻刻したものである。この写本は、残念ながら昭和二〇年（一九四五）に「戦災により焼失」してしまっている。『藤原惺窩集』巻下で解題を担当した太田兵三郎氏は、この写本について「彰考館文庫所蔵。巻末に惺窩先生倭謌集巻五末尾の君臣之事より隠居之事に至る和文十条が附せられて、一冊となつてゐる。初葉に潜龍閣蔵書記（列公の蔵書）の印が捺されてゐる。本文には撰者名が無いが、前述の君臣之事以下の和文十条の終に、「右此書依　家康公命撰之　藤惺窩」とあり、彰考館文庫目録には、「天下国家之要録　藤原惺窩撰」と見えてゐる」と記しているが、その一方で「抑々惺窩に君臣之事以下の奉答十条を除いた所謂天下国家之要録なるものの存したことは、他に記事の信ずべきものがないのであつて、強ひて疑へば、君臣之

事以下の奉答十条と共に一冊になつてをり、奉答十条の終に藤原惺窩の名が見えてゐる所より、之を惺窩の撰としてしまつたとも考へられぬこともない」とも述べている（解題二二～二三頁）。『天下国家之要録』と『十条』を収めたこの「一冊」の巻末にある著者名「藤惺窩」は『十条』に付されたものであり、『天下国家之要録』の著者名として記されたものではない可能性もある。

＊4——『新井白石全集』（国書刊行会）第六所収、五四七頁。句読点が施されていないので、適宜これを補った。「平安読書室蔵」という刊記を持つ整版本『本佐録』には、この新井白石の『本佐録考』全文と『藩翰譜』の記事の一部が附録として付されている。『日本経済叢書』巻一（日本経済叢書刊行会）と『日本経済大典』第三巻（史誌出版社）の収録するものは、本文だけでなくこの附録の部分をも翻刻したものなので御覧いただきたいのだが、全集収録のものとの間には多少の語句の相違が見られる。たとえば、全集収録のものでは「世の□《常カ》の論の如き」となっている箇所は、整版本では「世の悠々の論の如き」と記されている。『日本経済叢書』巻一の三二頁、『日本経済大典』第三巻の三四頁を参照されたい。なお、近年「藩」や「藩士」「藩主」といった呼称は明治になってから使用されるようになったものであることが強調されはじめているが、本書では一般的に使われている歴史用語として、そのまま用いることとする。また、「幕府」という語についても、江戸時代の寛政期以前の文書にこれが現れるのは珍しく、使用が一般化したのは後期水戸学者たちが使うようになってからのことだという指摘があるが、これについても同様に、一般的に使用されている歴史用語としてそのまま用いることとする。

＊5——『後編鳩巣先生文集』巻之十五（『近世儒家文集集成』第一三巻［ぺりかん社］所収）。四六六～四六七頁。原漢文。引用には、後に整版本『本佐録』に付された、日本思想大系28『藤原惺窩 林羅山』（前掲）所収のものの書き下しを用いる。同書二七二頁。同書からの引用に際しては、校註者が加えた振り仮名は残したが、括弧や中黒等は取り除いた。

＊6――『兼山秘策』第二冊、正徳四年の箇所（『日本経済叢書』巻二［日本経済叢書刊行会］所収、二九二頁）。句読点は現行の形態に改めた。以下同様。

＊7――『鵞峰林学士文集』巻第百三（『近世儒家文集集成』第一二巻［ぺりかん社］所収。日野龍夫氏は、解題中でこの文集の刊行年を「元禄二年（一六八九）刊か」としている）に「治要七条跋」の題で収められている。四三九頁。原漢文。刊記はただ「丁巳五月」とのみあるが、鵞峰の生歿年とこの文集の現在確認されている刊行年からすると、この「丁巳五月」は延宝五年（一六七七）以外にあり得ない。引用には前掲日本思想大系28所収の版本跋文の書き下しを用いたが、この版本跋文には「延宝五年丁巳五月十四日」という日付が記されている。同書二九九頁。

＊8――中村勝麻呂氏前掲論考、六五頁、七七頁。以下、これからの記述や指摘を引く場合には、その箇所に頁数のみ記すこととする。

＊9――『仮名性理』や『千代もと草』が明らかに藤原惺窩の著作ではないということについては、石川謙氏の『石門心学史の研究』（岩波書店）や今中寛司氏の『近世日本政治思想の研究』（創文社）による指摘がある。また伊東多三郎氏も「天正日記と仮名性理」（『日本歴史』第一九六号、吉川弘文館）で、両氏の指摘を継承すべきことを説いている。

＊10――『仮名性理』が『心学五倫書』→『五倫書』→『仮名性理』というプロセスで成立したことを最初に指摘したのは石毛忠氏である（「『心学五倫書』の成立事情とその思想的特質――『仮名性理』『本佐録』理解の前提として」、前掲日本思想大系28所収、四九〇頁）。『心学五倫書』から『千代もと草』に至る諸書の成立関係については、私もかつて拙著『『心学五倫書』の基礎的研究』（学習院大学研究叢書12、学習院大学）において扱ったことがある。本書における検討は、これを基としておこなうものである。

＊11――中野三敏氏は、その著『書誌学談義 江戸の板本』（岩波書店）の冒頭「板本書誌学のすすめ――序にか

えて」の中で、書誌学という学問の内実を、「言わずとものことだが、書誌学とは畢竟、書物を物として扱う技術を学ぶことというに尽きていよう。内容の芸術性や思想性をひとまず措いて、何はともあれそこに確かに存在する物体としての書物の性質を見きわめることであり、いわば書物の物理学である。従って敢えて極論すれば、書誌学の実行に当っては、書物の内容に関わる必要はないともいえる」とし、さらに「書誌学とは存在する本そのものを手にとって数量化し、記号化する作業、当節流行の言い方をすれば、実在の物を「情報」に変える技術そのものである」と要約している。三〜四頁。

＊12――私が確認した限りでも、たとえば『国書総目録』（前掲）未記載の「明治大学中央図書館黒川文庫」所蔵の整版本『本佐録』二冊本の、二冊目の題簽に記された外題は「本佐録 附録」と刻されている。

＊13――この点については、たとえば橋口侯之介氏『和本入門――千年生きる書物の世界』（平凡社）一四四頁、『続和本入門――江戸の本屋と本づくり』（同前）一二二頁以下を参照されたい。この両著は、後に平凡社ライブラリー本として再刊された。ライブラリー版では、前者は一四九〜一五〇頁、後者は『江戸の本屋と本づくり』という元のものの副題を表題としたものであるが、一二九頁以下を御覧いただきたい。

＊14――この著の文中に『本佐録』にふれて、「封山の読書法は写本にあり、「読は書を写すに如かず」と十年一日の如く毎日写本に専心した。写本の量は膨大な量に達したが著述には至らず、「我の当に務むべき所は躬行の上にあり著述にあらざるなり」と自著を作らず、わずか封山の著書として知られるのは「本佐録」（寛政元年刻成）一書のみである」（二頁）とある。もちろん本書に示してきたように、『本佐録』は「封山の著書」ではない。なお、この著を入手するに際しては、編者の遠藤正治氏から特段の御配慮を頂戴した。ここに記して感謝の意を表したい。また、「封山」こと「山本中郎」の経歴については、『富山県史　通史編Ⅳ　近世下』（富山県）に短い記事がある（六八三頁）。

＊15――原漢文。ここに引くのは、日本思想大系28『藤原惺窩　林羅山』（前掲）に収録されたものの書き下しで

ある。同書二七一頁。以下、同書からの引用については、その箇所に頁数のみ記す。

＊16——戦前に金沢文化協会から刊行された日置謙氏編『加能郷土辞彙』は、「戸田靭負助」について「トダユキへ　戸田靭負」で項目をたて、「美濃大垣藩戸田采女正の支族で、本多安房守政重に関係があつたから千石の合力を受け、後に暇を得て退去したと云ふ。元和二年十二月本多政重から書出した家人武功取調書に、『千石戸田靭負、本国三河』とあるもの是である」と記している。この編著は戦後、北国新聞社から改訂増補版の形で再刊されている。私が見たのはその改訂増補版である。

＊17——後に写本の検討をおこなう際に詳述するが、この印を捺したこの書物の写本（題名が異なっている）が現在でも「島原図書館松平文庫」に収蔵されている。

＊18——この附録部分の文章は、先述したように新井白石の『本佐録考』と『藩翰譜』中の記事の一部との二つを転載したものである。ここには、前掲の『日本経済叢書』巻一に収録されたものから引く。同書三〇頁。引用に際しては、句読点を現行の形に改めた。以下同様。

＊19——前掲『日本経済叢書』巻一、三三頁。

＊20——それにしても、［C］タイプ本を作成した人物は、何ゆえに整版本ないしはその系統本を写すという手間をわざわざかけたのであろうか。このことを考えるための手がかりは、巻第一の冒頭に記された全二〇巻の序文の署名にあるのではないかと思う。先に示したように［A］タイプのものと［B］タイプのものの署名は「朝倉日下部景衡識」であり、［C］タイプのもののそれは「新井君美識」となっている。『国書総目録』（前掲）も記すように、『遺老物語』の編纂者は新井白石ではなく朝倉景衡なのであるから、「朝倉日下部景衡識」という署名のあるもののほうが早い時期の享保一八年（一七三三）のあたりに成立したものであって、「新井君美識」の署名のあるものは、ここでの検討で明らかにしたように、整版本の成立した天明七年（一七八七）以後に成ったものである。この間、約五〇年を越える月日が流

れている。以下に述べることは推測であるが、この［C］タイプ本を作成した人物の中で、『遺老物語』という書物への人々の関心を引くうえでは、「朝倉日下部景衡識」という署名よりも世評の高い白石の名を用いた「新井君美識」の署名のほうが有利であるという判断が働いたということもあるのではないかと思う。あるいは、新井白石の『本佐録考』と『藩翰譜』中の記事の二つを附した整版本『本佐録』ないしはその系統本が登場してそれを目にしたことが、その人物にこのような手間をかけてまでも『本佐録』の巻を、また『遺老物語』を言わばリニューアルすることを実行させるきっかけとなったのかもしれない。これらはいずれも推測なので、註に記しておく。

＊21――書肆名だけに着目すれば、確かに「至誠堂」の名を記した出版物が明治になって刊行されている。たとえば、岡見舜雅『神州元気』（私が見たのは「香川大学図書館神原文庫」所蔵本で、木活字本ではない）は、明治三三年（一九〇〇）に「茨城県行方郡玉造町三百廿四番地」の「常陽　至誠堂」から「柴田勇之助」の手で刊行されているが、この書肆が木活字本『本佐録』を出した「至誠堂」と同一であるかどうかについては確認できない。また、「香川大学図書館神原文庫」所蔵の木活字本『本佐録』の最終丁裏には「明治二十九年六月十四日求之」という書き込みがある。この文庫に収蔵されている図書を蒐集した神原甚造氏（香川大学初代学長。一八八四～一九五四）が古書蒐集をおこなったのは大正の終わり頃からであったということであるから、「之」を「求」めたのは神原氏ではないが、どのような経緯でどのような人がこの版本を入手したのかについては不明である。

＊22――この写本には、昭和八年七月一日の日付の入った「大礼記念　金沢市立図書館」の丸印が捺されている。日置謙氏は前註16にふれたように、戦前に『加能郷土辞彙』を編纂し、これを金沢文化協会から刊行した人である。

＊23――「富永金昌」については、『加能郷土辞彙』（前掲）が以下のように記している。「トミナガマサヨシ　富

永全昌　通称数馬。元禄四年養父久兵衛昌親の遺跡三百五十石を襲ぎ、表小将・御使番・定番馬廻頭等の職に当り、享保九年二百石を加へ、宝暦九年又五百石を増して千五十石となり、人持組に列し、十三年致仕、名を晩静と称した。明和元年正月七日歿、享年七十八。稽古紀聞・全昌武貞問答・栄辱雑記等の著がある。因に全昌を往々金昌に作るものは誤である」。なお「安宅平冬温」については不明。

*24――「金沢市立玉川図書館近世史料館」所蔵のものについて若尾氏は、「『本佐録』データベース一覧」の中の「備考」欄に「青地氏本の写本　鳩巣跋、青地礼幹「質問本佐録信疑事條」を貼る」と記しているが、この文書は『本佐録』写本の後ろに綴じ込まれている。貼られているのは別のものである。『質問本佐録信疑事条』という文書は、青地礼幹が『本佐録』についての様々な疑問を新井白石に質《ただ》した内容をまとめたものであるが、これに続けてそれぞれ置かれている『新井氏白石丈返翰』(「稼堂文庫」所蔵写本『本佐録』)も『本佐録附言』(「東京大学史料編纂所」所蔵『白石叢書十一』)も、ともに白石から礼幹に対してなされた返答をまとめた形のもので、その内容はこれまでにもふれた『本佐録考』と同一である。その「稼堂文庫」所蔵写本のほうに収録されている『新井氏白石丈返翰』には、一三箇所に小さな文字の文が書き込まれた大小様々な紙片が貼付されている。これら貼付されたものには、白石の返答に対する礼幹の感想とでも言うべきものが書き込まれている。また、「東京大学史料編纂所」所蔵のものについても、若尾氏は同欄に「前田利嗣蔵本を明治33年書写」と記しているが、「書写」したのはここに示したように「前田利為蔵本」である(この「前田利為蔵本」は、現在所在が不明となっている「前田育徳会尊経閣文庫」の所蔵していた本のことなのではないかと思われる)。前田利為(まえだ　としなり　一八八五〜一九四二)は、侯爵前田利嗣の養子で、明治三三年六月一四日に養父利嗣が死去した後、侯爵家を継いだ人。

*25――『日本経済叢書』巻二一(前掲)所収、二九三頁。

＊26――原漢文。日本思想大系28に収録されたものの書き下しの跋文から引いた。二九九頁。

＊27――ここで取り上げた「拙蔵写本①」と同じく、冒頭に「治要七条之序」という林鵞峰のものと同様の文章を置き、日付も他の形式も同じ写本がもう一本ある。「琉球大学附属図書館宮良殿内文庫」所蔵のものである。この写本は『明君家訓』等と合冊されて伝わっているが、表題がないために『治要七条』の名で登録されている（目次題の文冒頭に「本佐録」の記述がある。なお、図書館の文書中には「松茂氏當宗（筆写）」という記事が添えられている）。冒頭に中国の年号を使用した「同治九年庚午十一月写調也」という記述があるので、写されたのは明治三年（一八七〇）であったことがわかる。また、ほかに「拙蔵写本⑨」「拙蔵写本⑩」「拙蔵写本⑪」のように、「于時慶長十七壬子孟春　正信判」あるいは「慶長十七壬子孟春　本多佐渡守正信判」といった形で日付が奥書に記されているものもあるが、これは著者を本多正信と見せるためのものである可能性もあるので、ここでは取り上げない。

＊28――他の二本は「宮城県図書館伊達文庫」と「東京国立博物館」に収蔵されている。前者は仙台藩伊達家の旧蔵本。後者は一橋徳川家の当主であった徳川宗敬氏（とくがわ むねよし　一八九七～一九八九）が館に寄贈した約五万冊の江戸時代の版本写本の中の一冊である。徳川宗敬氏は水戸徳川家に生まれた人だが、旧三卿の一橋徳川家の当主であった徳川達道氏（とくがわ さとみち）の養子となり、後に家督を継ぎ伯爵を襲爵した。この約五万冊は養父の達道氏の代までに同家が蒐集し所蔵していたものとされている。

＊29――島原市教育委員会編の最新版『肥前島原松平文庫目録』（一九九八年発行）を見てみたが、この別本の可能性を持ったものは収蔵されていないように思われる。だが私は、鵞峰が借りて写したという「名づけて治要七条と曰ふ」本もかつては松平文庫に収蔵されていた可能性が少なからずあるのではないかと考えている。そのように考えるようになったきっかけは、『国書総目録』（前掲）に『治要七条』の所蔵先と

して記載されている「旧彰考（十条・仮名性理と合）（一冊）」という記事を見たことにある。『国書総目録』に「旧彰考」と記されたものは、水戸の彰考館文庫が収蔵していたもののうち、昭和二〇年（一九四五）の「戦災により焼失したもの」で、残念ながら現存していないが、『肥前島原松平文庫目録』を見てみると、かつて彰考館文庫所蔵の「一冊」に合冊されてセットになっていたという『治要七条』『仮名性理』は見当たらないものの、もう一つの藤原惺窩著と『国書総目録』が記す『十条』が収蔵されている。この『十条』の所蔵先について『国書総目録』は「島原、旧彰考（治要七条・仮名性理と合）」と記している（『藤原惺窩集』巻下［前掲］は、先述したようにかつて彰考館文庫が所蔵していた『天下国家之要録』を翻刻して収録しているが、その解題には「巻末に惺窩先生倭謌集巻五末尾の君臣之事より隠居之事に至る和文十条が附せられて、一冊となつてゐる」と記されている［同書二二頁］）。これを収蔵しているのは、判明している限りでは「島原」の松平文庫とかつての彰考館文庫の二機関だけである。「治要七条」という題のものも（あるいは『仮名性理』も）かつては松平文庫に収蔵されていた可能性があるのではないかと考える所以である。

＊30――斉賢は「政長親書の本」は「悉く国字に従ふ」と報告しているが、この内題に見られるように、概ね仮名書きではあるが一部漢字も用いられている。

＊31――この、中の箱の蓋の題書の記述「鳩巣室先生作」の最後の一字は判読しがたいが、ここに示したように「作」という字なのではないかと思われる。

＊32――明治におこなわれたこうした編纂作業の展開については、堀井美里氏の「近代以降の石川県における史料蒐集の動向」（『金沢大学資料館紀要』五）が詳しい。

＊33――『心学五倫書』の著者については、これまで今中寛司氏の「林羅山的人物」説、石毛忠氏の「神竜院梵舜のような教養と経歴の持ち主」説が公にされている。それぞれの主張の詳細については、今中寛司氏

『近世日本政治思想の成立』（創文社）および「清家神道から理当心地神道へ」（『季刊日本思想史』五、ぺりかん社）、石毛忠氏「『心学五倫書』の成立事情とその思想的特質――『仮名性理』『本佐録』理解の前提として」（前掲日本思想大系28『藤原惺窩　林羅山』所収）を御覧いただきたい。私もこの著者問題については、「『心学五倫書』の成立事情――その思想的特質を手がかりとして」（『学習院大学文学部研究年報』第二六輯）で、私見を示したことがある。今中氏と石毛氏の示す著者像は、ともに徳川政権との関係の深さを強調するところに特色を持っているが、私は拙稿において、この書物の著者名を具体的に明らかにすることはできないが、著者は、現実の徳川政権とは直接的には無関係なところで、新たな時代を戦乱の世の体験を通して見つめていた人で、いずれかの戦国武将の御伽衆を務めたような経歴を持っていた人物なのではないかという考えを示しておいた。ところが、最近になって、小川和也氏が「個別大名への視角と兵学との関連――長岡藩主・『東照宮御遺訓』・林家の兵学観」（『「土芥寇讎記」の基礎的研究』、二〇〇四年度科学研究費補助金（特定領域研究［2］「「和漢軍書」出版の思想史的研究：日本近世の出版環境と社会変容」）研究報告書所収）の中の林羅山にふれた箇所に、「また羅山には、『心学五輪書《ママ》』という書もある（ただし、今中氏は『心学五輪書《ママ》』の著者を林羅山とするが、山本眞功氏は藤原惺窩とする）」（四九〜五〇頁）と述べている文を目にした。私はかつて一度たりとも『心学五倫書』の著者を藤原惺窩であると主張したことはない。なお、近年刊行された大桑斉氏『民衆仏教思想史論』（ぺりかん社）が、この『心学五倫書』を扱っている。

＊34――私は『心学五倫書』から『五倫書』『仮名性理』への改変は、『心学五倫書』を熊沢蕃山著として批判する『滝川心学論』の攻撃から、当時政治的に微妙な立場にあった蕃山を守ることを目的としておこなわれ、『仮名性理』を惺窩著と明記したのは『心学五倫書』蕃山著者説を打ち消すためであったのではないかと考えている。これについては、第三章で論ずることとするが、前掲拙著および拙稿「『仮名性理』

の成立に関する一試論――『滝川心学論』を媒介として」（『日本思想史学』第一〇号、日本思想史学会）で改変者の問題を含めて論じたことがある。また、蕃山をめぐる当時の状況についても、拙編著『備前心学をめぐる論争書』（小澤富夫氏との共編著、玉川大学出版部）の解題で扱ったことがある。合わせて御覧いただければ幸いである。

＊35――『本佐録』の成立時期については、石毛忠氏が前掲書の解題の中で、「内容から判断して」「成立時期の下限は幕藩体制の確立した十七世紀後半頃と推定される」（二六九頁）としているが、根拠となる「内容」は示されていない。また、若尾政希氏も、二〇〇二年に公にされた前掲論考の中で成立時期にふれているが、『本佐録』や『東照宮御遺訓』で展開されている「幕藩制的天道論」は「一七世紀半ばの「藩政確立期の政治課題・政治状況と深い関連を有している可能性が高い」ことを指摘したうえで、「このような思想内容からする年代推定とは別に、これまで行ってきた両書（『本佐録』と『東照宮御遺訓』――筆者註）の諸本調査でも、一七世紀前半に遡る写本を見つけることができていない。ひとまず本稿では、一七世紀半ばに成立したという仮説を提起しておきたい」としている（二七三頁）。ここで若尾氏は、慎重にこれは「ひとまず」「提起しておきたい」「仮説」であるとしているが、一〇年後の二〇一二年発行の『図書』（岩波書店）第七五八号掲載の「天変地異の思想」の中では、「『本佐録』と『東照宮御遺訓』は、ともに徳川家康と関わるものとされ、近世を通じて尊崇されたが、実際は両書とも一七世紀半ばに作られた偽書である」（一八頁）と、断定して取り上げられている。また、同様の断定をした主張が、二〇一四年の「江戸時代前期の社会と文化」（岩波講座『日本歴史』第一一巻所収、岩波書店）という論考の中でも繰り返されている。しかも、そこではこれらの書物の成立時期を、突然「一七世紀前半」に繰り上げている（二九四〜二九五頁）。さらに、同年の末近くに出た「神・儒・仏の交錯――「太平記読み」とその時代」（「シリーズ日本人と宗教――近世から近代へ」第二巻『神・儒・仏の

時代』所収、春秋社）においても、「加えて言えば、『本佐録』・『東照宮御遺訓』は、ともに徳川家康と関わるものとされ近世を通じて尊崇されたが、実は二つとも一七世紀前半に作られた偽書であった」（六四頁）と述べられている。成立時期を「一七世紀半ば」から「一七世紀前半」へと変更して主張できるような論拠が何か見つかったのであろうか。

第二章　『本佐録』の思想的特質をめぐって

『本佐録』はどのようなことを主張しようとする書物なのか。本章では、このことの検討をおこなってみたい。

『本佐録』本文は、七つの条から成っている。その冒頭第一条は「天道を知る事」（本文中の題は「天道を知《ル》事」）という題で、次のように書き出されている（前章と同様に、日本思想大系28［岩波書店］所収の翻刻本からこれまでと同様の原則で引き、頁数を記す）。

天道とは、神にもあらず、仏にもあらず、天地のあいだの主《ある》じにて、しかも躰なし。天心は万物に充満して、至らざる所なし。縦《たとえ》ばひとのこゝろは目にも見えずして、一身の主じとなり、天下国家を治る事も、此心より起《ル》が如し。彼《かの》天道の本心は、天地の間太平に、万人安穏《あんのん》に、万物生長するを本意とす。また天下を持《もつ》人を、天子といふ。天下を治べき其心器量にあたりたる

人を撰び、天道より日本のあるじと定るなり。（二七七頁）

そして、この条は、

此天道の理を、日本の物知《ものしり》と云程の人に、心をつくして尋聞《たずねきけ》ども、神道は天台真言の仏法を、天道に引合セ、禅は達磨《だるま》の教を取あわせて極意とし、又今日本の儒者、仏法をばこなせども、奥意は禅法と一ッになつて、終《つい》に天道の理に明らかならずして、数歳《すうさい》を送る。（同前）

と続き、結論として、

唐《から》の治を聞に、太刀かたなを用ひずして、四百余州を治て、代々子孫に伝へたる事多し。日本も神代の時より、代々に天下を治め、子孫につたへたり。然（しか）るに近年天下終（つい）に治らず、一代二代にて亡ル事不レ審《つまびらかならず》、さらに明らかならず。唐人《からひと》の物知といふ人、日本へ来るとき、此不審《このふしん》を問たれば、唐人答て云、日本も唐も、上代も末代も、人の心にかはりはなし。天道を知らずしては、心を労し、形を労しても、天下治らず。天道を知て、天下を治る時は、心を労せず、形を労せずして、自然に天下治り、子孫さかふるなり。唐人に伝て、此天道の理を得たり。私の工夫をもつて申にあらず。しかれども口伝（くでん）にあらざれば、真の妙所には至りがたし。唐にても学文《（がくもん）》高上《こうじょう》の人さへ、天道の理の明らなるはまれなり。大方《おおかた》を書付侍《（はべ）》れども、言語にのべられぬ一段あり。但天なり理なり。又権道《けんどう》といふ事あり。（二七七～二七八頁）

と結んでいる。

ここには、「天下を治べき」「天子」すなわち現実の国家支配者は、「天地のあいだの主《ある》じ」である「天道」によって「撰」ばれた者であること、その「天道の本心」は「天地の間太平に、万人安《あん》穏《のん》に、万物生長するを本意とす」ること、この「天道の理」を知って「天下を治る時は」、「太刀かたなを用ひずして」「自然に天下治り、子孫さかふる」こと、そして、これらのことは「日本の物《もの》知《しり》と云程の人」に尋ね聞いたものではなく、「唐人《からひと》の物知といふ人」から伝え聞いたものであって、「口伝《（くでん）》にあらざれば、真の妙所には至りがた」く「言語にのべられぬ一段」もあるが、以下に「大《おお》方《かた》を書付」てみるという、この書物を著すに至った経緯が述べられている。

「天道の理」はどのようにして知るのか。序文とも言える第一条に続く第二条「身を端《ただ》する事付我身の行《おこない》国の政悪しきを前廉《まえかど》に知《しる》事」（これは目次題であるが、本文中では「身を端《ただ》する事」「我身の行ひ国の政の悪《あ》敷《しき》を前廉《まえかど》に知る事」の題で分けて記述している）は、それを以下のように説き起こしている。

天下を持《ツ》人は、身端し、心を誠にして、天下泰平に、万人安穏に、政《まつりごと》を行ふ時は、天道にかなふ。若《シ》私欲にふけり身の栄花を極め、万人恨を含《（ふくま）》ば、天道に天下を取返され、子孫永くほろ

ぶべし。（二七八頁）

ここには冒頭から、「天下を持人《ツ》」が「天道にかなふ」ようにあるためには、「身端し、心を誠に」することが必須の条件であることが強調されている。そして、このくだりに続けて、中国古代の聖王とされる堯が舜に天下を譲った時の言葉、「咨《ああ》、爾舜《なんじ》、天暦数《ノ》在《リ》二爾躬《ニ》一、允《まことニ》執《レ》二其《ノ》中《ヲ》一、四海困窮、天禄永《ク》終《ヘン》」を引き、「身端し、心を誠に」して「天下の万民を安楽に治む」るためには「此語の意《こころ》」を学ぶことが必要だと述べている（同前）。

堯の言とされる「此語」は『論語』堯曰《ぎょうえつ》篇の記すものであるが、著者はこの言葉について「此語を能《ク》行ひ得たる人を、聖人といふ也」と説き、さらに続けて文中の「執《レ》二其《ノ》中《ヲ》一」という語を取り上げて、

執《レ》二其中《ヲ》一と云は、一言味《あじわ》ひ深ふして、筆にのべがたし。日本に皆義理あしく付たるなり。四百余州の治も、此中の一字なり。堯舜の心も、此中の一字なり。中の一字則《チ》天理なり。（同前）

と記す。「身端し、心を誠に」して「天道にかなふ」ようにあるためには、「堯舜の心」に学ぶことが必要なのである。

さらにこの条は、続けて日本の現状を「神武帝」の時代から振り返り、次のように述べる。

日本に仏法渡らざる以前、神武帝堯舜の掟を守りて、天下を治むる時は、二千年におよんで、代々天下を子孫に伝へたり。其後仏法を、堯舜の道に取合《セ》て、神道と名付て、日本を暫く治めたり。道といふは、天道の一つより起るに、仏法を取合《(とりあわせ)》たるに依て、道次第に衰へて、天下を失ひたり。五百年以来、猶以《なおもって》道と云事を知らずして、程なく天下を失ひ侍りぬ。

（二七八～二七九頁）

「日本」は昔、「神武帝」の時代から「二千年におよんで」「堯舜の掟を守り」「代々天下を子孫に伝へ」て来た。ところが「仏法」が伝わって以後、「道といふは、天道の一つより起る」ものであるのにもかかわらず、その「堯舜の道」に「仏法を取合《(とりあわせ)》たるに依て、道次第に衰へて、天下を失」ってしまうことになったというのである。

「天下を治むる」ためには「堯舜の道」によらなければならないということは、著者によれば、

唐《(から)》も天子たる人、堯舜の道をおこなひ治る時は、天下久しくたもち、又老子荘子仏法禅法を信じて、堯舜の道を忘るゝ時は久しからずして亡《ル》。又呉子《ごし》孫子《そんし》六韜三略《りくとうさんりやく》の謀《(はかりごと)》をもつて、天下を得たる人もありといへども、是亦《(また)》久しからずして亡ぶ。或は暫く治むといへども動乱止事《やむこと》なし。是故に今唐に堯舜の道の外に、諸法を用ひず。故に久しく治りて、代々子孫に伝ふなり。

（二七九頁）

と述べられるように、「唐《から》」すなわち中国の歴史においても証明されていることであった。

したがって、この問題についての著者の結論は、以下のようなものになる。

> 唐も日本も道をもつて治る時は久しく、文道失ひたる時は乱る。目前の証拠なり。　（同前）

「唐」と「日本」の歴史が証明するように、「天下を治むる」には「文道」をもってしなければならない。「文道」とは、ここに記されたくだりの前後の文脈から見て、明らかに「堯舜の道」を説くもの、すなわち儒教のことを言うものである。*1

この書物は以下の条中においても、「文道」をもって「天下を治むる」ための要諦《ようてい》を様々な事例に基づいて説いている。そして、加えてもう二つのことが強調される。それは「文道」についての結論として述べられた先のくだりの文末「目前の証拠なり」に続けて、改行なしに記された、

> 百姓は天下の根本也。不レ飢《うえず》不レ寒《こごえず》、困窮せぬごとく養ふべし。侍は君の一命に替る者なり。日本は道を唱へ失ひてより以来、廿年卅年内外には、一度は大乱あり。大将敗軍の時は、諸侍一人もこゝろかはらず、同枕に打死するやうに情《なさけ》を以て仕（使）ふべし。威勢を以てあだがたきの如く

つかふときは、其根骨髄《うらみこつずい》に徹《てつし》て、折を以て一類をも捨、謀反を起し、まして敗軍の時は、主を背きとらへて出す。敵よりこわきものは味方なり。勝にのる時は、女も武へんする例あり。侍をば自然の落めの時に、一心に忠節をなすやうに情を以仕《もつて(使)》ふべし。一類を捨謀反するも、亦一命を捨忠節をするも、君壱人のこゝろにあり。家来さへ二心なく思ひつけなば、何ぞ軍《いくさ》に勝ざらんや。（同前）

という記述に示されている。強調されることの一つは〝「百姓」への対応〟について、もう一つは〝「侍」の使い方〟についてである。

ここに続けて取り上げられている二つのことは、〝「文道」の重視〟にかかわることとともに、第二条以下の本文中においても様々な形で論じられている。たとえば〝「百姓」への対応〟の要諦については、第六条が「百姓仕置《しおき》の事」（本文中の題も同じ）という題のもとに具体的な議論をおこなっているし、もう一方の〝「侍」の使い方〟の要諦についても、第三条が「諸侍の善悪をしる事」（これは目次題であるが、整版本やそれを使用して成立したものの本文中では前章で指摘しておいたように「時の善悪を知る事」と題を誤って記している）という題のもとに集中的に扱っている。また、他の条中においてもこれらにかかわる論は、間接的な形ではあるが、様々に展開されている。

重要な論題として設定されていると見るべきこれら三点について、『本佐録』全七箇条はどのような主張をおこなっているのか。以下それぞれの主張の実際を細かに確認し、それらがどのような状況を背景として主張されたもので、どのような機能を果すものであったのかを考えるための手がかりを探してみることとしよう。まず、〝「文道」の重視〟という主張の検討からはじめてみたい。

一　「文道」の重視

後に主に「本佐録」という名で流布することとなるこの書物は、先に確認したように、まず第一に「天下を治むる」には「文道」をもってしなければならないことを主張しようと試みている。著者は第二条でこのことを様々な形で強調しているが、最終的にこれを「唐も日本も道をもつて治る時は久しく、文道失ひたる時は乱る。目前の証拠なり」（二七九頁）と結論づけていた。

その確認した結論として述べられた文中の「目前の証拠」とはどのようなものなのか。その大部分は、最終第七条として念を押すかのように設けられた「異国と日本との事」（これは目次題。本文中では「異国と日本の事」）という題の条の記述の中に示されている。その内容を見てみよう。

「唐の治」と「日本の昔」

第七条「異国と日本との事」は、次のように説き起こされる。

唐《から》の治を聞に、堯舜禹王湯王文王武王成王康王などは、天道を恐れて、衣食をかざらず、家居を麁相《そそう》にして、天下の万民を安穏に治たる時は、四百年、六百年、或は八百年天下乱れず、子孫栄へたり。（二九一頁）

この文は中国古代の聖王やそれに続く王たちの治めた世についてのものであるが、以下この叙述に「周の世の末」とか「秦漢の代」「唐《とう》の代」、そして「宋の世」「元朝大明」などという記述からはじまる文が続くところからすると、これらは「唐《から》の治」すなわち中国の王朝のあり方や変遷、すなわち政治史を述べようとした論である。そこではどのようなことが主張されているのか。

一つには、各王朝が交代を余儀なくされた理由が、それぞれに示されている。たとえば「漢の世」と「唐《とう》の世」について述べられたくだりを御覧いただきたい。

漢の世も、唐《とう》の世も、能《よく》天下を平《たいらか》にするといへども、天子天道の道をよくゐとくせず、身の行ひ不足に依て、合戦さらに止時《やむ》なし。是《これ》謀《はかりごと》にて天下を奪たると、天理にて天下を治たるとの違たるべし。（二九二頁）

さらに、これに続けて述べられた、「宋の世」以後の各王朝についての評価が示された箇所を見ていただこう。

其後宋の世と成て、天道の理を知る者有て、天下へ教ひろめ、合戦をすれども我身を忘れて、万民を安穏に治めんと思ふて戦《たたかう》によつて、天道にかなひ小勢を以大敵に勝、国を治れども、仁義を以て、政をするに依て、宋の代三百年におよんで治たり。元朝大明天道の理を知て、天下を治る、よつて代々天下長久なり。如レ此道を以治といへども、天子壱人悪君にして、諫《いさめ》を不レ聞、天理をとなへ失ひければ、宋の世も元朝へとられ、元朝も又大明王に奪れたり。是は唐《から》人《ひと》の物語にて聞し也。（同前）

これらの論は、「天下を治る」には「天子」たる者が「天道の道」を会得し「天道の理」にしたがうことが必須であるという、第二条での主張を具体的に展開したものであるが、この条はこのくだりに続けて「日本」の政治史についても、「日本の昔」の「神武天皇」の世から「末の代」の「頼朝」「尊氏」によってはじめられた武家政権の時代にもふれて、中国の場合と同様に以下のように結論づけている。

皆天道の理を以て、治る時は久し。又天道の理に背きて治るものは、一代の内に亡ぶ。（二九三頁）

このことに加えて、第七条はもう一つの注目すべき主張をおこなっている。それは「唐の治《から》」について述べている箇所に見られるものであるが、「秦漢の代」を「悪世の時分」と捉え、「悪世」を治めるには「文道」だけではなく「武勇」を兼ねることが必要だと説く、次のような主張である。

秦漢の代より、学文《がくもん》の教もあしく成て、面《おもて》には君に随ひ、内には虎狼野狐《ころうやこ》の志をふくむ。是聖人の世に出て、道を以天下を治ざる故成べし。かくの如くの悪世の時分に、天下を治るに、文武の二つ兼ずんば、治る事成がたし。されば漢の高祖世を治しは、武勇と志の大き成と、臣下の諫《いさめ》に随ふ事、流水の下に行がごとくなる心をもつて、四百年におよんで天下を治。

（二九一〜二九二頁）

こうした主張は、続けて述べられる「唐の代《とう》」の「太宗皇帝」の時代の政治のあり様《よう》についての文の中でも具体的におこなわれている。その箇所を引いてみよう。

誠に乱れたる時世を治るには、先《まず》武をもつて国をたいらげ、後に文を以万民を撫育し、自然に道を知て、無道なきやうに治る事肝要也。故に文武は車の両輪のごとし。一つもかけては乱たる世には難レ治とかや。

（二九二頁）

これらは、「天下を治る」には「天子」たる者が「天道の道」を会得し「天道の理」にしたがうこと、すなわち「文道」をもってしなければならないという主張とともに、「文道」だけではなく場合によっては「武勇」すなわち「武」を兼ねることの必要性を述べたものである。「乱れたる時世を治るには、先《まず》武をもつて国をたいらげ、後に文を以万民を撫育し、自然に道を知て、無道なきやうに治る事」が肝要だというのである。

こうした主張は、どのような状況を背景としてなされているのだろうか。結論から先に示すならば、この言は、私にはこの書物の著者の当代観から発せられたものであるように思われる。そのことを確認してみよう。

「武断」から「文治」へ

前章で見たように、後に主に「本佐録」という名で流布することとなるこの書物、『本佐録』が書かれたのは、寛文七〜九年（一六六七〜一六六九）から延宝五年（一六七七）までの一〇年程の間のことと考えられる。この時期の状況は、どのようなものであったのか。日本史研究の説くところに耳を傾けてみよう。*2

『本佐録』が姿を現したと考えられるこの時期は、四代将軍の徳川家綱《いえつな》（一六四一〜一六八〇）の治世である。家綱が将軍職に就いたのは慶安四年（一六五一）であるが、この時家綱は数え年一一歳の若さであった。こうした幼い将軍による代替わりが可能だったのは、前代の家光政権下において幕府の政治組織や軍事組織が確立し、対外関係も含めて内外の体制秩序を確定することに成功していたがためであった。家綱新政権は、家光政権が成し遂げた達成点のうえに立つことのできた政権であった。

よく知られているごとく、三代将軍家光の政権が採った政策は、機会を捉えてはおこなわれた多くの大名の改易すなわち取り潰しや、参勤交代制の強制といった形で示されるように、あらゆる面にわたって武断的で高圧的な姿勢に貫かれたものであった。その結果、幕府の権威はゆるぎないものとなったが、一方でかなりの数の牢人が発生し、しかも牢人への取り締まりが強化徹底されたこともあって、社会には不穏な空気がみなぎりはじめることとなる。家光政権のもとで到達した平和と安定の社会は、実態としては家綱政権成立時においてもその内部に様々な矛盾をかかえていたのである。

慶安四年、家光の死から数ヶ月たった時点で、この矛盾は明確な形をとって露呈した。それはまず、この代替わりの間隙をつくかのようになされた三河刈谷藩主松平定政《さだまさ》（一六一〇〜一六七二）の遁世という事件の発生にはじまる。この事件は、定政が自らの所領を返上するので、それを経済的に困窮している旗本たちに分配してほしいとする内容の意見書を幕閣に提出して、突然出家遁世してしまうというものであった。そして、この騒動の直後には、由井正雪《ゆいしょうせつ》（一六〇五〜一六五一）らの牢人集団によってたてられたとされる幕府への反乱計画の露顕、いわゆる「慶安事件」が発生する。さらに翌年の承応元年（一六五二）には、牢人戸次《へつぎ》庄左衛門（?〜一六五二）らが老中を襲撃しようと企てたという「承応事件」が起きる。

将軍の代替わり時に発生したこのような事態に直面した幕府は、これまでの武断的政策から文治主義に基づく政策への転換をおこなって、危機の切り抜けを図ろうとしている。幕府はこのために、それまで禁制であった大名や旗本の末期養子《まつごようし》を条件付きで認めるという政策転換を実行する。大名らの改易はおのずと牢人の発生をともなう。その意味ではこの大名らへの対応の緩和策は、牢人対策の一つとして採られた措置でもあった。幕府は牢人取り締まり策を緩めてその救済にも乗り出したのである。

さらに幕府は、寛文三年（一六六三）に公布した代替わりの武家諸法度別紙として、殉死の禁止を申し渡す。殉死は戦国時代の遺風などと言われることもあるが、実際は江戸時代初頭から多く見られるようになった流行現象であり、幕府はこの行為の流行にも終止符を打とうと図ったのである。[*3]

このような形の政策の転換は、家光政権下で確立していた幕府老中制のもとで幕政運営にあたっていた大老や老中らに加えて、家光が死に際して次期将軍家綱を後見することを遺言したとされる、家光の異母弟で家綱には叔父にあたる保科正之《ほしなまさゆき》（一六一一〜一六七二）らの手によっておこなわれたものであった。保科正之は儒学の学習に熱心な大名として知られる人物であり、家綱政権の採った新たな政策は儒教の仁政思想の実現を試みたものと見ることもできる。

この書物、すなわち後に主に「本佐録」という名で流布する書物が成立したのは、ここで確認したような、日本史研究者たちが「武断」から「文治」へと表現するような政策転換がおこなわれていた時期であった。この書物でなされる主張には、明らかにこうした時期の政情が反映されているように思われる。改めてもう一度、この書物で展開されていた主張を見ていただこう。先に引いた「唐《から》の治」についての論の中のものである。

誠に乱れたる時世を治るには、先武《まず》をもつて国をたいらげ、後に文を以万民を撫育し、自然に道を知て、無道なきやうに治る事肝要也。故に文武は車の両輪のごとし。一つもかけては乱たる世には難㆑治とかや。（二九二頁）

これは先述したように、「唐《とう》の代」の「太宗皇帝」の時代の政治のあり様について述べたものであるが、この論じ方の背後には、眼前に展開されている家光政権から家綱政権への移行過程の全体を肯定的に捉えようという著者の意思が働いているように思われる。戦国以来の「乱れたる時世を治る」ためには、徳川氏が実際に家光政権の段階までで採ってきた「武をもつて国をたいらげ」るという姿勢は、必須のものであったと考えるべきというのである。

こうした姿勢は、「文を以万民を撫育」するという理想主義的な主張を前面にたてながらも、自らが現在拠って立っている現実を正面から見つめることを怠っていないという意味で、まことに現実主義的な視点に基づくものと見ることができる。[*4] この書物には、そうした視点に基づくと考えられるいくつかの主張が展開されている。

たとえば、第二条後半の「我身の行《おこない》国の政悪しきを前廉《まえかど》に知事《しる》」（目次題。本文中では「我身の行ひ国の政の悪敷《あしき》を前廉《まえかど》に知る事」）や第四条の「国持《くにもち》の心を知る事」（本文中の題は「国主郡主の心を知る事」）という題のもとで扱われる「横目」の派遣についての論がそうである。

「横目」の派遣

第二条後半の冒頭で著者は、国や天下が乱れようとする状況下で「天子」たる者がなすべきことを、次のように主張している。

国乱《みだれ》天下の乱れんとする時は、或（あるい）はほうき星、或は大地震、大火事、大洪水、飢饉、或は好色、あるひはよしみ深き能（よき）臣下、多く死する事あらば、天子の政悪敷（あしき）によつて、人民のくるしみ天に通じ、天下国家を亡す事を、天道より告ると知べし。時をうつさず、天子心を改め、大臣奉行の行ひ是非を糺《ただ》し、正路なる横目《よこめ》を、国々へ遣（つかわ）し、万民安穏の政を施すべし。政を改る時は、災は程なく消るものなり。（二八一頁）

前段に述べられているのは、悪政による「人民のくるしみ」は「天に通じ」、「天」はそれを改めるべきことを「ほうき星」や「大地震」といった天変地異等という形で告げるという天譴論《てんけんろん》であるが、後段はそうした事態への対応の方法を述べようとしたものである。その中の方策の一つである

「正路なる横目《よこめ》を、国々へ遣《つかわ》」すということは、著者にとってはよほど重視すべき政策であったようで、改めて独立した第四条「国持《くにもち》の心を知る事」が設けられて論が展開されている。その第四条の冒頭を御覧いただこう。

国々へ横目を遣し、天下乱たる時謀反すべき者か、忠をすべき者か、此振《ふり》を種々にあいしらい、又手をまわして、尋知ること肝要なり。国主の国を預る事は、天子の天道より天下を預りたると同じ。是又万民安穏にして、天下の為に忠を思ふべし。

（二八五頁）

「横目」とは、『国史大辞典』（吉川弘文館）で佐脇栄智氏の説くところによれば、次のように把握されているものである。必要と考える箇所を引いてみた。

織田政権の初期および戦国大名家に置かれている職制。横目付の略といい、単に目付ともいわれている。陣中における将士の行動を監察しその不法を摘発するとともに、敵の動静を探る役。（中略）『日葡辞書』には、間諜、密偵、あるいは、監察する人、とみえる。江戸幕府の職制では目付といわれたが、諸藩では地方行政機構の職制として、横目の称が存続したところがある。（以下略）

文中に「江戸幕府の職制では目付といわれた」とあるが、「目付」については松尾美恵子氏が同じく『国史大辞典』の中で、以下のように解説している。やはり、必要と考える箇所を引く。

江戸幕府・諸藩の職名。室町時代には幕府侍所の所司代の下で盗賊追捕などに従事した者をいい、戦国・安土桃山時代には敵情偵察や戦功の査察、武将の施政監察などにあたった者を目付、あるいは横目と称した。『武家名目抄』は目付の起源を前者に求めているが、江戸時代の目付は直接には後者に連なり、臨戦体制が解かれ、幕府・藩の政治機構が整備されるに伴って、政治監察や家臣団統制のための役職として置かれたものである。幕府は、中央に大目付・目付、目付の下僚として徒（かち）目付・小人（こびと）目付を常置し、直轄地大坂・駿府・長崎の目付を定期的に派遣し、大名の領国へも臨時的に国目付を派遣した。このうち、目付が定置された時期は元和二（一六一六）、三年ころとされている。（以下略）

これらの記事から読み取れることは、「横目」とは「目付」ともよばれるもので、基本的に徳川氏の政権下においては、「国主」すなわち大名らの「政治監察や家臣団統制のための役職として置かれたもの」である。

「横目」に「監察」させるべきは、どのようなことであったのか。それはまず第一に、先に引いたこの書物の第四条冒頭が記しているように、「天下乱たる時謀反すべき者か、忠をすべき者か、

此振《ふり》を種々にあいしらい、又手をまわして、尋知ること」であるが、この書物はそれに加えて「監察」させるべき具体的内容を、

其国の治りたるを知るは、先《（まず）》百姓の有付《ありつき》能《よく》、家居《いえい》能《よく》し、次《ニ》国主驕《おご》らずして、公儀を恐れ、臣下は二心なく、国主に忠を思ひ、国中の人民、子は親に孝を尽し、夫婦兄弟和合して、邪《よこしまなる》成政なくば、国主正しくして、下万民治たるとしるべし。（二八五頁）

と述べられているようなことごとが実現されているかどうかであるとしている。これらのことが十全になされない場合には、どのような対応がなされるべきか。なされるべき対応策は、以下の文中に示されるような、まことに厳しい姿勢に貫かれたものである。

正路なる横目をとりかへ〳〵、三年も五年も遣し、其国の風俗を能《（よく）》ためし聞て、其伝手《つて》〳〵を以て、一往も異見をくはへ、夫《それ》にても心なをらずして、右の行ひつのらば、難題を云懸《いいかけ》、取ひしぐべし。（二八五～二八六頁）

こうした「監察」を重視する姿勢に基づく政策は、実はこの時期の幕府が実際に採用していたものであった。幕府は、寛文七年（一六六七）に諸国に対して巡見を実施している。臨時的になされ

る「国目付」派遣の制度に加えるような形で実行された「諸国巡見使」の派遣である。*5

この折りの諸国への巡見では、翌年の寛文八年二月に巡見使の報告で島原城主の高力隆長《こうりきたかなが》（一六〇五～一六七六）が苛政を理由に改易されている。「難題を云懸《いいかけ》、取ひしぐべし」という方向の対応は、実際に実行される可能性のあったことだったのである。この書物の著者は、明らかにこの時期の幕府の採った、あるいは採ることになる政策を肯定的に捉えるという立場を取っていたと見ることができよう。

こうした姿勢は、残る二つの論題のうちの一つである〝「百姓」への対応〟についての論の中にも認められるものである。先に引いた第四条の「横目」の「監察」すべきことを列記した文にも、まず第一に「百姓の有付《ありつき》」のいかんを確認すべきことが述べられていたが、この問題についてこの書物、すなわち『本佐録』はどのようなことを主張しようとしているのか。節を改めてこれを確認してみよう。

二 「百姓」への対応

この書物、『本佐録』で展開される〝「百姓」への対応〟に関する論は、「まえがき」でふれたように、早くから江戸時代に幕府や諸藩がおこなった農民統制の基本的な考え方を知ることができる記述を含んでいるとして、日本史教科書等で長く取り上げられ続けてきたものである。この問題を集中的に扱っている第六条「百姓仕置《しおき》の事」（本文中の題も同じ）の、よく知られた冒頭部分の記述を引いてみよう。

百姓は天下の根本なり。是を治むるに法あり。先一人〳〵の田地の境目をよく立て、扨《さて》壱年の入用作食《さくじき》をつもらせて、其余を年貢に取べし。百姓は財の余らぬやうに、不足になきやうに治る事道也。（二八九頁）

これはこれまで、「まえがき」でも確認したように、幕府や諸藩が貢租収納の安定を図るためには、検地によって農民の耕地を確定し、そこからあがる収穫のうち、一年間の経営費と食費とを差し引いた残りを、すべて年貢として取り上げ、農民生活を最低線にとどめておくことが必要であり、その方向の施策を採用することこそが封建農政の眼目だと述べたものだとされてきた。この記述は、本当にそのようなことを主張したものなのだろうか。これを確認してみよう。

第六条に関する従来の把握

これまでの『本佐録』のおこなう主張の取り上げ方に一貫して見られる特徴の一つは、第六条文中の「百姓は財の余らぬやうに、不足になきやうに治る事道也」といふ一文を強調するところにある。それは近年、平成一九年（二〇〇七）に刊行された渡邊忠司氏の著『近世社会と百姓成立――構造論的研究』（前掲）でも確認することができる。

渡邊氏はこの著作の中で、豊臣秀吉は「百姓（農人）を年貢・諸役を生産し納入するだけの階層として位置づけ」たが、「秀吉が求めた百姓像は徳川政権にも明瞭に引き継がれて」おり、「なかでも『本佐録』は徳川政権の求めた百姓像が端的に表示されている」（三四～三五頁）として、「『本佐録』は徳川家康の側近の一人であった本多正信の著書とされている」（三五頁）と記したうえで、その概要を以下のように説く。

『本佐録』は徳川政権初期の幕政を根幹で支えていた正信が、その経験も踏まえて幕府・将軍をはじめとする領主たちが国を納《ママ》める原則を七項目にまとめた教訓的な著書である。その表題も「天下国家を治む御心持の次第」としたことにその意図が示されており、国内から国外への対応の仕方や心構え、治め方の基本が簡潔に記されている。したがって、その第六番目に置かれている「百姓仕置の事」の章には、家康や徳川幕府だけでなく領主側全体が求めた百姓像とその百姓支配・統制の意図が端的に表現されているとみることができる。（同前）

このように述べた後に、渡邊氏は先に引いた『本佐録』第六条の冒頭の記述とそれに続くくだり、

> 毎年立毛《たちげ》の上をもつて、納る事古の聖人の法也。如レ此収時は過不及なし。又九月十月のあいだに、国の内の道橋を造営して、往還の煩なきやうにすべし。入用は公儀より扶持《ふち》すべし。此外に少しも民を仕（使）ふべからず。又田地になき米を取、横役《よこやく》にかけて百姓つかるゝ時は、田に糞《こえ》を捨る力なし。田をかへす事も半作《はんざく》成に依て、物成《ものなり》あしく、此故につかれ民亡び、天下国家の費、一倍二倍にあらず。（渡邊氏はこれらを『日本経済叢書』［日本経済叢書刊行会］巻一所収のものから引いているが、本書においては、これまでと同様に日本思想大系28所収のものから引く。二八九頁）

を引き、これらの記述の主張しようとすることを、以下のように整理している。

> ここには、領主が「天下の根本」として百姓を位置づけることを確認した後、百姓を治めるための根幹が述べられている。特に年貢米の徴収の基本原則が簡潔に「過不及」なく述べられていることが重要であろう。第一に「田地の境目を能立て」ること、第二に「一年の入用作食をつもらせ」ること、第三に余りは年貢に取ること、第四に収納は「毎年立毛」を勘案して行うこと、が百姓を治める基本であり、「法」であると強調している。しかも年貢の取りすぎや無駄で余計な労役に百姓を動員することは、かえって「国」全体の衰亡につながるとして戒めている。「横役に懸て、百姓つかるゝ時は物成（年貢）も悪くなり、民が亡び」るという指摘は、

領主による一方的な百姓からの年貢・諸役徴収の自制を領主側に強制しているといえよう。

（三六頁）

そして、先に指摘した「百姓は天下の根本なり」からはじまる一文中の「百姓は財の余らぬやうに、不足になきやうに治る事道也」といぅ箇所については、さらに、「第三の点は、百姓の生活や農業経営の成り立ちに必要な部分を確保させた後に、余剰分はすべて年貢として徴収することを領主の義務としている。再生産を前提とした余剰部分の「完全徴収」である。まさに「財の余らぬように不足なき様に」である」（同前）と述べ、これらの主張の意図するところを、

百姓は領主にとって自らの生活や支配を確保するための基盤であった。狭い意味では、そのかぎりでの「天下の根本」であった。一人の百姓が一年に必要とする部分以外はすべて年貢にとる、余分のものが百姓の手元に残らないように、それでいて百姓が窮乏しないように治めること、年貢の取り方は検見によることなど、いずれも年貢の生産・納入を前提においた支配の原則を述べている。

（三七頁）

と結論づけている。

「徳川時代搾取説」への疑問

こうした第六条冒頭の把握の仕方は、早くから長く近年に至るまで強調され続けてきたものであるが、このような把握に対しては、かつて近藤斉氏が「家訓を通して見たる徳川時代搾取説に対する疑問と対農政策」（東京帝国大学教育学研究室教育思潮研究会編『教育思潮研究』第八巻第三輯）という論考において、いくつかの疑問を投げかけていた。

近藤氏はまず、瀧本誠一氏が『日本封建経済史』（丸善）で展開していた江戸時代の農政論をはじめとする経済史家たちの把握を「徳川時代搾取説」と表現し、その説が『本佐録』に基づいているとして、第六条冒頭の「百姓は天下の根本なり」から「百姓は財の余らぬやうに、不足になきやうに治る事道也」までの記述を引き、

本多正信は家康の謀臣でありその功績も頗《すこぶ》る大であつたが、その功労は惟《ママ》幕の中での功労であり、その文勲から見てかく云つたとも思はれるかも知れないが、此引用文は「本佐録」からとられたものであつて、不幸にして此書こそ引用書としては甚だ危険な書であつて、「家康の謀臣本多佐渡守正信の献策に出でたる施政の方針」と断定することは余りにも疑問が多いのであつて、本当の作者は木下順庵・新井白石等に依れば正信の作とされて居るが、一説には惺窩先生の作と云はれて居り、又近頃の研究に依れば全然偽書であると云ふことになつて居る。その遺老物語本・古板本の序を見ても何処までが本当であるか疑はしいので、（五七頁）

と述べ、後に「正信主義」とも称される主張を展開したとされるこの書物の出自等にふれた「遺老物語本・古板本」の序文を引いて、

極秘の書がかくよく他に伝へられて居るが、又正信は文治の手腕家であり、且又《かつまた》其家は子正純に至つて亡びたのであるから、此書に其名を借用するには甚だ都合が良い訳《わけ》であつて、かくの如き疑問の書を典拠とすることは甚だ危険であると云はなくてはならない。且又後にも全文を掲げるが其の引用文の引用に際しては首尾截除して最も自説に都合よき一、二行を採り用ひて居ることは、正当なる認識を得しめる所以でなく、殊更《ことさら》に事実を歪めて解釈せる疑ひも懐《いだ》かれるし、かくしては如何なる書を引用しても必らず思ふが儘《まま》の結論が得られるといふ結果となるのではなからうか。かく考へて来ると典拠の方から見たる正信主義なるものは甚だ信じ難いものとなるのである。（五八頁）

と述べている。

さらに、内容からしても「正信主義」とも称される「徳川時代搾取説」には疑問があるとして、第六条冒頭の記述について「此の一条の本文は此の二十倍も長いものである」（五七頁）と述べて、次のような指摘をおこなっていた。

例へば例の「本佐録」に於いても経済史学者は甚だ苛酷と思はるゝ一箇所のみを抜き出して居るが、その後には民力休養が国家の基礎であることを詳説してある箇所には目を蔽《おお》はざるを得ない有様である。しかし是は又目を蔽はなくとも宜《よろし》いのであつて民力休養こそ輸租のために必要であると解せば宜いであらうが、かくすると農民なる機械に滑油を注入してやる必要を認めることになつて困ることになる。即ち滑油を注ぐことは矢張《やは》り農民なる機械を功利的にもせよ愛する結果となるからである。然らば全然温情主義から解釈して行けば初頭にある「百姓は天下の根元なり」といふこともその文字通り素直に解釈し得て少しの不自然もなく、且又少しも精神を労する処がない。（六四〜六五頁）

そして、これは「勿論「本佐録」は信を置くに足りないのであるが、此の経済史家の利用する「本佐録」さへ実は経済史家と全然反対にも解釈し得ることを説明したまで」（六五頁）であるとして、さらに「此の一条の本文」すなわち第六条のすべての記述を引き、

経済史家が引用した部分以外は全部温情主義を以て充《みた》されてをり、百姓をして戒慎せしめるのみならず自己も戒慎して行く処に真に治国安民の道ありと考へるのであつて、決して農民階級にのみ慾望を禁圧せしむることを強制したものではない。（六七頁）

と断じている。

第六条の記述は、近藤氏の言い方を借りればすでに引いた冒頭部分の記述よりも「二十倍も長いもの」なので、すべてを見ていただくわけにはいかない。「温情主義を以て」叙述されていると思われる典型的な箇所を、近藤氏の指摘の根拠の実例としてここに一つだけ引いてみよう。先に取り上げた渡邊忠司氏の著作でも引かれていた冒頭の例の記述、「百姓は財の余らぬやうに、不足にならぬやうに治る事道也」に続くくだりである。

毎年立毛《たちげ》の上をもつて、納る事古の聖人の法也。如レ此収時は過不及なし。又九月十月のあいだに、国の内の道橋を造営して、往還の煩なきやうにすべし。入用は公儀より扶持《ふち》すべし。此外に少しも民を仕《(使)》ふべからず。又田地になき米を取、横役《よこやく》にかけて百姓つかるゝ時は、田に糞《こえ》を捨る力なし。田をかへす事も半作《はんざく》成に依て、物成《ものなり》あしく、此故につかれ民亡び、天下国家の費、一倍二倍にあらず。（二八九頁）

渡邊氏は、この部分は「年貢の取りすぎや無駄で余計な労役に百姓を動員することは、かえって「国」全体の衰亡につながるとして戒め」ているとして、「領主による一方的な百姓からの年貢・諸役徴収の自制を領主側に強制」するという主張が展開されているとしていたが、見方を変えれば、ここは近藤氏の言うように「民力休養が国家の基礎であることを詳説してある箇所」であって、「温情主義から解釈して行けば」「少しの不自然もなく、且又少しも精神を労する処がない」主張であるように読める。

近藤斉氏のこの指摘は、昭和九年（一九三四）になされたものである。そして、以後無視され続けてきたものでもある。管見の及ぶ限りでは、この指摘にふれた論に接したことはない。[*6] だが、この指摘は改めて取り上げられなければならないのではなかろうか。なぜならば、何よりも第一の指摘、すなわち『本佐録』は経済史家たちが強調するような「徳川時代搾取説」の典拠たり得ないという主張は、本書第一章で確認したことからしても、まことに正当な指摘であると言わなければならないからである。であるがゆえに、そうした疑問のあるものを典拠として語られて来た江戸時代初頭の家康や本多正信の生きていた時代の農政論が、はたして正当なものであるか否かについても、改めて検討し直される必要があるように思う。

先にふれた渡邊氏は、その著作の中で『本佐録』を「元和二年（一六一六）に成立したとされる」（三四頁）として論を展開している。だが、『本佐録』の成立は、前章で確認したように明らかにその時期ではない。『本佐録』でなされている〝「百姓」への対応〟のための議論は、どのような現実に向けてなされたものであったのか。これらのことを、改めて確認してみよう。

恣意的な収奪と「走り」

江戸時代前期における「領主側」の〝「百姓」への対応〟のあり方は、寛永大飢饉を契機として、大きな変化を見せたとされている。しばらく日本史研究の説くところに耳を傾けてみよう。

杣田善雄氏は、その著『将軍権力の確立』（日本近世の歴史2、吉川弘文館）の中で、寛永末年までの「領主側」の〝「百姓」への対応〟について、「非情なまでに苛酷であった」（一六一頁）と記している。そして、そうした対応の根底には「戦時体制下における恒常的な軍役《ぐんやく》の重圧があった」（同前）ことを指摘している。*7

幕府が大名たちに課す軍役の根幹をなすものは、言うまでもなく戦時における軍事動員であった。そうした大規模な軍事動員は島原の乱の終結を最後として終息するが、その後の家光政権下においても、大名たちは有事に対応するための臨戦体制を解くわけにはいかなかった。家光政権の時期までは、先に確認したように政治的な緊張がまだ少なからず残っており、大名の改易が相次いだ。その際の城請取（接収）に派遣されたのも大名たちであったが、彼らはこの動員時には改易された大名側の抗戦を想定してかからなければならないという事情もあったからである。

こうした軍事動員に際して編成される軍団は、構成のあり方や要員までもが定められており、さらに兵粮米《ひょうろうまい》等を運搬する非戦闘員部隊を必要とした。そして、この部隊の要員、陣夫役《じんぶやく》として「百姓」もまたこの軍事動員に駆り出された。総動員数のうちに占める非戦闘員の割合について、杣田氏は「説により二〇％から五〇％くらいまでの開きがあり一定しないが、いずれにせよ決して小さくはない比率である」（前掲書一六二頁）と述べている。

また、陣夫役に加えて「百姓」は、築城などの大規模な土木建築工事のために、領主から徴発されて夫役を務めさせられてもいた。江戸に幕府が開かれて以来、ほとんど間断なく、大名たちは普《ふ》請役《しんやく》を課せられて多大な労働力や資材を提供させられ続けていた。大名らの「領主側」がこれらの幕府から課せられる重い負担に耐えるためには、「百姓」の労働力と彼らが生産して納入する貢租に頼るほかはない。寛永の末年までの「領主側」は、各地で「限界を超えた農民収奪」（杣田氏前掲書一六三頁）と表現されるような労働力と生産物の徴発徴収をおこなっていたのである。

そうした情勢下に発生したのが、寛永大飢饉である。飢饉の兆候は、島原で原城が落城した寛永一五年（一六三八）に九州一帯で発生した牛の疫病の流行から現れたとされる。感染はまたたく間に拡大し、同年中には九州の牛はほぼ全滅状態となった。西国において牛は農耕に欠かせない重要な働き手であり、またその糞尿は肥料となるものであったから、牛の壊滅が農業生産に与える打撃は甚大であった。こうした牛の疫病の流行は、翌年から翌々年にかけて中国地方から近畿地方にも拡がり、西国全域で夥《おびただ》しい数の牛が死んでいったとされている。

そして、この西国での異常な現象に加えて、寛永一七年（一六四〇）には北でも蝦夷駒ヶ岳が大噴火し、その降灰の影響で津軽では大凶作となり多数の餓死者が出る。秋田では大風で、稲に大きな被害がもたらされた。寛永一八年（一六四一）には様々な地域で大旱魃《かんばつ》が起きるかと思えば、一転して大洪水に見舞われるなど、状況はさらに深刻の度を深めてゆく。そして、翌年には飢饉が各地で発生する。江戸時代前期において最大の飢饉となる寛永大飢饉が全国を覆っていったのである。

寛永末年のそうした状況は、疫病や自然現象によって起きたものではあったが、事態を悲惨にした背景には、明らかに人災とも言うべき側面が見られた。杣田氏は前掲書の中で、ただでさえ深刻な状況であるにもかかわらず、各地で「領主側」がおこなったいくつかの「容赦ない収奪」の実態を具体的に取り上げている（一五八頁以下）。

こうした事態に直面させられた「百姓」たちは、様々な地域で耕地を放棄して他所へ逃げ出しはじめる。「走り百姓」の大量発生である。「走り百姓」は「走り者」とも称され、その行為は「走り」と表現される。宮崎克則氏は、『逃げる百姓、追う大名　江戸の農民獲得合戦』（中公新書）の冒頭で、「走り」について次のように述べている。[*8]

江戸時代の初めころ、農民は、何の許可も得ずに自分の住む土地を離れ、よりよい生活や地位を求めて、他の大名や家臣の領地の村や町、鉱山などへ移り住んだ。それを「走り」と呼んでいる（欠落《かけおち》・逐電《ちくでん》・退転《たいてん》ともいう）。そしてそれは、「走り」を取り締まる法令を出していない大名はいないというくらい、全国各地で頻繁にみられた現象だった。（ⅰ頁）

「江戸時代の初めころ」と書き出されているように、「走り」はこの寛永末年の時期にはじまるものではないが、大飢饉という事態をうけて、この時期にこれが多発することとなる。杣田氏は、寛永一九年（一六四二）の会津藩では、「連年の凶作で飢餓に瀕した百姓が他領へ「大水流」の如くに逃散し」たという記録が残されていることを紹介している（前掲書一五九頁）。

「領主側」はこうした事態をうけて、大きな政策転換をおこなうこととなる。寛永一九年、諸大名からの飢饉状況の報告をうけた幕府は、大名や旗本に対して相次いで指示を下した。まず、家光は参勤交代で江戸にあった大名四五名に、困窮百姓への撫民《ぶみん》の計をなすことなどを指示したうえで帰国を許した。そして、知行地を有する旗本に対して、交替で領地へ赴き飢饉対策を講じるよう、老中を介して申し渡した。さらに、譜代大名に対しても、交替で帰国し領内経営にあたるよう命じた。寛永の武家諸法度における参勤交代条項は外様大名を対象としたものであって、譜代大名は常時江戸にあること（在府）が原則であったが、この飢饉対策のための交替帰国が契機となって、以後は譜代大名も参勤交代制度のもとに編入されることとなる。杣田氏は、このような事態の推移を、「譜代大名の常時在府は、外様大名に対する徳川家臣団の軍事的結集を維持するためであったが、寛永大飢饉を契機として、戦争と軍事よりも領国経営・民政へと国政の比重が移っていくことになるのである」と結論づけている（前掲書一六七頁）。

この間、家光は老中らに対して、「諸国人民のために飢餓に備えた「撫育《ぶいく》の計」を評議し、言上するように」と命じている（同前）。杣田氏は、このような幕府の対応について、「飢饉の惨状が深刻さを増していくもとで、幕府の飢饉対策はより百姓経営の内実に立ち入り、「百姓の成り立ち」をはかるものへと展開していった」と述べ、その理由を「百姓が飢え、村が潰れては元も子もなく、百姓経営の安定的維持こそが永続的な収奪を可能にする前提であることが明瞭に意識され始めてきた」からであるとしている（一七二頁）。

寛永大飢饉は、軍事を基軸としてきた国家体制から民政を中心とする体制へ、すなわち「領主側」の「永続的な収奪」を実現するための、「百姓の成り立ち」を根幹とする政策を重視する体制への変革をせまることとなったのである。*9

「撫育の計」

後に主に「本佐録」という名で流布することとなるこの書物は、前章で確認したように、寛文七〜九年（一六六七〜一六六九）から延宝五年（一六七七）までの一〇年程の間に書かれたと考えられるものである。寛永大飢饉を契機とする〝「百姓」への対応〟の変革が課題として意識されるようになってから、二〇年程が経過した時期である。

そうした時期に書かれたものであるということをふまえたうえで、改めてこの書物、『本佐録』の第六条が「百姓」へのなすべき対応として主張していることごとに目をやってみると、そこに展開されているのは、明らかに「百姓の成り立ち」、すなわち「百姓経営の安定的維持」を図るための方策についての議論である。この書物は、「撫育の計」を論じようとしているのである。すでに何度か見ていただいた部分であるが、『本佐録』第六条冒頭の箇所をここにもう一度引いて、そのことを確かめてみたい。

百姓は天下の根本なり。是を治むるに法あり。先一人〱の田地の境目をよく立て、扨《さて》壱年の入用作食《さくじき》をつもらせて、其余を年貢に取べし。百姓は財の余らぬやうに、不足になきやうに治る事道也。毎年立毛《たちげ》の上をもつて、納る事古の聖人の法也。如レ此収時は過不及なし。又九月十月のあいだに、国の内の道橋を造営して、往還の煩なきやうにすべし。入用は公儀より扶持《ふち》すべし。此外に少しも民を仕《(使)》ふべからず。又田地になき米を取、横役《よこやく》にかけて百姓つかる丶時は、田に糞《こえ》を捨る力なし。田をかへす事も半作《はんざく》成に依て、物成《ものなり》あしく、此故につかれ民亡び、天下国家の費、一倍二倍にあらず。（二八九頁）

第六条は、冒頭から「百姓は天下の根本なり」と述べて、「百姓」が公的な存在であることと、その存在の重要性を強調したうえで、以下「是を治むるに法あり」として「百姓の成り立ち」を図るための方策を列記している。列記されていることの最初は、まず、「一人〱の田地の境目をよく立て」させること、すなわち自らの経営の対象となる範囲をはっきりとさせ、よく認識させることである。続く箇所には、そのうえで「壱年の入用作食《さくじき》をつもらせて、其余を年貢に取」ること、すなわちその経営地からあがる収穫のうち、一年間の経営費と食費とを見積らせて、年貢はそれらを差し引いた残りの中から徴収するという年貢徴収の原則が述べられている。寛永大飢饉までにしばしば見られた、経営費や食費分に及ぶような「容赦ない収奪」はおこなってはならないのである。

これに続いて記されているのが、「百姓は財の余らぬやうに、不足になきやうに治る事道也」というよく知られた一文であるが、この文に続けては、「毎年立毛《たちげ》の上をもつて、納る事古の聖人の法也。如レ此収時は過不及なし」というように年貢額の決定方法が示されている。江戸時代の「百姓」に「領主側」から課せられていたのは、年貢の納入と夫役の負担の二つであった。ここまでに述べられているのは、その前者の年貢納入にかかわることごとである。

そして、以下の部分で後者の夫役の負担についての原則が示される。その最初は、次のように述べられている。

又九月十月のあいだに、国の内の道橋を造営して、往還の煩なきやうにすべし。入用は公儀より扶持《ふち》すべし。此外に少しも民を仕《(使)》ふべからず。（同前）

これに加えて述べられるのは、

又田地になき米を取、横役《よこやく》にかけて百姓つかるゝ時は、田に糞《こえ》を捨る力なし。田をかへす事も半作《はんさく》成に依て、物成《ものなり》あしく、此故につかれ民亡び、天下国家の費、一倍二倍にあらず。（同前）

ということである。

ここには、夫役の負担は、「九月十月のあいだに、国の内の道橋を造営して、往還の煩なきやうにす」ることについてだけとし、これに要する「入用」すなわち費用については「公儀より扶持《ふち》す」ること、このこと以外に「百姓」を労働力として徴発してはならないことが、「横役《よこやく》にかけて百姓つかるゝ時は」どのような事態が出来《しゅったい》するかという具体的説明とともに強調されている。「横役」とは恣意的に課す夫役のことである。

文脈をたどって読んで来たが、この読みの中にあのよく知られた一文に関する従来の読みを挿入してみていただきたい。「検地によって農民の耕地を確定し、そこからあがる収穫のうち、一年間の経営費と食費とをさしひいた残りを、すべて年貢としてとりあげ、農民生活を最低線にとどめておくことが封建農政の眼目」（笠原一男氏前掲書二四四頁）だとか、「一人の百姓が一年に必要とする部分以外はすべて年貢にとる、余分のものが百姓の手元に残らないように」（渡邊忠司氏前掲書三七頁）というように、傍点を施した箇所を強調する読みをである。

繰り返して言うが、『本佐録』第六条は、見てきたように、寛永大飢饉後の民政重視という政策転換をうけておこなわれた「百姓の成り立ち」を図るための「撫育の計」についての論を展開しようとした条目である。『本佐録』の著者が、第二条の、この書物で展開される重視すべき三つの論題を最初に示した箇所にも、

百姓は天下の根本也。不レ飢《うえず》不レ寒《こごえず》、困窮せぬごとく養ふべし。（二七九頁）

と記していたことを思い出していただきたい。また、派遣された「横目」が「監察」すべきことの冒頭に「百姓の有付《ありつき》」のいかんがあげられていたことをも思い出していただきたい。

にもかかわらず、これまで示されて来た「百姓は財の余らぬやうに、不足になきやうに治る事道也」という箇所に関する把握には、「撫育」という方向からこの一文を捉えようとする発想が見られない。これは従来の把握が、「百姓は財の余らぬやうに」という箇所を、いずれも「すべて年貢にとる」というように、傍点部分を強調して読んで来たことに基づいている。

「百姓は財の余らぬやうに、不足になきやうに治る事道也」というよく知られた一文は、はたしてこのように傍点部分をわざわざ加えて読むべきものなのだろうか。近藤斉氏がすでに指摘しているように（前掲論考五八頁、六四頁）、この箇所に関する従来の把握は、「甚だ苛酷と思はるゝ一箇所のみを抜き出して」、すなわち「引用に際しては首尾截除して最も自説に都合よき一、二行」だけを文脈を無視して「採り用ひて」なされたものであって、あらかじめ用意していた「思ふが儘の結論」すなわち「徳川時代搾取説」という主張の根拠を得るためになされたものであるように思われる。「撫育」を強調する文脈からすると、どこにも「すべて年貢にとる」などとは書かれてはいないが、この「一、二行」だけを取り出せば、「徳川時代搾取説」と言えるような主張がおこなわれているという根拠とすることも可能ではあるからである。

それでは、「撫育」を強調する文脈をたどると、この一文からはどのような主張が読み取れるのであろうか。一つの読み方は、以下に示す熊沢蕃山の著『集義和書《しゅうぎわしょ》』「巻第十三」の「治国の備《そなえ》」を論じた箇所の主張から得ることが可能なのではないかと思う。

上《かみ》恭倹にして威厳ある時は、大夫士むさぼらざるをたからとす。民は己が力によつて五穀を生ず。工商は粟《ぞく》にかへて食す。年貢《ねんぐ》をとること甚《はなは》だすくなければ、民遊楽《たみゆうらく》を好て耕作の事にをこたるものなり。甚多ければ、飢《き》寒《かん》を憂《うれ》て力たらず。をこたらずうへざる時は、五穀の生ずること限《かぎ》りなし。食たり、士民ゆたかにして武備なき時は又乱る。*10

熊沢蕃山は、備前岡山藩主であった池田《いけだ》光政《みつまさ》（一六〇九～一六八二）のもとで藩政を担当し、撫民仁政の実現に努めたという経歴を持つことで知られた儒学者であるが、ここに説かれているのは、撫民のために採るべき対応の仕方についての論である。「民」すなわち「百姓」から「年貢《ねんぐ》をとること甚《はなは》だすくなければ、民遊楽《たみゆうらく》を好て耕作の事にをこたるもの」であるから、「年貢《ねんぐ》をとること」についていは、「甚《はなは》だすくな」いのも問題があるという主張が含まれている。

これは、もちろん撫民仁政という発想に基づいてなされたものである。「年貢《ねんぐ》をとること」については、「甚多」いのも問題があるが、「甚《はなは》だすくなければ」かえって「百姓」は「遊楽《ゆうらく》」に流れて「百姓の成り立ち」を阻害してしまうことにもなるから、「甚《はなは》だすくな」過ぎないように心掛けることも「治国の備《そなえ》」をおこなうためには考慮しなければならないことだというわけである。こうした主張をふまえると、『本佐録』の問題の一文も熊沢蕃山の言と同様に、「百姓の成り立ち」を図るためには年貢を多過ぎず少な過ぎず、適切な額で徴収することを心掛けるようにと主張しているものと読むことも可能であるように思われる。「財の余らぬやうに」だけであるなら「すべて年貢にとる」とも読めようが、この文は「不足になきやうに」と続いているのであるから、そもそもが適度に徴収せよと言っていたのではあるまいか。

　また、こうした「撫育」に比重を置いた方向の読みができるかもしれないということを言う根拠として、もう一つ取り上げてみたいのは、幕府が寛永二〇年（一六四三）三月に幕領代官に宛てて発令したとされる七箇条のうちの第三条、いわゆる「田畑永代売買禁令」条目との関連である。杣田氏はこの条目の趣旨を、「身上《しんしょう》（経済状態）の良い百姓は田畑を買い取り、いよいよ良くなり、身《しん》躰《だい》（生計・暮らし向き）成らざる者は田畑を沽却《こきやく》（売却）し、ますます身上が成り立たなくなる。よって今後は田畑の売買を禁止すること」（前掲書一七三頁）とまとめているが、これは「百姓」の階層分化、すなわち個々の「百姓」の貧富の差の拡大を防止することが、全体としての「百姓の成り立ち」を実現するための重要な条件であるということが、寛永大飢饉後の「領主側」には明白に意識されていたということを示している。『本佐録』の問題としている一文を、蓄財による階層分化の進行を可能とさせるような状況への対応の言として読むことも、十分可能なのではないかと思う。

『本佐録』第六条は、以下、引用した文よりも「二十倍も長い」（近藤斉氏前掲書五七頁）記述が続くが、そこで述べられているのは、近藤氏の言うように「全部温情主義を以て充《みた》されてをり、百姓をして戒慎せしめるのみならず自己も戒慎して行く処に真に治国安民の道あり」（同前六七頁）という主張である。

『本佐録』に展開される〝「百姓」への対応〟に関する主張は、確認してきたように、寛永大飢饉後に幕府を中心とする「領主側」が採るようになった「百姓経営の安定的維持」を実現するための基本的な政策にそったもの、すなわち「百姓の成り立ち」を図るためのものであったと見ることができよう。

三　「侍」の使い方

『本佐録』で扱われている主要な論は三つあると本章の冒頭に近い箇所で述べた。〝「文道」の重視〟、〝「百姓」への対応〟、そして〝「侍」の使い方〟と私《わたくし》に題しておいた論である。この中のすでに検討した二つの論においては、見てきたようにいずれもこの書物が書かれた時期に幕府が採ろうとしていた、あるいは採っていた政策の方向にそった主張が展開されていた。すなわち、現状やそれに基づいて目指そうとしている方向を肯定的に捉えた議論がなされていた。ところが最後のもう一つの論である〝「侍」の使い方〟だけは、異なる方向の主張がなされている。現状を肯定しがたい思いから出て来る議論がなされているのである。

そもそも『本佐録』の著者が〝「侍」の使い方〟をめぐる論を展開しなければならなかったのは、この書物が書かれたこの時期こそが、「侍」すなわち武士という存在のあり方に大きな変化が見えはじめた、一種の転換期とも言うべき時期であったからであるように思われる。これを確認することからはじめてみよう。

武士の基本的あり方の変化

武士の基本的なあり方に大きな変化が生じたのは、江戸という時代の開幕とその進展とともに、彼らがこれまでに経験したこともない新たな仕組みの中で生きることを余儀なくされるようになったことによっている。

武士は平安時代にこの列島に登場して以来、土地すなわち農地と分かちがたく結び付いた存在であった。彼らは唯一無二の生活手段として命にかえても守るべき領地の保護保証を約束してくれる上位者との間に、一種の契約を結ぶようになり、その上位者すなわち主君への命を懸けた奉仕を義務として引き受けた。現在では一生懸命と書かれることもある語は、本来は一所懸命と書いたが、これは武士の自らの一つ一つの所領を命を懸けて守ろうとした生き方に基づいてなったものと言われている。武士は大小を問わず基本的に言わば〝農業経営者〟だったのである。

だが、戦国の世を経て成立した徳川氏による江戸幕府の政策は、武士のそうした存在形態を一変させる。徳川氏は自らの政権の安定を図るために様々な政策を実行に移したが、それらはいずれも戦国以来の下剋上の再現を阻止するという目的に貫かれたものであった。その中核をなした政策の一つが、「兵農分離」とよばれる政策である。

徳川氏の政権が強行したこの政策は、上層武士の一部を除くほとんどの武士を生活基盤のあった農村から切り離し、城下町に移住させることで〝俸禄生活者〟に変えてしまうことを根本とするものであった。武士は現代的な表現をすれば、自営業者から俸給生活者に変わることを余儀なくされた。本来戦闘を任務として自らの生活手段である領地の防衛と新たなる領地の獲得を目指して生きてきた武士は、泰平の世の到来とともに命を懸けても守るべきものであった土地と切り離され、もはや戦闘のない、また戦いの起きることを許さない体制のもとで生きなければならなくなったのである。

これまでとは異なるこうした状況の進展は、武家社会に新たなタイプの武士を出現させることとなる。それは、泰平の世を受け容れ、封建官僚すなわち行政官としての役目に就いて、事務的手腕を発揮することに自らの存在根拠を見出し、時代の変化に適応しようとする武士たちである。もちろん、このような新たな事態にすんなりとは適応できないタイプの武士も、この時期にはまだ少なからず残存してはいた。先に引いた熊沢蕃山の著『集義和書』は、『本佐録』が書かれたと思われるのとほぼ同じ時期の寛文一二年（一六七二）に初版本が版行されたものであるが、その「巻第一書簡之二」には次のような武士が取り上げられている。

拙者《せつしや》在所《ざいしよ》に気逸物《イチモツ》なる者あり。知行《ちぎよう》二百石の身上《しんじよう》なりしが、死期《しご》にのぞみて、其子《その》にいふやう、天下はまはり持《もち》なるぞ、油断すなとて相果《あいはて》候。（前掲書三二頁）

この時期に死の床に就くことになった「知行《ちぎよう》二百石の身上《しんじよう》」の老武士が、「其子《その》」に向かって「天下はまはり持《もち》なるぞ」、すなわち天下はまだ徳川氏の掌の中に落ち着いたというわけではないから「油断すな」と述べて死んでいったという話である。戦陣での体験を持っていたか、あるいは戦塵の余風の中で意識形成をしたのかであろうこの老武士の遺言は、おそらく「其子《その》」に正面から受け止められることはなかったと思われる。時間の経過とともに、武士たちは泰平の世の現実において新たに形成されてゆくシステムや発想を、結果的には受け容れてゆかざるを得なかったからである。

彼らが受け容れなければならなかったことごとの中でも重要な意味を持つのは、武士の基本的なあり方の変化にともなって生じた主従関係の様態の変化からもたらされるものであった。

武士はその発生以来、長く主従制を基本とする仕組みの中で生きてきた。上位者である主君と従者となった武士の関係は、「家臣」という表現がなされるように、「家」という意識をもともと介在させるものであったが、変転極まりない戦国の世の戦いの場で主従が生死をともにする中で、次第に主従間の情緒的一体感を柱とする主人「個人」と従者「個人」との関係意識が前面に出てくるようになっていた。情誼的結合関係と表現される意識である。また、戦国の乱世は主従それぞれの「個人」の中身、すなわち能力や実力を問題とする世でもあった。水林彪氏は『封建制の再編と日本的社会の確立』(日本通史Ⅱ 近世、山川出版社)の中で、そうした状況を、

たしかに、近世は、いな近世に限らず中世以降は、武家のレベルでは、終始、イエの時代なのであったが、しかし、その枠内で、相対的に「個人」が前面に出てくる時期があった。変転きわまりない戦国の時代、天下統一に向けての激動の幕藩制初期の時代などがそれである。

(三二四頁)

として、

このような変化の激しい時代には、諸個人の軍事的・政治的な資質がきわめて重要な意味をもつ。君主にはたんなる血統だけではなく、軍事的・政治的カリスマ性が求められる。臣下にも譜代の家臣という伝統にもまして、軍事的・政治的に奉公する力量が問われるのである。家光政権の時代まではまさにそれで、例えば家光の親衛隊を形成した番士《ばんし》は、譜代の勤仕するところではあったが、個別に吟味の上、ときには武術の試技が課された上で、相続・入番が決定されるという制度であった。

(同前)

と説明している。

しかしながら、こうしたあり方を家綱の政権のもとでもそのまま継続することは、容易なことではなかった。主従の関係は、本来的に主君と家臣との間の合意と信頼のうえに成り立つ個人的な関係であるから、たとえば家光と諸大名との間に結ばれた主従関係が、そのまま家綱に継続されるという保証はなかったからである。また、幼君である家綱に「軍事的・政治的カリスマ性」を望むこともできなかった。

だが、家綱の政権は、先にも確認したように、家光の政権までに成し遂げられた達成点のうえに立つことのできた政権であった。新たな政権は、進行する安定化という現実を背景として、主従の関係を「個人」と「個人」との結合を基礎とする関係から「家」を基礎とする関係に切り替えてゆくこととなる。[*11] こうした状況を水林氏は「個人の時代からイエの時代へ」(三二三頁)と表現し、その推移の実際を、先の引用に続けて、

統一権力のめざした秩序がようやく確立され、諸権力間の表だった緊張が影をひそめてくるに従って、右のような事情は変化し始め、「個人」に代って、身分制社会の本来の構成単位であるイエが全面的に社会の表面に浮上してきた。番士の例でいえば、家綱時代には、家筋によって自動的に入番が決定するようなシステムが確立する。(中略)家格制と緊密に結合した官僚

制の形成である。イエと役職とが結びつけば、役職の世界にも身分階層制が浸透し、一六五九（万治二）年には諸役人の「着座之席《ちゃくざのせき》」の制度が成立する。（三二四〜三二五頁）

と述べている。

このような状況の変化は、殉死についての幕府の対応からも確認することができる。幕府は先に述べたように、家光から家綱への代替わりにともなって寛文三年（一六六三）に新たな武家諸法度を公布した。その際、別紙という形で殉死に関する政権の姿勢を示しているが、その中身は戒めといったような方向のものではなく、断固たる禁止であった。そして、この幕府の姿勢は、程なく実際に目に見える形で天下に示されることとなる。

寛文八年（一六六八）、下野《しもつけ》国宇都宮藩主の死に際し、家臣の一人が殉死した。幕府は藩主の嗣子に対して、殉死を止めなかった責任を問うて、二万石を減ずる転封を命じ、殉死した家臣の男子二人は斬罪、娘婿二人とその子を追放刑に処した。杣田善雄氏は前掲書で、この事件の意味を次のように記している。

この事件を契機に、殉死の風潮は衰退した。殉死を制止しえなかった主君の側も、殉死を遂げた家臣の側も、ともに罪科に処せられるということは、とりもなおさず君臣間の私的情愛関係を否定することにほかならない。それは主従関係における属人的要素を著しく制約するものであり、君臣双方においてその代替りにかかわらず、主従の関係は自動的ないし無条件に継承されるべきであるとする価値観の転換であった。家臣は主君個人の人格や器量に対してではなく、主君の「家」（主家《しゆけ》）に対して永続的に奉公することを求められるのである。それはまた、主君の側にとっては、家臣の能力あるいは情愛の有無といった個人的要因は第二義的となり、家臣の「家」の重視、すなわち「家格」を基軸とした支配機構の編成が推進されていくことを意味する。（二二八〜二二九頁）

家綱政権のもとでおこなわれた権力編成理念の再編は、政権の永続を図るうえで必要な、重要な政治理念の転換であったのである。

変化のもたらしたもの

こうした主従関係のあり方の変化は、たとえば「家」の相続のあり方、すなわち「跡目」相続のあり方をも変えることとなる。

水林氏の言う「変転きわまりない戦国の時代、天下統一に向けての激動の幕藩制初期の時代」の相続者は、能力や実力すなわち「器量」と表現されるものに基づいて選ばれることが多かった。織田信長や豊臣秀吉に従って数々の戦功をあげたことで知られる黒田《くろだ》官兵衛《かんべえ》孝高《よしたか》（如水《じよすい》と号す。一五四六〜一六〇四）は、晩年になって嫡子とした子の黒田長政《ながまさ》（一五六八〜一六二三）に対して、万一の際

の後事を託した六箇条の「覚《おぼえ》」を書き残している。その中で孝高は、

貴所《きしよ》子共出来可レ申候。自然無レ之候ば、松寿《しようじゆ》跡目に可レ定候。無器用候ば、松寿儀は不レ及レ申、ちづし《実子》に候共、跡目に定候儀無用候事。*12

という指示をおこなっている。「松寿《しようじゆ》」というのは、孝高がこの「覚」を書いた時点ではまだ男子がなかった長政の従兄弟にあたる人物であるが、たとえ「ちづし《実子》」があったとしても、「無器用」な者は「跡目」としてはならないというのである。

また、徳川家康に仕えた徳川四天王の一人として知られる井伊直政《いいなおまさ》（一五六一～一六〇二）の井伊家「跡目」の選定に関する言に基づくものとして、有名な武士道論書『葉隠《はがくれ》』は、以下のようなことを記している。

井伊の家には本妻は無レ之候。直政の遺言に、御先手《おさきて》の家なれば、不器量の者家を継ては、御用に不レ立、本妻と定め候時は、是非其腹に出生の子に家を継《つが》するものなれば、不器量の者をも家督となさで不レ叶事あり。妾腹余多《あまた》のうちに、器量を見立、家を継すべき由也。*13

実際にも井伊家の「跡目」を継いだ井伊直孝《なおたか》（一五九〇～一六五九）は次男であり、『寛政重修諸

家譜』に直政の「室」と記された「松平周防守康親が女」の産んだ子ではなかった。

戦国の時代や江戸時代初頭における「跡目」の相続者は、このように必ずしも「本妻」の産んだ長男と決まっているわけではなかった。たとえ「本妻」が産んだ長男であっても、「不器量の者」や「無器用」の者、すなわち「家」の存続を可能とする個人的才能や能力を持たない者の相続した「家」は、厳しい戦乱の世を生きぬいてゆくことなどできはしないからである。

しかしながら、こうした能力主義や実力主義に基づく相続形態は、主従関係が「個人」と「個人」との結合を基礎とするものから「家」を基礎とするものへと切り替えられる中で、変化を遂げてゆくようになる。これまでのような能力や実力、すなわち「器量」に基づく相続者の選択ではなく、次第に長男、それも「本妻」の産んだ者の単独相続という形が一般化してゆくようになるのである。そして、それとともに、先に水林氏や杣田氏の指摘として取り上げたように、家格や家筋を重視する発想が台頭してくるようになる。

武力の発現を封印され、その一方で俸禄の支給の保証が制度として整備された社会においては、安定した「跡目」の継承が容易である。たとえ「本妻」の産んだ長男であっても「器量」いかんによっては相続者とすることのなかった戦乱の時期の武士の「家」の維持のための発想は、もはや必要はない。長野ひろ子氏は、脇田晴子氏他編『日本女性史』（吉川弘文館）の「近世の女性」の部において、幕法や幕令の検討に基づいて、その転換点が享保期（一七一六～一七三六）のあたりであったことを指摘しているが（一一九～一二一頁）、こうした事態をもたらす出発点は、家綱の治世下にあったのである。

また、武士の基本的なあり方の変化にともなって家綱の治世下で生じた主従関係や「家」のシステムの変動は、武士たち個々の意識や生き方にも少なからぬ変化をもたらすものであった。先にも引いた武士道論書『葉隠』の「聞書一」には、次のようなことが記されている。

或人《あるひと》の咄《はなし》に、松隈前《まつぐまさき》の亭庵《きょうあん》、先年申候由《よし》。医道に、男女を陰陽に当て、療治の差別有《ある》事に候。脈も替り申候。然《しかる》に五十年以来、男の脈が女の脈と同じものに成申候。爰《ここ》に気を付てより、眼病の療治、男の眼も女の療治に仕《つかまつり》て相応と覚申候。男に男の療治を仕て見申候に、其験《しるし》無レ之候。扨《さて》は世が末に成、男の気おとろへ、女同前に成し事と存《ぞんじ》候。是《これ》は慥《たしか》に仕覚《しおぼえ》申候事故《ゆえ》、秘事に仕置候と申候由。是に付て、今時のおとこを見るに、いかにも女脈にて可レ有也と思わるゝが多く、あれは男也と見ゆるはまれ也。夫《それ》に付《つき》、今時少し力《りき》み申《もうさ》ば、安く上《う》は手《て》取筈也。扨亦、おとこの勇気ぬけ申候証拠には、縛首《しばりくび》にても切《きり》たる者すくなく、増《まし》て介錯などゝいへば、断《ことわり》の云勝《いいがち》を利口者、魂の入《いり》たる者などゝ云時代に成《なり》たり。股ぬきなどゝ云事、四、五十年以前は男役と覚て、疵《きず》なき股は人中に出されぬ様に候故、独《ひとり》候にもぬきたり。皆男仕事、血ぐさき事也。夫《それ》を、今時は、たわけの様に云《いい》なし、口のさきの上手にて物をすまし、少は骨〳〵と有《ある》事はよけて通り候。若き衆心得有度《ありたき》ことなり。（前掲書二三一頁）

さらに、同じ「聞書一」には、以下のようなことも述べられている。

五、六十年以前までは、士は毎朝行水、月代《さかやき》、髪に香を留め、手足の爪を切て、軽石にてすり、こがね草にて磨き、無二懈怠《けだいなく》一身元《みもと》を嗜み、尤《もっとも》武具一通《とおり》は鋳《(さび)》を不レ付、ほこりを払ひ、みがき立《たて》、召置《めしおき》候。身元を別《べっし》て嗜候事伊達《だて》の様に候え共《ども》、風流の儀にて無レ之候。今日打死／＼と必死の覚悟を極《きわ》め、若《もし》不嗜にて討死いたし候へば、兼ての不覚悟も顕れ、敵に見限られ、きたなまれ候故に、老若共《とも》に身元を嗜申たる事にて候。ことむつかしく、隙《ひま》ついへ申候様に候へども、武士の仕事はヶ様のことにて候。別に忙敷《いそがしき》事、隙入《いる》ことも無レ之候。常住打死の仕組に打部《うちはま》り、得《とく》と死身に成切《なりきり》て、奉公も勤、武篇も仕候はゞ、恥辱あるまじく候。ヶ様のことを夢にも不二心付《こころつかず》一、欲徳我儘ばかりにて日を送り、行当りては、恥をかき、夫を恥とも思はず、我さへ快《こころよく》候へば、何も不レ構《かまわず》など丶云て、放埒無作法の行跡に成行《なりゆき》候事、返／＼《かえすがえす》も口惜《くちおし》き次第にて候。兼て必死の覚悟無レ之者は、必定《(ひつじょう)》死場の悪《あ》敷《しき》に極り候。又兼て必死に相極て候はゞ、何《なに》しに賤敷《いやしき》振舞可レ有哉《や》。此《(この)》あたり能々《よくよく》工夫可レ仕事也。

（同二四一頁）

そして、続けて、

又三十年以来、風儀打替り、若士共《わかざむらいども》の出会の咄、金銀の噂、損徳の考、内証支《つか》へのはなし、衣装の吟味、色欲の雑談ばかりにて、此事無《なけ》れば一座しまぬやうに相聞へ候。無《ぜ》二是《ひ》非《なき》一風俗と成行《なりゆき》候。昔は二十、三十共《ども》迄は、素《もと》より心のうちに賤敷《いやしき》こと持不レ申候故、詞《（ことば）》にも出《だし》不レ申、年倍《としバイ》の者も不図《ふと》申出《だし》候えば、怪我のやうに覚居《おぼえおり》申候。是は世上花麗《かれい》になり、内証方ばかりに肝要にめ付《つけ》候故にて可レ有レ之候。我身に不二似合一おごりさへ不レ仕候えば、兎《と》も角《かく》も相澄《あいすむ》もの也。又今時の若者の始末ごゝろ有《ある》を、よき家持などゝ褒《ほむ》るは、浅ましきことにて候。始末の心有レ之者は義理を欠《かく》也。無二義理一者は寸《す》口《く》垂《たれ》也。（同二四一～二四二頁）

と記している。

山本常朝《やまもとつねとも》（一六五九～一七一九）の口述記『葉隠』が田代陣基《たしろつらもと》（一六七八～一七四八）によって書きとめられたのは、宝永七年（一七一〇）から享保元年（一七一六）にかけてのことのようであるから、ここに記されている「五十年以来」とか「四、五十年以前」「五、六十年以前まで」というのは、これを五〇年として機械的に当てはめれば一六六〇年から一六六六年の頃、すなわち万治の末年から寛文の中盤あたりの頃（寛文六年頃）ということになる。「三十年以来」というのは一六八〇年代、すなわち元禄直前の延宝、そして天和や貞享の頃である。すなわち、家綱政権期の『本佐録』が姿を現した頃から、次の綱吉政権がはじまる頃にかけての時期である。

こうした山本常朝が批判してやまない武士のあり方の変化は、一人彼のみが感じていたことではなかった。『葉隠』が書きとめられていたのとほぼ同じ時期に著された武士道論書『武道初心集《ぶどうしょしんしゅう》』

の中で、大道寺《だいどうじ》友山《ゆうざん》（一六三九〜一七三〇）も同様のことを述べているからである。御覧いただこう。

五六十年も以前迄諸浪人の身上《しんしよう》をかせぎ候こと葉《言》に、乗替《のりかえ》の壱匹も繋《つなぎ》申程に無之《これなく》てはと申は、知行五百石以上ならではと申義也。せめて痩馬《やせうま》壱疋もつなぎ申程等とあるは、三百石程ならばといはぬ斗《ばかり》の口上《こうじよう》也。扨又さび鎗の壱本も持《もた》せ候様にとあるは、一百石にても知行取と有《ある》名に望をかけたることば也。其時代迄も武士の古風残り、我身上の義を我が口より何百石程ならば罷《まかりいず》出べきなどと員数を定めて申出《いだ》す義を　仕《つかまつり》間敷《まじき》との意地より申出したることば也。侍は喰ず共高楊枝《たかようじ》、鷹は飢ても穂をつまぬなど申も其時代のせわ《世話》にて候。年若き人は勝手損徳の話、物の直段《ねだん》などをば口にいはず、女色の話を聞ては赤面する様に候ひき。侍たらん者は及ばぬ迄も古風の武士のかたぎをしたひ学ぶごとくあり度《たき》事にて候。たとへ鼻はまがりても息さへ出ればよきとある意地あひに罷成《まかりなる》とあるは、是非に及ざる仕合《しあわせ》也。初心の武士心得の為仍《よつて》如件《くだんのごとし》。*14

このような新たな事態が展開されるようになった現実を前に、『本佐録』の著者は主従関係や武士のあり方等についてどのようなことを感じ、それらをどのようにあるべきだと考えていたのであろうか。著者の語る声に耳を傾けてみたい。

著者のこだわり

〝「侍」の使い方〟を論題として最初に取り上げた第二条の文の中で、この書物、『本佐録』の著者は次のように述べていた。

侍は君の一命に替る者なり。日本は道を唱へ失ひてより以来、廿年卅年内外には、一度は大乱あり。大将敗軍の時は、諸侍一人もこゝろかはらず、同枕に打死するやうに情《なさけ》を以て仕《(使)》ふべし。（二七九頁）

ここに示された〝「侍」の使い方〟の要諦は「情《なさけ》を以て仕《(使)》ふ」ことであるという主張は、以下の文中でも強調されている。たとえば、

侍をば自然の落めの時に、一心に忠節をなすやうに情を以《もつて》仕《(使)》ふべし。（同前）

という具合にである。

こうした主従関係において「情」を介在させること、すなわち情誼的結合の重要性を説く著者の筆先は、主従関係における主人の側に向けられたものであるが、そのことがわざわざ改めて強調されなければならなかったのは、目に映る「諸侍」の現状が、明らかに著者にとって満足できるよう

な方向のものではなかったということを示している。その不満の具体的内容は、第三条で「諸侍の善悪をしる事」という題のもとに展開されている様々な主張の中から読み取ることができるように思われる。著者の目に入る現実の「諸侍」のあり方は、どのようなものであったのか。それを探ってみよう。

第三条は冒頭で、二通りのあり方をする「侍」を取り上げている。その箇所を引いてみる。

　君の為に深く忠をおもひ、節にあたりて一命を可レ奉と思ふものは、折にふれて天下の政《まつりごと》の悪敷《あしき》をそしり、時として耳に迷ふ事をいさめ、出頭《しゆつとう》の者のあしき事をそしりて、にくまるゝもの有。又君の為を次にして身を立んとおもふ者は、縁を求て上の聞へ能《よく》、御心に入《いる》行ひばかりを嗜《たしな》む者あり。身を立んと思ふ故に、君の心に合やうばかりを勤て、君の悪をいさめざるなり。（二八二頁）

そして、両者について、

　忠節を思ふ者は君の悪をやめんとする故に、かならず君の心に背くことあり。君の心に背《そむく》をも不レ顧いさむる程の忠臣の者は、君独身《ひとりみ》に成事あれども、二心なきもの也。義理をしらず身をたてんと思ふものは、君の大事におよぶ時に、身を立んため斗《ばかり》のことにこそ主と頼《たのみ》たれと思ひ、

忽《たちまち》にこゝろを替て、又先にて身をたてんと思ひ、折を見大きなる謀《はかりごと》をするもの也。(同前)

というそれぞれの評価を下している。主人の側からして主従関係を結ぶ対象である「侍」には、「君の為に深く忠をおもひ、節にあたりて一命を可レ奉と思ふもの」と「君の為を次にして身を立んとおもふ者」の二通りの者があり、前者は「君の悪をやめんとする故に、かならず君の心に背くこと」があるが、後者は「身を立んと思ふ故に、君の心に合やうばかりを勤」る者だというのである。したがって、主人たる者は自らへの対応の仕方から個々の「侍」の善悪を知ることができるはずであるが、著者は現実には多くの場合、

明君たりといへども忠臣佞人《ねいじん》見知りがたきものなり。況《いわんや》中智の人は、当座機嫌を取て、君の詞《ことば》に付て、君の好《このむ》事をすゝむるものを善《よき》人とおもひ、君のために忠を思ひ諫《いさむ》る者を悪《あしき》人として、我身の亡ル事を知らずと也。(同前)

と述べられるように、逆の判断がなされがちであると言う。

「諸侍」の善悪を見抜くためには、どのようなことに留意すればよいのか。著者は、続けて「善悪の人を撰《えらぶ》に法あり」として、それを次のように記している。

近臣誉《ほむる》とも不レ可レ信。大臣誉とも不レ可レ信。国の人誉ば信じて、又直に心をためして信ずべし。又近臣そしるとも、大臣そしるとも、不レ可レ信。国の人そしるは、其上にためして、悪ならば忽《たちまち》に信を可レ去。又心は悪人なれども、誉らるゝ行《おこない》を嗜む者あり。善人にて正直なる事ばかりいひても、そしらるゝものあり。一応を以善悪を定《さだむ》べからず。聖賢の人を撰《えら》む法也。（二八三頁）

さらに著者は以下の文中で、「諸侍」の善悪を判断するためのより具体的な基準を示している。

又臣下の悪をしらんと思はゞ、先《まず》驕《オゴリ》をするもの、欲ふかき者、分に過たる躰《てい》をするもの、才覚の過たるもの、主に邪欲をすゝむる者、弁舌聞《きき》て誠すくなきもの、右の六つは、私欲の一より生るもの也。此覚悟有者は、天下第一の覚へありとも、天下にはゞかるもの知り成とも、悪人と心得て、近所には置べからず。（二八四頁）

という基準である。

著者はこのことを述べた後、『論語』学而篇《がくじ》および陽貨篇《ようか》に記された言である「巧言令色《こうげんれいしょく》は仁有《ある》事すくなし」（正確には「巧言令色、鮮矣仁［巧言令色、鮮《すく》なし仁］」）を取り上げて、

詞《ことば》をつくろひて、君の心に入事をたくみ、わらはれざる事を笑て、機嫌を取るものは、誠すくなき者なり。（同前）

と述べ、さらに同じ『論語』の子路《しろ》篇にある「剛毅《ごうき》木訥《ぼくとつ》ハ近レシ仁ニ」というくだりを引いて、次のようにも説いている。

此心は詞をかざらず、形をかざらず、物を問ども、差当《さしあたり》はどん（鈍）にして、理にあたりたる事を云もの有。無レ偽誠有者なり。（二八五頁）

こうした主張から読み取れることは、この書物すなわち『本佐録』の著者は、先に見た『武道初心集』の中で大道寺友山が述べていたような、「古風の武士のかたぎをしたひ学ぶごとく」の「侍」を高く評価しているということである。友山は「五六十年も以前迄」の「其時代迄も武士の古風残り」と記しているのであるから、「古風の武士のかたぎをしたひ学ぶごとく」の「侍」は少なくなりつつはあっただろうが、まだ求めることは可能だったのであろう。著者は「臣下」の「侍」については、「変転きわまりない戦国の時代、天下統一に向けての激動の幕藩制初期の時代」（水林彪氏前掲書三二四頁）に見られたような、「個人」と「個人」との間の情誼によって結ばれた、今や現実には失われはじめた主従のあり方に基づいて生きる生き方をする者のほうを明らかに高く評価しているのである。
こうした失われはじめたあり方のほうを明確に高く評価するという姿勢は、「家」の相続をめぐる主張の中にも認められる。著者は第五条として「家を継べき子をえらび付後見《うしろみ》の人幷おとなやくの人えらぶ事」（目次題。本文中では「家を継べき子を撰幷後見のおとな役人を撰事」と「後見に付る人の事」という題に分けられている）と題する条目を独立して設け、「家を継べき子」の選び方について以下のように述べている。

世を継者は、麁子《そし》の内なりとも、其智恵をためして可レ譲也。　（二八六頁）

「本妻」の産んだ長男を優先するのではなく、「戦国の時代」や「激動の幕藩制初期の時代」におこなわれていたように、「麁子《そし》（庶子）の内なりとも」あくまでも「智恵をためして」、すなわち能力や実力に基づいて相続者を選ぶべきだというのである。そして、続けて「家を継べき子」の近くに配する「侍」についても、次のような指示をおこなっている。

先《まず》幼少の時より傍《かたわら》に可レ置人は、律義《りちぎ》にして智恵ある人、又正路にして軽薄いはざるもの、又近習の者には、正直にして智恵才覚ある者を見立て可レ置。武勇の覚有《おぼえ》ものなりとも、分別なく驕たる者を置べからず。扨《さて》不断《ふだん》の物語は、古今天下の治《おさめ》やうの善悪、又国持の善悪、上中下品々の善悪、公事《くじ》の理非決断、又弓馬軍法の沙汰など致すべし。一芸をも教へべからず。女雑談遊び咄《ばな》し、商ひ咄しなどするものあらば、横目を付て近所へよすべからず。（同前）

やはりここでも、先に引いた大道寺友山や山本常朝が批判していたような、この時期に見られはじめるとされる「女雑談遊び咄《ばな》し、商ひ咄しなどする」類の「侍」は遠ざけられなければならないことが主張されている。

新たな事態が進行するようになった現実を前に、『本佐録』の著者が主従関係や武士のあり方等について感じていたであろうことと、それへの対応として強調したことのあらましは、以上のようなものであった。この書物の著者は、新たに目に入るようになった戦国以来の「古風の武士のかたぎ」から何も学ぼうとしないような「侍」たちに対しては、明らかに厳しい批判的な眼差《まなざ》しを向けていたのである。

本章においては、『本佐録』の主たる三つの主張の内容を、この書物の書かれた時期、すなわち寛文延宝期と称される時期のあり方と突き合わせて具体的に検討してみた。そのそれぞれの主張はどのような社会的機能を有するものであったのか。次章では、この問題を含めた『本佐録』成立の意義について考えてみることとしたい。

註

＊1――日本思想大系28（岩波書店）に収録された『本佐録』版本を校訂した石毛忠氏は、この「文道」に「儒教の道（教え）」という註を付している。二七九頁を参照されたい。

＊2――ここで確認する歴史的展開の把握は、主に藤井譲治氏の「家綱政権論」（松本四郎氏他編『元禄・享保期の政治と社会』［講座日本近世史四］所収、有斐閣）や、杣田善雄氏の『将軍権力の確立』（日本近世の歴史2、吉川弘文館）から学んだことに基づいている。

＊3――殉死については、山本博文氏の『殉死の構造』（叢書 死の文化19、弘文堂）が詳しい。

＊4――『本佐録』に見られるこうした姿勢については、瀧本誠一氏の、著者を本多正信と断じたうえでの「余の見たる所では本佐録は宛《あたか》もマキヤヴェリのプリンス（君論）に酷似して居ると思ふのである、本多正信と云ふ人も亦マキヤヴェリに能く似寄つた性格の人らしく想像せらるゝのである」という指摘がある。「本佐録とマキヤヴェリズム」（理財学会『三田学会雑誌』第一四巻第四号所収）三九頁。この論は、大正九年（一九二〇）に発表されたものである。『本佐録』を扱った論考としては、他に三宅正彦氏の「幕藩体制と思想的原理――天道と朱子学」（筆谷稔氏他『アジアの近代化』所収、汐文社）や小堀桂一郎氏の「創造主世界観との対決・習合――本多正信『本佐録』」（同氏『日本に於ける理性の伝統』所収、中公叢書）がある。小堀氏の論は『本佐録』の著者を本多正信としたものである。

＊5――「諸国巡見使」については、滝沢武雄氏の「巡見使の制度について」（『史観』第六五・六六・六七合冊号所収、早稲田大学史学会）、および半田隆夫氏の「幕府巡見使体制と西国経営」（藤野保先生還暦記念会編『近世日本の政治と外交』所収、雄山閣）を参照。

＊6――本書「まえがき」でも述べたように、私はかつて三度にわたって事典の類の「本佐録」の項目執筆を担

当したことがあるが、そのそれぞれに付すことを要求された参考文献については、すべてこの近藤氏の論考をあげておいた。石井良助氏他監修『古典の事典』第六巻（河出書房新社）、大倉精神文化研究所編『新版日本思想史文献解題』（角川書店）、子安宣邦氏監修『日本思想史辞典』（ぺりかん社）を御覧いただきたい。

＊7――以下の寛永大飢饉前後の状況についての説明は、主に杣田善雄氏前掲書から学んだことに基づいている。杣田氏前掲書一五四頁以下を参照されたい。

＊8――農民による農村離脱の形態を、個人あるいは家族単位での「走り」と村規模での集団的な「逃散《ちょうさん》」に区別する考え方があるようだが、宮崎克則氏はこの著作の中で、「逃散と走りは記録のうえで明確に区別されていない」、すなわち併用されていたことを指摘し、「こうした併用は一八世紀前半まで続くが、寛延三年（一七五〇）の幕府法、および明和七年（一七七〇）の幕府法によって、走りと逃散は明確に区別される。そこでは、大勢の者が申し合わせるのを「徒党」、徒党して願うのを「強訴《ごうそ》」、申し合わせて村を立ち退くのが「逃散」とし、これらの行動をすべて禁止している」と述べている（四～五頁）。宮崎氏の「走り」についての研究書としては、他に『大名権力と走り者の研究』（校倉書房）がある。

＊9――「百姓の成り立ち」の論については、深谷克己氏の『百姓成立』（塙選書）をも参照した。

＊10――日本思想大系30『熊沢蕃山』（岩波書店）所収。二四七頁。ここに引いた引用文のうち「年貢をとること」から「限なし」までについては、石毛忠氏も日本思想大系28（岩波書店）に収録された整版本『本佐録』の補注の中で取り上げているが（四〇一頁）、この部分に氏によって付された頭注では「検地によって農民の耕地を確定し、その上でそこからあがる収穫のうち、本人の家族の一年分の経営費と食料をさし引いた残りを、全部年貢として取り上げるべきである」（二八八頁）としているので、ここで私が試みるような読みをしようとするために引いたわけではないようである。なお、引用に際しては、他

の日本思想大系本からの引用と同じく、校註者の加えた鉤括弧等は取り除いて引いた。振り仮名については、校註者の加えたものもあるが改めなかった。

＊11――このことについて藤井譲治氏は、前掲註2の論考の中で「権力の存続」を図るために「家綱政権は、二つの方向からこの課題にとり組んだ」が「その一つは権力編成をめぐる政治理念の改変」であったとして、それは「属人的関係を主軸とした封建的主従制を、「家」を軸とした主従制へと変更させることによってなされた」と述べている。五三頁。

＊12――『福岡県史 近世史料編 福岡藩初期（下）』所収の「吉田家文書」一三八五号。これからの引用については、漢字や仮名は現行の字体に改め、仮名は平仮名に統一したうえで必要に応じて濁点を施した。また、現行の形態の句読点を打ち、漢文体の箇所には返り点を加えた。

＊13――日本思想大系26『三河物語 葉隠』（岩波書店）所収「聞書十」。五一三頁。他のものと同様に、校訂者の施した鉤括弧は取り除いて引いた。

＊14――『武道初心集』（岩波文庫）八〇～八一頁。読点が施されていないので、適宜これを加えた。

第三章　偽書『本佐録』の成立とその意義をめぐって

前章で見たような思想的特質を持つと考えられる主に「本佐録」という名で流布する書物は、どのような人ないしは人々によって、どのようにして書かれたものなのであろうか。この書物が成立した時期については、本書冒頭の第一章で確認したが、その成立の過程については詳しい検討はおこなっていない。本章は、これを検討することからはじめてみたい。この書物の成立の意義を探るうえで、必要な検討だと考えられるからである。

一　成立過程について

『本佐録』の成立過程を検討する際に手がかりとなるものとしてまず思い浮かぶのは、本書第一章で成立時期を確定するために援用した書物、『仮名性理』である。『本佐録』は、その『仮名性理』中の記述をいくつかの箇所で用いているが、『仮名性理』自体はそれ程広範囲に流布した書物ではないからである。この『仮名性理』を目にすることができ、これをかたわらに置いて『本佐録』を執筆することが可能であった人はどのような人物であったのか。あるいは成立に複数の人がかかわっているとしたら、それはどのような人たちであったのか。『仮名性理』のあり方を手がかりとして、このことをまず探ってみることとしよう。

手がかりとしての『仮名性理』

『仮名性理』は、『心学五倫書』前段に美文調の前書きや巻末に跋文が付されるなど、これを藤原惺窩の著作に見せるための種々の工作が施され、本文にも様々な加筆や改変の手が加えられることで成立した書物である。より正確に言えば、本書第一章に示した［表二］で確認できるように、『仮名性理』は『心学五倫書』を改変した二次書『五倫書』（「石川本『五倫書』」という名で扱った）のさらなる二次書である。

そのようにして成立した『仮名性理』の成立時期や諸本等については、戦前に太田兵三郎氏によっておこなわれた、以下に示すような検討があった。長い引用となるが御覧いただきたい。

本書の板本の最古のものは、筆者の管見の及んだ所では元禄四年三月水戸経師屋市衛門開板の刊記のあるもの（静嘉堂文庫所蔵）である。次いで享保七年初春水戸の本屋五郎兵衛より刊行の板本（元禄四年の板本を殆《ほと》んどその儘《まま》踏襲したと思はれる。唯《ただ》元禄版の方が享保版に比し、ルビが幾分多い位の相異がある。東京文理科大学附属図書館所蔵）が見られるが、両者とも現存するもの極めて尠《すくな》く、其他に写本として伝はるものが若干ある。写本に就いて言へば、松本彦次郎氏所蔵の巻末に「不可思議」「元政」の両印あるもの（巻末柳谷（野間三竹）の識語の後に不可思議 元政の両印あり）がこれ迄に触目したものの中では比較的古いものであらう。（元政とあるのは所謂《いわゆる》深草元政のこと（不可思議はその一号）と思はれるが、元政は寛文八年二月に歿してゐるので、寛文九年の柳谷の識語の後にこの人の印があることは、この書が果して元政の旧蔵書なりや否やに関して多大の疑問を投げかけるものである。従つてこの写本の作成期を元政の時代、即ち寛文以前と見做すことは困難であらうが、体裁紙質等より見てかなり古いものであることだけは認めてよからう。）尚筆写年代を明記せるものには、天明十二年（帝国図書館所蔵）文化元年（東京帝大附属図書館所蔵）のもの等があるが、これらは何れも元禄乃至享保の板本に拠つたものである。降つて明治時代に至つて、「仮名性理竹馬抄」なる小冊子（明治七年九月京都の書肆井上治兵衛によつて刊行されたもの）が刊行されてゐるが、前記元禄享保年間刊行の仮名性理と同内容のもので、唯上欄の所々に漢籍を引用しての頭注が附されてゐることと、本文の仮名の右横に間々漢字を当てゝあることとの二点が異るのみである。而《しか》も此書は本文の仮名の横に漢字を宛つるに際して、間々その学識を疑はしめるものを見るので、以て本書の価値を知るべきである。*1

この検討を収めた『藤原惺窩集』巻下（前掲）は、昭和一四年（一九三九）に刊行されたものなので、諸本の所在についてはその後の変動があり、またその後に存在が確認された版本や写本もある。『国書総目録』や『古典籍総合目録』（前掲）には、版本としては「元禄四年版本」が二本、「享保七年版本」が七本、「その他」として「版行年不明版本」が一本、さらに写本七本の所蔵機関や所蔵者がまとめて紹介されているが、私の調査したところでは、これらに記載されていない版本が三本、写本が二本ある。かつて拙著『『心学五倫書』の基礎的研究』（前掲）で新たな版本二本についてはふれておいたが、その後に確認したものを含めて、両目録に記載されていないものを改めてここに紹介しておこう。

［版本］　明治七年版本

慶應義塾大学三田メディアセンター所蔵『仮名性理竹馬抄』

講談社資料センター所蔵『仮名性理竹馬抄』

拙蔵『仮名性理竹馬抄』

［写本］

大阪市立大学附属図書館森文庫所蔵『仮名性理』（外題は「惺窩滕先生国字条理□□（カ）」。巻末に「天明七年丁未仲春　浪華　源休復謹書」とある）

拙蔵『仮名性理』（書写時に関する記事はない）

「明治七年版本」は、すでに太田兵三郎氏が先に引いた解説文の中でふれているものである。『国書総目録』は、これを桑原鷲峯《くわばらしゅうほう》（一八一九～一八六六）校正の活字本としているが、本文三七丁八行、一丁半の序を付す、小本《こほん》と称される大きさの整版本である。巻末に「明治三年庚午十月官許　同七年甲戌九月刻成　京都堀川通二条下ル町　発兌書房　井上治兵衛」の刊記（拙蔵のものには珍しく袋が残っており、それには「京都書林　東塘亭梓」の記述が含まれている）を持っている。明治三年（一八七〇）に版行許可を受け、明治七年（一八七四）に版が完成したということになる。また、序には桑原鷲峯が「安政六己未春二月」と記しているので、草稿の成立は安政六年（一八五九）であったことが確かめられる。おそらく、維新前後の混乱で版行が遅れたのであろう。

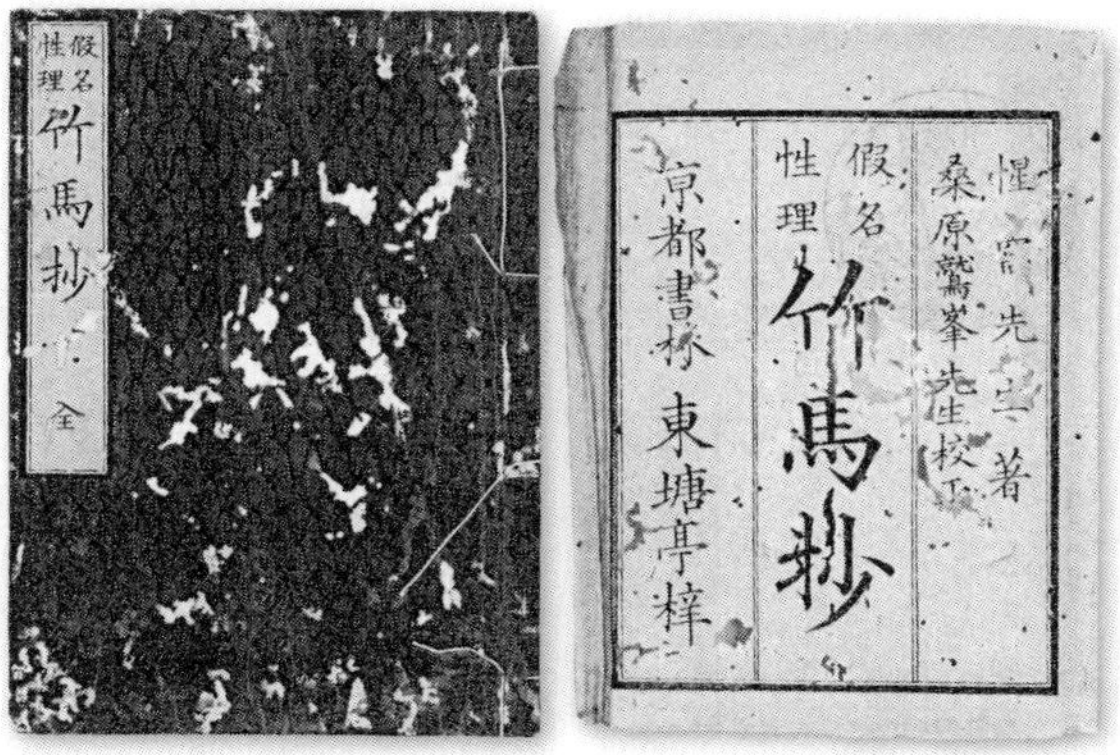

写真８　『仮名性理』明治七年版本と袋、拙蔵

　以下、これら現段階で目にし、知り得ることごとに基づいて、『仮名性理』の成立とその流布の状況の全体を整理

してみることとしたい。

『仮名性理』の成立時期については、巻末に記された野間三竹の識語の日付「寛文九年重陽節後日」から、寛文九年（一六六九）のあたりだと考えられてきた。そして、太田兵三郎氏の先に引いた検討に見えるように、古い写本と推定されている「松本彦次郎氏所蔵」写本の巻末にあったという元政《げんせい》（一六二三〜一六六八）の蔵書印の存在からすると、さらにさかのぼった時期の成立である可能性もあるとされていた。[*2] しかしながら、さかのぼるにしても、それは『滝川心学論』という『心学五倫書』への批判書が世に出た寛文七年（一六六七）までであるということについては、本書第一章で詳述したとおりである。『仮名性理』は、『滝川心学論』の『心学五倫書』批判に反応することで成立した書物であり、その成立時期はしたがって寛文七〜九年と考えなければならないからである。

成立後の『仮名性理』は、どのように流布していったのであろうか。現存する写本を見る限りでは、早い時期のものと断定できるようなものは残っていないようである。私が調査を終えているものの中で書写時期が明らかなものは四本あるが、最も早いものは元禄一五年（一七〇二）の奥付を持つ「国立公文書館内閣文庫」所蔵写本（冒頭に「和学講談所」の印）であり、他は天明七年（一七八七）、寛政五年（一七九三）、文化元年（一八〇四）というように江戸時代後半に写されている。いずれも後に検討する版本のどれかに基づくもののように思われる。また、筆写時の不明な残る写本も、同様に版本に基づいて成立したものなのではないかと思われる。『国書総目録』に「旧彰考」と記された昭和二〇年（一九四五）の戦災で焼失したという写本が、あるいは早い時期のものであったのかもしれないが、残念ながらそれを確認することはできない。

もう一方の、写本よりも多い数のものが現存している版本のほうはどうであろうか。版本の中で最も早く出たのは、現存するもので判断する限りでは「元禄四年版本」である。これは二本の現存が確認されているが、いずれも「元禄四辛未三月吉旦　水戸下町通三丁目　経師屋市衛門開版」という刊記を持つものである。この書肆「経師屋」については、秋山高志氏が「常陸の出版」（朝倉治彦氏他編『近世地方出版の研究』所収、東京堂出版）の中で、次のように記している。ただし名は「市衛門」ではなく「市右衛門」とある。

> 水戸の地における出版となると少し時期がさがる。水戸下町通《ママ》三丁目の経師屋市右衛門が藤原惺窩「仮名性理」を元禄四年に出版している。これは治者のための儒学入門書であり、惺窩の著であるか否かは疑問があるけれども、水戸下町の町人学者栗田惟良もいうように「仮名性理」が水戸での出版の嚆矢であろう。経師屋市右衛門についての伝は不詳である。（一二三頁）

栗田《くりた》惟良《これよし》（生歿年未詳。『国書人名辞典』［岩波書店］には「文化四年（一八〇七）生存」とある）の言については『事蹟雑纂《じせきざつさん》』という書物の「四」に記されているという註記があるので、茨城県立歴史館の所蔵するもの（外題は「事蹟雑纂抜書　四」）で確認した。そこには確かに、

経師屋市衛門
通三町目
惺窩ノ仮名性理、経師屋市ヱ門ト云ヘ《（ママ）》モノ開版ス。コレ当国ニテ坊間書籍版行ノ始也。
（句読点を加えた。以下同様）

と記されている。

だが、記されているのはこのことだけではない。この記述に続けて、以下に示すことが述べられていた。

コノ書ノ版、市ヱ門廃跡ノ後、本屋五郎兵衛得テ手版トス。本屋ノ版ニハ外ニモ算法指掌ノ類アリ。本屋又廃ス。仮名性理原版尾張ニ。元禄四辛未三月吉旦、水戸下町通三町目、経師屋市衛門開版トアリ。通三町等ト云フコト今ハ称セヌコト也。

ここに述べられているとおり、「コノ書ノ版」は「市ヱ門廃跡ノ後、本屋五郎兵衛」の手に渡っている。さらにこれの「原版」は後に「尾張ニ」渡ることになったようであるが、「本屋五郎兵衛」の手許にあった折りに版行されたのが、「享保七年版本」である。

この「享保七年版本」を出した書肆である「本屋五郎兵衛」について、秋山氏前掲論考は、次のように記している。

近世中期に水戸の書肆は六軒を数える。周文房はまた書坊元隆ともいう。通称本屋五郎兵衛、水戸下町の本五丁目にあった。経師屋市衛門廃業のあと「仮名性理」の株を得、石山氏の算法書を出すなど盛んであったようであるが文化文政頃には周文房も廃業していたらしい。

（一三三頁）

「原版」が「尾張ニ」渡ったのは、どうやら「文化文政頃」までのことであったようであるが、「享保七年版本」の一つとして伝わる「国立公文書館内閣文庫」所蔵版本を見てみると、この版本には「享保七年壬寅初春吉旦　常陽水戸本五町目　本屋五郎兵衛」という刊記があり、表紙裏すなわち見返しには「常陽水府書坊元隆梓」の記述を含むものが貼付されている。

秋山氏前掲論考の指摘と「国立公文書館内閣文庫」所蔵版本の体裁から判明するのは、『古典籍総合目録』（前掲）に「その他」の「版行年不明版本」として記載されている「玉川大学図書館」所蔵版本は、刊記を記した最終三七丁がなかったために、「版行年不明版本」として扱われてきたが、表紙裏に「常陽水府書坊元隆梓」の記述を含むものが貼付されているのであるから、実は「享保七年版本」であったということである。[*3]「玉川大学図書館」所蔵版本の最終丁は、何らかの理由で失われてしまったものと考えられる。したがって、「享保七年版本」は八本が現存しているということになる。

以後『仮名性理』の版行は、「明治七年版本」が京都で出されるまで途絶えることとなるが、その間、この書物は別のものに姿を変えて人々の前に現れることとなる。天明八年(一七八八)に版行された『千代もと草』がそれである。やはり藤原惺窩著として版行されている。

『千代もと草』は、すでに諸先学の指摘があるように、『仮名性理』を在原業平《ありわらのなりひら》(八二五〜八八〇)の「世の中にさらぬ別れのなくもがな千代もとなげく人の子のため」の歌の意を採って、上梓の際に改題したものである。現存する版本と写本の所在については『国書総目録』や『古典籍総合目録』の記載が参考となるが、版本は本文全二六丁九行、一丁の序を付す大本《おおほん》であり、「天明八歳戊申仲冬」に大坂の書肆「赤松九兵衛」「泉本八兵衛」の手で絵入本の形で版行されている。『千代もと草』版行の段階まではいわゆる地方書肆によって版行されてきた『仮名性理』は、『千代もと草』が三都の一つである大坂の書肆から版行されたことによって、ようやく流布の範囲を拡げてゆくこととなる。『仮名性理』は写本で読まれた段階はもちろんのことと思われるが、版本となってからもまことに狭い範囲での流布にとどまっていた書物だったのである。

『本佐録』の著者は、そうした狭い範囲にしか流布していなかったと思われる『仮名性理』の記述をいくつか用いて、全七箇条を書き上げている。そのことが可能であったのは、たとえば場所から言うと何処であったのか。そして、そうしたことが可能であったのはどのような人たちであったのか。『仮名性理』の稿本ないしは写本は、それ程たやすくは目にすることができない種類のものであったはずである。[*4] それを目にすることができたのは、おそらく『心学五倫書』から『仮名性理』への改変にかかわった人たちか、あるいはそれらの人たちと何らかの人的なつながりを持っていた人たちだけであったと考えてよかろう。したがって、これらのことを確認するためには、『仮名性理』成立にかかわった可能性のある人たちを探ってみることが必要である。

『仮名性理』成立にまつわる人的関係に着目して、考えてみることとしよう。

手がかりとしての人的関係

『仮名性理』の成立事情については、かつて拙稿「『仮名性理』の成立に関する一試論――『滝川心学論』を媒介として」（前掲）で、一つの仮説を示したことがある。その仮説の概要はすでに本書第一章に述べておいたが、具体的には、『心学五倫書』から『仮名性理』への改変は、『心学五倫書』を熊沢蕃山著として批判する『滝川心学論』の攻撃から当時政治的に微妙な立場にあった蕃山を守ることを目的としておこなわれ、『仮名性理』を惺窩著と明記したのは『心学五倫書』蕃山著者説を打ち消すためであったというものであった。すなわち、大筋では『心学五倫書』から『仮名性理』への改変には、『滝川心学論』の存在が大きな役割を果しているという主張である。

その『滝川心学論』（外題は「心学論　五倫書滝川評判」）は、寛文七年（一六六七）に滝川恕水の手により問答形式で著され、京都の書肆から版行された書物であるが、[*5] 冒頭の序の部分には「滝川」と

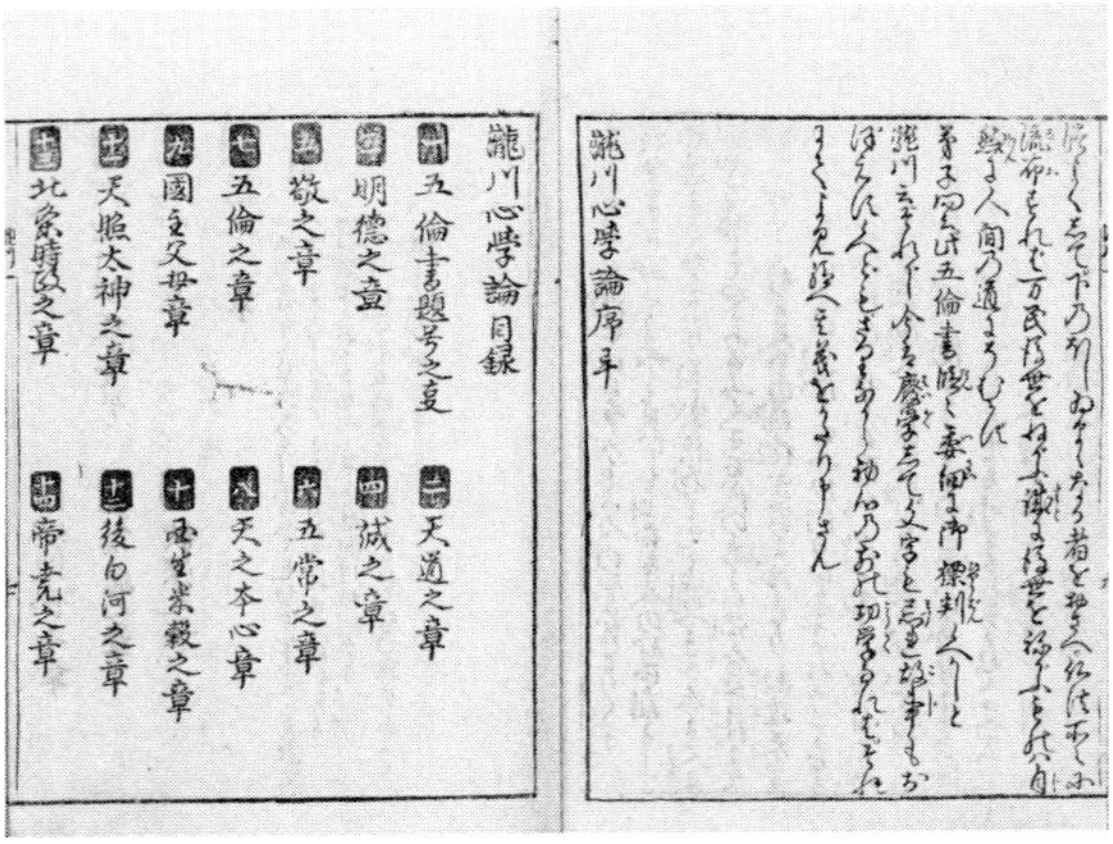

写真９　『滝川心学論』版本、拙蔵

「弟子」との間の次のような応酬が記されている（『滝川心学論』については、これまでと同様に前掲拙著「資料編」に収録したものから引き、頁数を記す）。

彼弟子の中に一人とりわけ物に心得たる者ありけるが、つゝしみおもんじて、滝川へ尋申けるは、この比《（ころ）》面白きものを見まいらせ候。かゝる珍事《ちんじ》は私《わたくし》ごときの者さうなく弁《わきまふ》べきにあらず。此道理《だうり》しかるべくは願《ねがはく》は師匠《ししやう》の訓誡《きんかい》をうけたてまつらんとて、懐《くはい》中より一巻の草紙《さうし》を取出しける。滝川是を見給へば、心学五倫書といへる文なり。滝川の云。我この比物淋《さび》しく暮《くらし》候処に面白《おもしろき》書を見せたまふ物かな。先《まつ》此書を作《つく》りし人は何たる人にてましますや。

弟子答云。うけ給り候処にいつれの国にか、熊沢何かしとやらん云《い》へる人、この比学問に長し国主《こくしゆ》の先祖《せんぞ》よりの政《まつりこと》をもあらため、古来《こらい》よりの家老《からう》をもおしのけ、国中の仕置《しおき》をなをし申さるゝのみならず、あまつさへ此文を作り天下までにおよぼさんとせらるゝ由承及候と云り。

「滝川」は「弟子」の返答に応えた以下の文中で、　（二一〇頁）

斯書《このしよ》の大躰《てい》を見るに、多く韓愈《かんゆ》朱子《しゆし》が偏執《へんしう》にくみして儒《じゆ》にもくらき事あり。是則《(すなわち)》作者の心せまくして諸道にわたらず、其内に小見《せうけん》の心熟《じゆく》して未得《いまだえ》ざるを得《え》たりと思ひ、未究《きはめ》ざるを究たりとおもふゆへかくのごとくなり。勿論《もちろん》初心なる者はしかるべくもおもふべけれど、広《ひろく》三教《げう》儒釈道也の旨帰《しき》を考究《かんかへくきやう》の大道をおしはかる者は此書をわらふへし。（二一一頁）

と述べ、さらに次のように断じている。

勿論《もちろん》初学の者はめづらしくおもはんずれど、至《いた》りて究竟《くきやう》を考《かんがへ》みれば、儒道仏法神道に多くあやまりたる事有。其上仏法を破却《はきやく》せんと思ふ心あるが故に、終《つい》には国郡《こうり》の害《かい》とならん。（同前）

『滝川心学論』は、以下全五巻を用いて「心学五倫書といへる文」の一条一条に対して批判を加えているが、こうした批判書の出現に対して、批判される側の「熊沢何かしとやらん云《い》へる人」すなわち熊沢蕃山は、寛文一二年（一六七二）に版行された『集義和書』初版本の中で、来書略。近年仮名書のめづらしきが出候へば、大方貴老の御作と申候。拙夫など見候ては、かつての偽と存《ぞんずる》書多く候。又とりまがふほどよく似たるも御座候。貴老御書物の内を取《とり》て書《かき》たるもみえ候。然ども語勢嶮《けわ》しく火気まじはり、実は各別違候へども、しらぬ人は皆貴老の被レ遊《あそばされ》たると存《ぞんずる》由に候。実の御書物の益まで浅くなり候事気の毒に存《ぞんじ》候。

返書略。仰《おおせ》のごとくに候。五倫書（『心学五倫書』——筆者註）などは正《まさ》しく作者有レ之候。我等の生れぬ前に出たる書にて、七十余の人は五十年前に見たると申者《もうすもの》御座候。我等の書に極《きわま》り、此間批判の書まで出申候。其外我等の名もしらぬ書に、我等の作と申《もうす》が多きよし承候。又我等の作と申候も無二余義一《よぎなし》と存《ぞんじ》候ほどよく似たるも有レ之候。我等の書物を朝夕見て取用《とりもちい》たることたるべく候。我等不徳にて道に入《いる》こと浅く、世間の習深く候ゆへに、世間の人によくあひたる所ありて、取用られ候かと存候。（前掲書三八三～三八四頁）

という形で「此間批判の書まで出」た『心学五倫書』問題を取り上げ、この批判の動きへの対応を試みている。[*6]「返書略」の文中の「批判の書」というのは『滝川心学論』のことと思われるが、蕃山はここでわざわざ『心学五倫書』にかかわる問題を持ち出したうえで、自身の著者説を否定してみせているのである。

こうした展開は、蕃山にとって『滝川心学論』による自らへの批判が簡単に無視できるようなものではなかったということを示している。この『心学五倫書』と自身との間の問題については、蕃山は実はこれ以前にも別の形での対応策を講じていたことを確認することができる。「伊吹版『五倫書』」（書名は『五倫書』であるが、先にふれた「石川本『五倫書』」のような同名異本があるので、前掲拙著ではこの名で扱い、「資料編」に収録した）の版行がそれである。その「伊吹版『五倫書』」は、寛文六年（一六六六）に蕃山ないしは蕃山周辺の人の手によって著され版行されたと考えられるものであるが、巻末に、

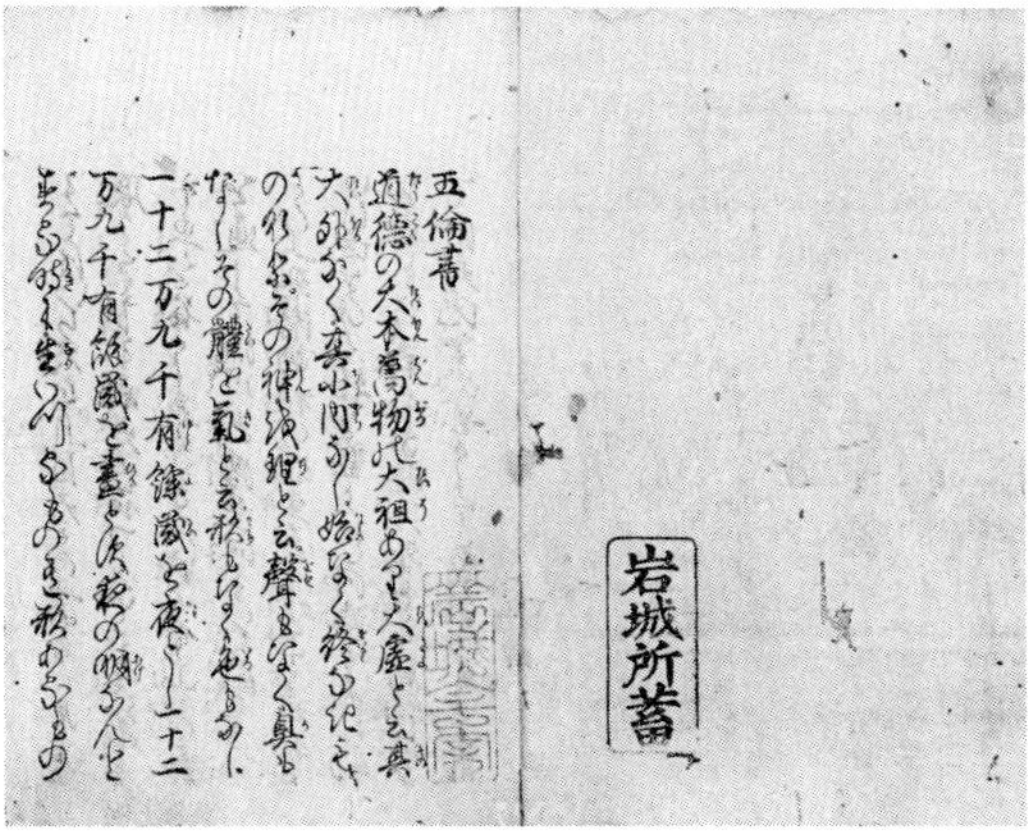

写真10　「伊吹版『五倫書』」版本、拙蔵

或《あるひと》曰。五倫書は、社家《しやけ》の作に出たりときく。しかるに、何者の為《しはざ》にかあらん、心学の二字を加て、江西《こうせい》より、出たりとす。しらざるものは、人の功をぬすめりと云。改め書かざるや。

（前掲拙著二〇八頁）

という問いを設け、

答曰。心と書を著《あらは》して、板行なさしめむことは、

心得がたけれども、人の功を、蔽は、こゝろよからず。さりとて、五倫書かくへきおぼえもなく、且いとまなし。他日、古人の書をとり和解し、子孫の家訓としたるものあり。其中の便あるものを抜いでむか。又道ならば道、学ならば学にてこそよからめ。心学とは、目《め》ざましきやうなり。聖賢の教いづれか、心の外なるべき。（同前）

と応える問答を置いている。わざわざ『五倫書』という同名のものを用意しようとするのであるから、この新たな書物は明らかに『心学五倫書』蕃山著者説を打ち消すことを目的の一つとして版行されたものと考えてよい。『心学五倫書』蕃山著者説を打ち消すことは、当時の蕃山や蕃山周辺の人々にとって、かなりの重要な課題であったのである。

『心学五倫書』から『仮名性理』への改変は、書名の変更だけではなく、新たな著者を用意するなど、かなり大がかりなものである。蕃山に先に見たような対応を必要とさせた『滝川心学論』の『心学五倫書』批判の実際は、どのようなものであったのか。そして、それへの対応としてなされたと思われる蕃山周辺の人々の動きは、どのようなものであったと考えることができるのか。そもそも、こうした大がかりな改変がおこなわれなければならなかったのは何ゆえか、等々。これらのことを、改めて以下、具体的に確認してみることにしよう。

『滝川心学論』の著者である滝川恕水は、名は昌楽、随有と称し、恕水は号である。『改訂増補漢文学者総覧』（長澤規矩也氏監修、長澤孝三氏編、汲古書院）等は、生地を「京都」とし、「京都ノ儒者」としているが、『尺五先生全集』巻之二（『続々群書類従』第十三詩文部所収、続群書類従完成会）に「滝川昌楽軒玄育一信者、尾陽人也」（一五五頁）とあるところからすると、「尾陽人」とするのが正しいのではないかと思われる。[*7] 医を野間三竹に受け、堀杏庵《ほりきょうあん》（一五八五～一六四二）の弟子で、松永尺五《まつながせきご》（一五九二～一六五七）にも師事し、『尺五堂恭倹先生行状《せきごどうきょうけんせんせいぎょうじょう》』を撰述した経歴を持つ人物である。松永尺五は恕水について、「尾陽之滝川玄育秀才」と記している（前掲『尺五先生全集』一五四頁）。しかしながら、この「秀才」は、享保一七年（一七三二）に版行された『東照宮御遺訓《とうしょうぐうごいくん》』の偽書『至《し》公訓《こうくん》』の序に名を記していることからすると、あまり良い方面には発揮されなかったようである。『至公訓』は、『東照宮御遺訓』を毛利家の事蹟に合わせて改竄し、しかもこれを当時武家教訓書の作者として著名であった井沢蟠竜《いざわばんりょう》（一六六八～一七三〇）の著に仮託しているが、この改竄は恕水の仕業と考えられるからである。[*8] おそらく、博識を売り物とする才子然とした人物であったのであろう。

才子というのは、たいていいつの時代においても、時流に敏感で、世の趨勢に結局は迎合してゆくものである。恕水が『心学五倫書』を蕃山著として攻撃したのも、当時の蕃山をめぐる状況に敏感に反応した結果と考えてよいのではないかと思う。恕水は『滝川心学論』の至るところで、現実の体制の意向を敏感に読み取ったうえでの言としか考えられない批判を、『心学五倫書』すなわち蕃山に浴びせかけているからである。

たとえば、『心学五倫書』で展開される仏者批判に対する、次のような反論を見ていただきたい。

殊更今の御代《ごたい》、異《い》国の徒党《ととう》をうたがひ給ひ、国々所々の貴賤《きせん》ともに宗門《しゅうもん》御さらへ有て、本朝の人の心をかりたまへり。然《しかる》に今の心学の書は、仏法は国のさまたげと書あらはしければ、定《さだめ》てその一国は仏法をたやし儒法をくみ立《たて》給ふとも、天下の御制法《せいほう》には新儀の宗にあたれり。何ぞ是を御免《めん》あらんや。

（前掲書二一二頁）

これは備前岡山藩における寺請《てらうけ》証文廃止等を内容とする宗教政策に対する批判をも含んでいるが、*9 恕水は明らかにここでは蕃山をその政策を主導する者として、慶長の末年から漸次おし進められて来た幕府の宗教政策にのっとった批判をおこなっている。

また、恕水は『心学五倫書』に見られる君臣よりも父子を優先させる五倫観に対しても、本書第一章で確認したように、

是父子《ふし》の道をしるしたり。先君臣《まつくんしん》よりこそことはるへきを、今父子の道を先にことはる事は、君臣にも各《おのおの》此父子はあるものにて、殊《ことに》天地の道に准《なすら》へて先此父子の道をしるせりとみえたり。何《いずれ》も心学利口《りこう》の人也。子に道ををしゆるとも、心学のごとく僻道《へきだう》をばをしゆる事なかれ。天下の通義を教べし。

（前掲書二三七頁）

という批判をおこなっている。恕水は、『心学五倫書』に見られる父子優先のいわば私的で情誼的結合を重視する種の五倫観を、「天下の通義」に対して「僻道《へきだう》」と見るのである。これは、公的原理を優先させることによって集権的封建体制を確立し、体制の安定を求めようとした幕府の立場にそった批判であると言えよう。

『滝川心学論』の蕃山に対する批判は以上のような方向性を含むものであったが、この批判書の出た寛文七年（一六六七）は、蕃山にとってまことに不本意な事態への対応を迫られた年であった。蕃山は明暦三年（一六五七）に備前岡山藩を致仕して数年の後、居を生まれ故郷の京都に移し、上御霊のあたりに隠棲した。蕃山の京都在住は、寛文七年までの数年であったが、その間に彼は、鼓《つづみ》や琵琶《びわ》を小倉《おぐら》大納言実起《さねおき》（一六二二〜一六八四）に、箏《そう》を藪《やぶ》大納言嗣孝《つぐたか》（一六一九〜一六八二）に学び、右大臣一条教輔《いちじょうのりすけ》（一六三三〜一七〇七）ら公卿十数人とも学問風流の道に基づく交遊関係を持った。さらに彼は当時の著名な学僧として知られていた深草の元政とも交わり、学問的な意見交換を重ねたことが伝えられている。*10

だが、この充実した月日は長くは続かなかった。蕃山と公卿たちとの交遊は、幕府内の一部の人々にとっては、体制を守るという観点からも、そのまま放置しておくことのできないものと考えられる行為であった。天下に名のある蕃山のような立場にある者が、朝廷の重要な地位にある公卿たちと深い交わりを結ぶなどということを、彼らは好ましいことだとは考えなかったのである。

結果として、その危険性を讒言によって指摘する者があったこともあって、時の京都所司代であった牧野《まきの》親成《ちかしげ》（一六〇七〜一六七七）は、蕃山に対して京都追放の処分を下している。この処分を受けて蕃山は吉野に居を移し、その約半年後にはさらに山城鹿背山《かせやま》に移り住むことで、自らに向けられていた猜疑の目からのがれようとしなければならなかった。幕府内の一部には、かなり厳しい処罰を科すべきだとする強硬意見もあったとのことであるから、そうした状況のもとで、先に確認したような方向性を持つ『滝川心学論』のようなものが版行されるという事態は、蕃山や蕃山周辺の人々にとっては、座視することのできるようなものではなかったのであろう。『心学五倫書』から『仮名性理』への改変は、このような状況をいささかでも打開するために、蕃山の周辺の何人かが動くことによっておこなわれた偽装工作であった可能性が高い。

だとすると、この工作にかかわったのは、どのような人々であったのか。関係からしてまず候補としてあげなければならないのは、古い写本とされる旧「松本彦次郎氏所蔵」写本『仮名性理』に蔵書印を残している元政である。元政は、先述したように蕃山が京都在住時代に深い交わりを結んでいた人物であり、実は『仮名性理』巻末の識語を書いている野間三竹とも、石川丈山《いしかわじょうざん》（一五八三〜一六七二）との交遊を通じて少なからぬ交わりを結んでいた人であったからである。『仮名性理』巻末の識語の内容は、藤原惺窩が仏教しか知らない老母のために儒教の大旨を仮名書きで記したという新たな創作された物語の記事を含むものであるから、この識語の存在から見て、野間三竹は明らかに『仮名性理』への改変工作にかかわっていたと考えられるが、元政と丈山を間に置くことによって、蕃山と三竹とがここに交わる可能性が生ずることとなる。

その野間三竹とは、どのような人であったのか。野間三竹は、京都の人。医を業として禁裏付医師を務め、漢学者としても知られた人物である。名は成大、字《あざな》は子苞、三竹は通称である。静軒、柳谷などと号した。同じく医を業とした父から家督を相続した後の寛文八年（一六六八）には法眼《ほうげん》から法印《ほういん》に進み、洛西柳谷に住した。儒学を松永尺五に学び、石川丈山とも親しく交わったことが知られている。また、漢詩文や俳諧を能《よ》くし、黒川道祐《くろかわどうゆう》（?〜一六九一）や林鵞峰らとの間にも親しい交わりがあったとされている。

ところで、この三竹という人と蕃山との間に何らかの関係が生じていたのではないかということを推測するうえで重要な意味を持つと考えられる人物が、元政のほかにも実はもう一人存在している。幕府の老中職を務め、蕃山京都追放の翌年の寛文八年から二年間、京都所司代をも務めた板倉《いたくら》重矩《しげのり》（一六二七〜一六七三）がその人である。

板倉重矩は、蕃山との間に深い交わりがあった人で、蕃山を崇敬する人たちの一人であった。宮崎道生氏はその著『熊沢蕃山の研究』（思文閣出版）の中で、この人物のあり様《よう》を「重矩は異常な蕃山崇拝者だった」（九八頁）と表現している。宮崎氏は、このように表現する根拠として、貞享暦を作成したことで知られる暦算家渋川春海《しぶかわはるみ》（安井算哲《やすいさんてつ》、一六三九〜一七一五）の語ったところを谷秦山《たにじんざん》（一六六三〜一七一八）が記した書とされる『新蘆面命《しんろめんめい》』の中の、

内膳殿（板倉重矩――筆者註）、在大坂ノ時、熊沢ヲ殊ノ外信向ニテ、毎々講釈御キキナサレ候。

江戸へ御帰リノ時、此講座ハ聖人ノ御フミナサレ候所也、他人是ヲイル《モトノマヽ》ベカラズ、ト仰ラレ、コワシテ江戸へ御取ナサレ候程ノ事也。（井上通泰氏『続蕃山考』〔『増訂蕃山全集』第六冊、附録所収、名著出版〕に取り上げられているものから引用した。引用に際しては、句読点を現行の形に改め、読点を加えた。一三一頁）

という記事を引いている（一三九～一四〇頁）。

また、牛尾春夫氏は、著書『熊澤蕃山 思想と略伝』（第一学習社）の中で同じ『新蘆面命』の記事を引いて、蕃山を厳罰に処せよという幕府内の一部の勢力からの指示に対して、重矩が助命を嘆願して廻ったことで、蕃山は追放処分に減罪されたという説があることを紹介している（一七頁）。寛文八年に京都所司代となった重矩は、早速に生活条件の整った明石への移住の希望を申し出た蕃山の求めを実現するための、幕府当局者との交渉をおこなっている。

このような蕃山との交わりに基づいて蕃山擁護と庇護をおこなった板倉重矩は、実は野間三竹との間にも、浅からぬ交遊関係を結んでいた人でもあった。志賀理斎《しがりさい》（一七六二～一八四〇）の手になる『三省録《さんせいろく》』（『日本随筆大成』第二期一六所収、吉川弘文館）の中の「板倉重矩伝記」からとったとされる、以下の記事を御覧いただきたい。

板倉内膳正《（ないぜんのかみ）》重矩、先年本所にて屋敷を給り住居せられしところ、咬菜軒といふ三字をかゝげ、席上にこれをかけ置、前栽を設け、自ら手作りなしたる野菜を、大夏高堂へ贈りなどして、更に外に求るこゝろ無かりしとなり。

これを書たりしものは、野馬(ママ)三竹法眼なり。此意は、小学の敬身篇に曰、汪信民《ワウシンミン》嘗言《カツテイフ》。人《ヒト》常《ツネニ》咬《カミ》二得《エテ》菜根《サイコンヲ》一則《スナハチ》百事《ヒヤクジ》可《ベシ》レ做《ナス》。胡《コ》康侯《カウコウ》聞《キ、テ》レ之《コレヲ》。撃《ウチテ》レ節《セツヲ》嘆賞《タンシヤウス》。とあるを以て、重矩の座右とせられしなり。この額、今彼家来松原作右衛門といふもの持伝ふと云。

扨また大坂京都の勤役にも、右の額をもたせ掛置れたり。後竜の口の御役屋敷にても、おなじく掛置れしかば、彼三竹法眼、あるとき今に至りて此三字を用らるゝ意味を尋たるに、内膳正答に、人たるもの身を立高名をあらはす程、もとの賤きを忌みわするゝものなり。我不肖の身を以、今すでに老中列座に加る。奢には移り易きものなれば、これを思ひ、むかし本所にてかすかなる住居せしことを、片時もわするまじきためなり。今高恩大禄の身分には不相応なる故、殊更おそれて、かくこそあるなれと挨拶ありしとかや。　（九一～九二頁）

重矩と三竹との間にはこうした会話を交わすような関係が、三竹が法眼という僧位の時期からすでにあったのである。

このことは、蕃山と三竹との関係が、重矩を媒介することによっても結びつき得たかもしれないということを示すものであろう。確証もないままにこのようなことを主張することの危険をかえりみずに述べさせてもらえるならば、『心学五倫書』から「石川本『五倫書』」を経て『仮名性理』に至る改変は、この時期の蕃山にとっての困難な状況をいささかでも打開するために重矩が動き、元政や三竹あるいは彼らをめぐる複数の人物に依頼するという形をとることによって準備された偽装工作であったのではなかろうか。

とするならば、我々はここで先に示した疑問、すなわちこれ程までの大がかりな改変が何ゆえにおこなわれなければならなかったのかという問いへの答を用意することができよう。『仮名性理』を藤原惺窩の著作と見せるための周到な工作は、『心学五倫書』蕃山著者説を打ち消すためのものであり、先に指摘した箇所等の改変は、恕水の批判をかわすためになされたものとする答をである。野間三竹が滝川恕水の医学上の師であったという事実は、このことをおこなううえでまことに都合の良いことでもあったのではなかろうか。しかも、すでにこの世を去っている藤原惺窩の名を新たに著者として持ち出すことは、三竹らに何の不利益をもたらさないのである。

そして、でき上がった『仮名性理』は、時期は定かではないが、水戸に伝わっている。この書物は元禄四年（一六九一）には水戸の書肆から版本として版行されているのであるから、その元禄四年という時期までにには成立の地と考えられる京都だけではなく、水戸でも手にすることができるようになっていたと考えなければなるまい。先にも取り上げた『藤原惺窩集』巻下（前掲）の解題を担当した太田兵三郎氏は、その解題の中で、野間三竹は「惺窩の縁者であり且高弟たる松永尺五に就学した人であり、又惺窩の子為景等と共に改訂惺窩文集校讎の事に当つた人」であったと記している（二〇頁）。水戸藩は享保二年（一七一七）に、京都の書肆の柳枝軒《りゅうしけん》から冷泉為経《れいぜいためつね》（一六五四〜一七二二）編、徳川光圀《みつくに》（一六二八〜一七〇〇）校訂の『惺窩《せいか》先生文集《せんせいぶんしゅう》』を出していることに明らかなように、惺窩の著作とは深いかかわりを持っている。柳枝軒は、水戸藩蔵版の版行を引き受けていたことで知られていた書肆である。おそらく、『仮名性理』は写本の形で、惺窩の他の著作とともに水戸（水戸藩は定府制《じょうふせい》のもとにあったのだから、水戸以外に江戸の地をも含めて考えるべきであるかもしれない）に運ばれたのであろう。『仮名性理』は、このようにして以後、狭い範囲ではあろうが、人々の目にふれることが可能となってゆくのである。

以上のような検討結果をふまえると、『本佐録』の執筆をおこない得た地は、『本佐録』の成立時期からして、『仮名性理』成立の地と考えられる京都か、惺窩の著作との関係が深かった水戸藩の周辺であった可能性が高いということになるのだが、残念ながらそのことについての確かな証拠を用意することはできない。そればかりではない。『本佐録』の著者がどのような人物であったのかという点についても、惺窩に学んだ系譜としてのいわゆる「京学派」と称される学派に属する人か、あるいはその学派の人々と交流のあった水戸と関係するところのある人かという可能性が高いということになるのだが、現時点ではこれについても明確にすることはできない。

したがって、ここで節を改め、新たに『本佐録』成立の意義を探るために、この書物が成立し流布してゆく中で果した社会的機能を問題とすることにしてみたい。このことを検討することで、『本佐録』の著者の人物像をいささかでも浮かび上がらせることが可能となるかもしれないとも考えるからである。

二　社会的機能について

『本佐録』の著者は、この書物が全七箇条をもかけて主張していることの内容から見て、為政者として現実に処していた人か、その周辺にあった人物であった可能性が高い。本書第二章でこの書物の思想的特質を扱うために〝「文道」の重視〟と〝「百姓」への対応〟と題して検討した論の中で主張されていたことごとには、いずれも当時の「領主側」にあった人たちにとって、現実に政治をおこなううえで所持していたいであろう具体的な知識と学ぶべき必要な論が含まれているからである。特に最初に見た〝「文道」の重視〟ということを強調する論の中で扱われる儒学に関する知識は、この時期の「領主側」の一部の人々の間で強い関心を持たれるようになっていたものであった。

儒学への関心は、江戸時代初頭においては限られた一部の人々の間にしか見られないものであったが、『本佐録』が成立した一七世紀の半ば過ぎになると、為政者の間からもこれに強い関心を示す者が少なからず現れるようになっていた。先にふれた熊沢蕃山を登用して「仁政」をおこなおうとした備前岡山藩主池田光政や、『惺窩先生文集』に校訂者として名を記している徳川光圀は、そうした為政者たちの中の代表的な存在として知られている人たちである。

『本佐録』が光政や光圀の目にふれたという事実は確認できない。「岡山大学附属図書館池田家文庫」には「正信集」という題のものが二本収蔵されているが、[*11] いずれもいつ頃に写され成立したものであるかが不明であるし、水戸の「彰考館文庫」には「治要七条」という名のものがあったようであるが、残念ながら戦災で焼失してしまっており、やはりいつ頃のものかを確認することができないからである。

だが、この書物は彼らのように儒学に強い関心を持つようになっていた「領主側」の人々の何人かに確かに受容されている。そのことは、この書物の写本の流布状況から確認することができる。流布の実態を見てみよう。

流布の実態から

『本佐録』の早い時期の受容先としては、本書第一章で扱った『本聞集』を所蔵する島原藩主の松平忠房家をまずあげることができる。現存する『本聞集』であるかどうかは不明であるが、この松平忠房のもとには、延宝五年（一六七七）以前に『本佐録』と同様の内容を持つものが伝わっていたことが明らかであるからである。『本聞集』は松平忠房の蔵書印が捺されていることから見て、早い時期に写され成立した可能性の高いものであるが、この名の写本は、先述したように、ほかに二本が現存している。その中の「東京国立博物館」所蔵写本は、一橋徳川家の当主であった徳川宗《むね》敬《よし》氏が館に寄贈した約五万冊の江戸時代の版本写本の中の一冊であり、これらは同家の前の代までに蒐集したものとされているから、いつ頃に写されたものであるかは不明である。だが、もう一本の「宮城県図書館伊達文庫」所蔵写本のほうは、島原藩主の手に渡ったものと同じく、早い時期に写されたものである可能性がある。仙台藩四代藩主の伊達綱村《だてつなむら》（一六五九～一七一九）は好学の大名として知られた人で、伊達文庫にはこの人の代に入手したものが多く収蔵されているからである。[*12]『本佐録』は、成立後の早い時期には、好学をもって知られた何人かの「領主側」の人々の間に受容されるようになっていたものと思われる。

こうした動きは、享保期のあたりからさらに加速してゆくこととなる。若尾政希氏の論考「『本佐録』の形成——近世政道書の思想史的研究」（前掲）に付された「『本佐録』データベース一覧」は、『本佐録』の流布の実態を知るうえで最も参考になるものであるが、若尾氏はこれを元として、『本佐録』の写本の受容先について、次のように述べている。

データベースの書写情報欄を見ると、書写年の記載があるもので最も早いのは、国立史料館蔵『本佐録』（番号48）であり、享保一二年（一七二七）四月二日に書写されたものである。この本は、弘前藩主津軽家旧蔵のものであり、目録には四代藩主津軽信政（正保三〈一六四六〉～宝永七〈一七一〇〉）の親筆とするが、年代があわず、誰が書写したか未詳である。次は享保一三年五月「信陽飯渓書」と記載する東京大学総合図書館蔵『本佐録』（番号44）である。これは紀州徳川家の旧蔵本を中心とした南葵文庫中の一冊である。続いて高知県立図書館山内文庫蔵『本佐録』（番号98、高知藩山内家旧蔵・谷家旧蔵、享保一六年四月中旬谷垣守写）・山口大学附属図書館棲息文庫蔵『本佐録』（番号96、徳山藩毛利家旧蔵、享保一七年小林伯元写）を挙げることができよう。いずれも歴々たる大名家の旧蔵本であり、享保年間から大名を中心に書写されるようになったのではと推定されるのである。（文中の括弧内の「番号」は、氏の作成した「『本佐録』データベース一覧」の通し番号。以下同様。二四一頁）

本書第二章で見たような政道論を展開する『本佐録』は、このように「享保年間から」は、さらに多くの「領主側」の人々の間で受容されるようになる。若尾氏は、これよりも時代を下ると、また防府毛利博物館蔵『本佐録』（番号97、山口藩主毛利治親〈宝暦四～寛政三〉による書写本）・島原市立図書館松平文庫蔵『本佐録』（番号111、島原藩主松平忠和〈嘉永四～大正六〉文久二年正月写）は、藩主自らが書写したものであり、藩主が直々に書き写すような価値の高いものとみなされていたことがわかる。他に書写した人物が分かる場合にも、たとえば東京都立中央図書館蔵『本佐録』（番号39）は幕臣蜂屋茂橘（?～明治六〈一八七三〉）が文化一三年（一八一六）に書写したものであり、また国立公文書館内閣文庫蔵『本佐録』（番号26）には、歴代の書写者として、湯長谷藩家臣渡辺氏、忍藩家臣西村光孝、田沼直包の名が上がっており、この書物を熱心に書写したのは武士たちであったといえるであろう。（二四一～二四二頁）

と述べて、「藩主自らが書写したもの」までが現れ、流布の範囲はさらに「幕臣」や諸藩の「家臣」といった「武士たち」の間にも拡がっていった事実を紹介している。加えて言えば、整版本『本佐録』の「附録」の『本佐録考』を転載した部分の中に記された、新井白石が師の木下順庵から聞いたという話に『本佐録』写本の「秘蔵」者として名が出てくる池田勘兵衛は、若尾氏の調査によれば、幕府の書物奉行を務めた経歴を持つ旗本であった。

また、こうした動きは他の写本の受容状況からもたどることができる。たとえば、本書第一章で早い時期に書写された可能性のあるものの一つとして扱った本多政長が書写したという「政長親書の本」、すなわち「藩老本多蔵品館（加賀本多博物館）」所蔵写本である。

この写本は、本多佐渡守正信の次男で加賀の前田家に家老として仕えた本多政重の四男で、家督を継いだ政長が、家蔵のものを我が子の政寛のために書写したと伝えられているものである。元にしたという本多政重家に伝わっていたものは、室鳩巣の文によれば父の本多佐渡守正信から与えられたものということを前提としているようであるが、そのようなことがあり得ないということについては、もうここで多くを述べる必要はあるまい。この書物の成立は、正信の歿後数十年が経過した時期であったことが明らかだからである。

では、この『本佐録』は、どのようにして加賀の地に伝わったのであろうか。可能性が高いと考えられるのは、まず京都からというルートであろう。『本佐録』成立の前提となる『仮名性理』成立にかかわっていたと思われる人々を含むいわゆる「京学派」と加賀との間には、浅からぬ関係が形成されていたからである。たとえば、これまでの論の中で名の出た木下順庵は、松永尺五の門に学んだ人で、加賀藩主であった前田利常《まえだとしつね》（一五九三〜一六五八）に招かれ、孫の前田綱紀にも仕えているが、その師であった松永尺五の長男の松永寸雲《まつながすんうん》（一六一九〜一六八〇）と次男の松永思斎《しさい》（一六二八〜一七一〇）は、『改訂増補漢文学者総覧』（前掲）にいずれも「金沢藩儒」と記されているように、加賀金沢藩に仕えている。次男の思斎については『国書人名辞典』（前掲）に、「家学を受け、木下順庵の推挙により加賀金沢藩侍読となる。万治二年（一六五九）から寛文二年（一六六二）まで禄三百石で仕え、のち父の講習堂を継ぎ講説を業とした」と記されている。

松永思斎が仕えたのは、時期から見て加賀金沢藩の五代目であった前田綱紀であるが、この綱紀は多くの書物や史料を幅広く蒐集した人として知られている。その蒐集したものの中には本書第一章で確認したように『本佐録』が含まれている。『松雲公採集遺編類纂』百六十九「教訓部一」に収録されている『本佐録』写本の元となったものがそれである。また、加賀には「金沢市立玉川図書館近世史料館」に『松雲公採集遺編類纂』収録写本のほかにも六本の写本が収蔵されているように、現存しているもので見ても、ほかの地より多くの写本が残っている。

ところで、加賀に伝わった『本佐録』は、京都以外のルートを経由した可能性もあるように思う。それは水戸からのルートである。加賀と水戸との間には、やはり浅からぬ関係が形成されていたからである。若林喜三郎氏はその著『前田綱紀』（人物叢書［新装版］、吉川弘文館）の中で、綱紀の書

物や史料の蒐集のあり方を、徳川光圀の書籍蒐集の場合と比較して、

もとより光圀は綱紀にとっては叔父にあたり、深くその学徳を私淑《ししゅく》していたし、書物に関してもいろいろと教えを受けたが、多少意見を異にする点があったらしい。（一四一〜一四二頁）

と述べ、

当時書籍収集家の主なものに、綱紀のほかに幕府と水戸の徳川光圀とがあった。ここでまた光圀をひきあいに出さねばならないが、彼の意図はいうまでもなく『大日本史』編集の史料収集を主としたもので、それに比して綱紀の収集は、はなはだ漠然たる感じがなくもない。（一四八頁）

として、次のようなエピソードを紹介している。

あるとき、光圀から、「君の図書収集の目的は何だね」と問われたとき、「ただ書籍を集めることです。編集の事業は書物が無ければ駄目ですから、いまは見合せています」と答えたという。書物のことに関して両者に意見の相違があったらしいといわれたのも、こうした点を反映して

いるのであろうか。（一四八〜一四九頁）

光圀が綱紀にとって叔父にあたるというのは、綱紀の生母が光圀の姉であったからであるが、それをこえて綱紀は、光圀とは目的は異なっていても書籍の蒐集への情熱を共有する間柄でもあったのである。

こうした学術方面における加賀と水戸との交流は、藩主間以外でも後の時期になるまで続いたようである。新井白石の『本佐録考』の中の、木下順庵にかかわることを述べる箇所に続く、

又内藤飛州の事をもしるされ候。此人の時事世の人申沙汰候事、いまだ承も及ばず候に、某《それがし》存る旨にて、年来親しく申むつび候によつて、言のつゐでに、復菴丈にもらし申候ひしを、復菴御申の事も候て、聞召されしとぞんじ候。*13

というくだりに名が出てくる「復菴」は、漢学者で医者の森儼塾《もりげんじゅく》（一六五三〜一七二一）のことと思われるが、この人は、先に「金沢藩儒」として名をあげた松永尺五の子の松永寸雲（昌易）に学び、後に水戸藩儒となって『大日本史』編纂にかかわったという人物である。

『本佐録』は、見て来たように京都ないしは水戸の周辺から加賀の地に伝えられた可能性が高いと考えられる。そして以後、今度はその加賀を起点として各地に伝わってゆくという形をとること

となる。それは、この書物の冒頭に新たに付け加えられた「本佐録序」がもたらしたことであった。

本書第一章で早い時期に書写された可能性のあるものとして扱った『本聞集』や「政長親書の本」、そして「『松雲公採集遺編類纂』収録写本」には、「序」の文はない。拙蔵写本で見てみても、早い時期に書写された可能性のある「拙蔵写本①」や、現段階で確認できる最も早い時期である正徳四年(一七一四)に書写された「拙蔵写本⑫」にも、「序」の記述はない。だが、享保八年(一七二三)には元としたものが書写されていたと考えられる「稼堂文庫」所蔵の『本佐録』写本には「序」の文が付されており、この写本の後ろに収められている『質問本佐録信疑事条』には、成立後しばらくの間はなかったと考えられる「本佐録序」の登場の経緯が、次のように記されている。

本佐録と申書の事、元来題号も無之候。然所江戸にて流布の本には本佐録と題し、京師に流布の本には正信集と題号有之候。皆後人の名を命するものにして、此書の意義にも不叶候。京都流布の正信集に跋語あり。今左に記して後来の参考に備ふ。

そして、「左」には「後来の参考に備ふ」ための「跋語」が写されているが、その内容は版本や多くの写本に付されている「本佐録序」の記述、すなわちこの書物が世に出たのは「佐渡守次男」家の家老であった「戸田靫負助」のところからであり、書名は彼の友人の「三宅玄賀」が名づけたものであるというあの文章である。その「三宅玄賀」が名づけたという書名は、この記事の中では

「正信集」と記されている。

『本佐録』冒頭の「序」の文は、どうやら正徳四年以後、この享保八年のあたりの一〇年程の間から記されるようになったものと考えられる。「拙蔵写本⑧」は「正信集」という題で「序」を持ち、奥書に「右此書者大極秘事候間努々他見不有者也」と記されているものであるが、享保二一年を改元した元文元年（一七三六）に書写されたものである。『本佐録』の出どころについては、早くに「丁巳五月」すなわち延宝五年（一六七七）年五月の日付を持つ林鵞峰の「治要七条跋」と題する文の中で「この一冊、題名なく作者なく、故《こ》本多《ほんだ》豊前守《ぶぜんのかみ》正貫《まさつら》の家より出づ」と述べられていたが（引用には日本思想大系28［前掲］所収の版本跋文の書き下しを用いた。二九九頁）、この「序」の登場によって『本佐録』は「佐渡守次男」家すなわち加賀の本多家にも伝わっており、したがって著者は本多佐渡守正信であるという主張が定着してゆくようになるのである。

農政に関する論とのかかわりから

加賀における『本佐録』受容に際しては、見てきたような儒学への関心のほかにも、この書物で展開されている農政に関する論への関心がかかわっていたのではないかと思う。本書第二章で扱った〝「百姓」への対応〟を問題とする議論への関心である。

加賀藩は、五代藩主であった綱紀の代に農政上の改革に着手している。[*14] 足掛け六年の歳月をかけて成就したとされる「改作仕《かいさくし》法《ほう》」とよばれる改革である。だが、この改革を実施したのは綱紀ではない。この改革が具体的にはじまったとされる慶安四年（一六五一）には、綱紀はいまだ九歳という幼い藩主であったからである。

加賀前田家は前田利家《としいえ》（一五三八〜一五九九）から二代利長《としなが》（一五六二〜一六一四）、三代利常そして四代光高《みつたか》（一六一五〜一六四五）と継承されてきたが、四代目の光高は正保二年（一六四五）、三一歳の若さで急死した。急遽五代藩主となった綱紀は、時に歳わずかに三歳であったから、幕府は隠居していた祖父の利常に政務を見ることを命じた。「改作仕法」は、その利常によって実施されたものであった。

利常がこの改革を発想した発端について、若林喜三郎氏は先にも引いた『前田綱紀』（前掲）の中で、以下のように述べている。

『御国御改作之起本《きほん》』によると、寛永三年（一六二六）に、利常が家光にしたがって上洛したとき、日翁《にちおう》という日蓮僧を召出して軍《いくさ》物語などをさせたのが気に入り、御咄衆《おはなし》に加えて国許へ同伴したが、この僧は『太平記理尽抄』の伝授者で、国政と軍法とはもと井田法《せいでん》より起ったものだと説き、改作法はこれからヒントを得たものだ、とある。元来『御国御改作之起本』は、利常の崇拝者高沢忠順《ただより》の著で、改作法を当時の農政の理想であった井田法的牧民《ぼくみん》思想の具現と確信していたのである。したがって、こうした立場からすれば、この改革の理解に、多分に農民救済の意義が盛りこまれていたのも、当然であると考えられる。（一七頁）

「改作仕法」が実施される以前の加賀は、兵農分離が未徹底な状態にあった。知行地を与えられている武士である「給人《きゅうにん》」は、自己の知行地から直接に租税を徴収するという知行制の慣習が続いていた。税率については「給人」と「百姓」との間で決める相対免《あいたいめん》であり、「百姓」はしばしば雑用にも駆り出された。こうした状況下に起きたのが、寛永末年の飢饉である。若林氏は前掲書の中で、先の引用中に出てくる高沢忠順《たかさわただより》（一七三二～一七九九）の著書にもふれながら、その時期の農村における「給人」と「百姓」との間の緊張をはらんだ関係について、

忠順は右の著書の中で、その頃は給人も乱世の余風で万事手あらく、百姓も一向一揆の残徒や子孫であったから、手強く反抗したものであろうと、注目すべき考察を加えている。そして、寛永十七・十八年（一六四〇―四一）と打続いた凶作・飢饉によってその弊害が拡大されたため、利常は正保のころから改作法実施を思い立ったのであろうと述べている。（一九頁）

と記している。「改作仕法」は時期から見て、先の本書第二章で確認した寛永大飢饉後の「領主側」の課題の一つであった、「百姓」への対応としての「撫育の計」を企図し実行しようとしたものであったのである。

その「改作仕法」の内容は、大きく分けて三つにまとめることができる。一つ目は、それまでの

相対免による変動率の大きな税制を廃して、毎年一定の税率での租税徴収とする定免法《じょうめんほう》に改めることによって、「百姓」の長期的な経営方針の策定を可能とさせ、経営の安定化を実現させようとしたことである。二つ目は、知行制は認めつつも、「給人」による知行地の直接支配を廃して、蔵米支給への変更を断行したことである。「給人」は知行を認められた上で、実際には藩の蔵から俸禄としての米の支給を受けるという制度に移行した。このことによって武士は安定した収入が確保できるようになったが、それと引替えに、農村すなわち土地との関係を断たれ、結果として兵農分離がここに徹底されることとなった。かわりに農村支配をおこなうために活用されたのが、「十村《とむら》」という制度である。この制度は二代利長の時代からのものとされているが、これの整備とさらなる活用が「改作仕法」の内容を構成する三つ目のものである。その「十村」について若林氏は前掲書で、

十村《とむら》というのは、幕府領や他藩で大庄屋・割元・郷頭などと呼ばれているもので、村をいくつか集めた組を支配する地方《じかた》役人である。最初十村肝煎《きもいり》と呼ばれていたことからも知られるように、十ヵ村程ずつを支配する肝煎の意であったらしいが、おいおい整理されて組の村数を増加し、三─四〇から五─六〇くらいまでの村数が普通となった。（二三頁）

と説いている。利常は在地の有力者を農村支配に活用するという方法を採用したのである。

その結果は、どのようなものであったのか。若林氏はそれを、

この改革のために、藩は銀六九五貫目余、米七万三千石を消費したという。そして、この大投資をもって、藩庫の増収、給人の収入の確保、農民の救済と再生産能力の附与、という三つの成果をあげ、領主が農民を直接に掌握する体制を確立することによって、加賀藩百年の大計を樹立したということになるのである。（二二一〜二二二頁）

と述べ、続けて「これらのねらいが、どのように実現され、さらに展開して行くか。これは、この遺産をうけついだ綱紀の治世の重要課題となる」（二二二頁）と記している。『本佐録』を受容したと考えられる時期の加賀は、農政の論に対するなみなみならぬ関心を持ち続けていたのである。

そうした経緯を経て実施されたこの改革に着手するきっかけを提供した人物として、若林氏の先の引用中で取り上げられている「『太平記理尽抄』の伝授者」である「日翁《にちおう》という日蓮僧」については、若尾政希氏による詳しい検討がある。若尾氏は、「日翁」について、

日翁とは、大運院陽翁（一説では永禄三〈一五六〇〉〜元和八〈一六二二〉）ともいう日蓮宗僧侶で、『理尽鈔』講釈の創始者であり、利常の招聘により金沢に赴き同地で没したと伝えられる。藩主利常をはじめ、家老本多政重ら重臣らはこぞってその講釈を受け、大橋全可（本多氏家臣）

や小原宗与（金沢藩士）ら「太平記読み」の専門家も輩出し、金沢藩はいわば「太平記読み」のメッカとなった。（前掲論考二六六頁）

と述べて、「『理尽鈔』講釈」を内容とする「「太平記読み」と改作仕法は密接に関連する」（同二六五頁）という主張を展開している。[*15]

『太平記《たいへいき》理尽抄《りじんしょう》』は、江戸時代の早い時期から様々な書名で流布していたことが知られている書物であるが、今井正之助氏の『『太平記秘伝理尽鈔』研究』（汲古書院）によれば、書名は正しくは『太平記秘伝理尽鈔』とするべきもので、文学研究者の間では「軍書」と称されているものの一つとして扱われている。その内容は、「改作仕法」のような農政に向けたものばかりではない。書名にもある軍記物語『太平記』で展開される様々な事件やそれにかかわる人物のあり方を論評し、楠木正成《くすのきまさしげ》（一二九四〜一三三六）を武人としてというよりは理想的な為政者として描く政道論が展開された書物でもあった。

「軍書」は、武家の由来や戦功の記録、加えて武家への教訓をおこなうことを目的として著されるようになったもので、古くから「軍記物」とよばれていくつかのものが流布したことが知られているが、江戸時代に入るとさらに多くのものが姿を現し、内容的にも教訓や歴史を語ることを目的とするものから娯楽読み物として流通するものまでが登場するようになる。井上泰至氏はその著『近世刊行軍書論――教訓・娯楽・考証』（笠間書院）の中で、江戸時代になって現れたそれらのものの全体について、「「近世に制作・刊行された和軍記・通俗史書・雑史・軍談」を「近世軍書」と定義する」（一三頁）としている。

『太平記秘伝理尽鈔』は、江戸時代に流布した「近世軍書」の中で近年最も注目されているものであるが、ほかにも同様に農政や政道に関する論を含んだものとして注目されている「軍書」に、『北条九代記《ほうじょうくだいき》』がある。『北条九代記』は、『鎌倉北条九代記』とも称されるもので、江戸時代も早い時期に書かれたものと考えられている（延宝三年［一六七五］初刊）。この『北条九代記』については、かつて松田修氏によってなされた農政をめぐっての当代批判の指摘があったが、近年「軍書」の持つそうした当代批判書としての機能を重視する論がいくつか現れている。[*16] その一つは、笹川祥生氏の「『北条九代記』論――「今」を「昔」に包み込むこと」（『戦国軍記の研究』所収、和泉書院）という論考である。

笹川氏はこの論考の中で、『北条九代記』が北条時政《ほうじょうときまさ》（一一三八～一二一五）から北条高時《たかとき》（一三〇三～一三三三）に至る北条氏嫡流九代の間の出来事をほぼ年代順に記述するという形をとりながら、「新田開作」と題する一段を設けて守護たちの苛政を批判することによって、現実の徳川政権下の問題の多い「百姓」への対応の現状の批判を試みているという増渕勝一氏の指摘を紹介している。そしてさらに、それについては「「徳川幕府の下に働く役人の現状を批判」するにとどまらず、中央・地方を問わない悪政の現実があると確信した作者による、もっと総括的な政治体制への批判を含んでいると考えてよいのではないか」と述べている（二七四頁以下）。それればかりではない。笹川氏は、『北条九代記』で展開される源頼朝《よりとも》（一一四七～一一九九）から鎌倉幕府の将軍職を受け継いだ源頼家《よりいえ》（一一八二～一二〇四）に対する厳しい評の中に、家光の跡を継いだ家綱への批判的な眼差しが含まれていることを指摘している（二八一頁以下）。「軍書」には、過去の歴史の叙述であることを隠れ蓑として、当代への批判的立場を表現するという機能が伏在していたのである。

加えて「軍書」には、過去を扱うことによって直接的に強調できることがあった。それは過去の戦場での振舞いを通して示された、武士のあるべき姿についての主張をおこなうことである。先にも引いた井上泰至氏の『近世刊行軍書論』（前掲）は、「寛文・延宝期刊行の軍書の特徴」（八八頁）を扱った論の中で、その内実を、「ノスタルジーとしての武辺話」（九八頁）という題のもとに、延宝期のあたりから「「サムライの軍事的機能が名目的・象徴的とな」り、「階級の証としての名誉の危機」に直面した現実があった」ことを指摘して、次のように述べている。

むしろアイデンティティーの危機にこそ、現実には発揮しにくくなった、「栄えある名誉文化としての軍事力行使」の記憶を思い起こし、そこから現在は「象徴的」なものに変質しつつも、武士にのみ限定されたその行為と精神を強く語ることで、自己の身分を再確認することになるのである。（一〇三頁）

鉤括弧で括った引用はいずれも池上英子氏の著書『名誉と順応——サムライ精神の歴史社会学』

（NTT出版）からのものだとのことであるが、ここに述べられているのは、本書第二章で〝「侍」の使い方〟という論題のもとに指摘した、武士のあり方の変化がもたらしたことへの具体的な反応の一例であろう。戦国期に形成された武士の意識形態は「「象徴的」なものに変質」し、今や「ノスタルジーとしての」と表現されるものになってしまっているのである。「軍書」による過去の戦場での振舞いの描写を通して示される武士のあり方は、現実の「変質」してしまった武士たちへの批判的な思いを代弁してくれるものでもあった。

〝「侍」の使い方〟を論ずる『本佐録』は、確認したように、当代の武士のあり方について批判的な思いを抱く人々の関心を引くような内容を含んでいる。『本佐録』は、見てきたように現実の幕府の採る政策の方向を肯定的に捉えているという点で、いくつかの「軍書」に見られる批判的姿勢とは異なっているが、方向は別でも農政や政道についての論を含み、さらに武士のあるべきあり方についての論をも展開しているということでは、「軍書」に目を向ける人々と同様の方向の関心に支えられた読者を持ち得る内容を備えたものであったのである。*17

三　偽書化について

『本佐録』成立の意義を検討するために、本章ではこの書物の成立過程やその後の流布の実態、そして受容の状況などを探ってきたが、先に指摘したように、この書物は加賀に伝わったことから新たな展開を見せることとなる。加賀を起点として著者を本多佐渡守正信とする見方がさらに拡り、定着することになってゆくのである。

こうした動きがはじまり定着してゆくことについて、大きな役割を果すことになるのが、「本佐録序」の登場であったことはすでに述べた。その「序」の文は、どのような意図のもとに加えられることとなったのか。最終節となる本節では、この問題を探ることからはじめてみよう。

青地兄弟の動きから

「本佐録序」の登場という問題を考えるために、まず取り上げなければならないのは、『兼山秘《けんざんひ》策《さく》』という書物に収録されている室鳩巣の書簡の文である。『兼山秘策』は、加賀の本多氏一族の青地斉賢と礼幹の兄弟が鳩巣との間のやりとりで寄せられた鳩巣の書簡を年月順に集録したもので、書名にある「兼山」は青地斉賢の号である。この書物を収録している『日本経済叢書』巻二（前掲）の「解題」は、この書物の成立事情を次のように記している。

本書は鳩巣自から編輯したるものにあらず。加賀の人、青地斉賢（字伯孜号兼山）及其の弟礼幹（字貞叔号麗沢）が、自分等に寄せられたる鳩巣の手簡を、年月順に輯録したるものにして、題して兼山秘策とせるは、斉賢の手録に係るが故なり。本書第八冊に記する所に拠れば、本書は斉賢礼幹兄弟が、各々自ら一通づつを写し、兄は之を兼山秘策とし、弟は之を麗沢秘策として、各々之を自分の筐底に珍蔵し置き、斉賢の歿後、礼幹は生前の誓約に因《より》て、兼山秘策を焼棄すべかりしを兄の手蹟を見て之を焼棄するに忍びず、却《かえり》て自己の写したる麗沢秘策の方を焼棄し去つて、此の兼山秘策を存し置きたるを、礼幹の歿後、はしなくも世上に写伝さるゝに至りしものなり。（句読点は現行の形に改めた。七〜八頁）

こうして世に出た『兼山秘策』の「正徳四年甲午」の箇所には、すでに本書第一章の冒頭近くでその一部を引いたことがあるが、「八月書」として、以下のように書き出された書簡の文が掲載されている（青地兄弟は、確認したように、ともに連絡を取り合って事を進めているのであるから、以下どちらか一方のおこなったことであっても、青地兄弟の所為として論じてゆくこととする）。

本多佐州公筆記の物一冊為ㇾ持被ㇾ下、珍敷物《めずらしきもの》御見せ被ㇾ成　忝《かたじけなく》　珍重　奉《ぞんじたてまつり》ㇾ存候。且又《かつまた》此書の因縁共委細被㆓仰知㆒致㆓承知㆒候。如《おおせのごとく》ㇾ仰佐州公御事、兼て良平《りょうへい》の倫《たぐい》と存候処《ところ》、此録見候へば格

別の儀に奉レ存候。宜哉《うべなるかな》。神祖を輔佐して百年の泰平を被レ開候事、ヶ様に可レ有レ之儀と今更存当候。　（前掲書二九二頁）

ここには、鳩巣が青地兄弟の計らいによって「本多佐州公筆記の物一冊」という「珍敷物《めずらしきもの》」を見ることができたことへの謝礼とともに、「此録」を読んでこれまでの「佐州公」すなわち本多佐渡守正信についての評価を改めることになったという鳩巣の読後感が述べられている。「良平《りょうへい》の倫《たぐい》」の「良平」というのは、中国漢の高祖の謀臣として知られる張良と陳平を指し、それから転じて知略に長じた人を言う表現であるが、「此録」すなわち『本佐録』を見て、正信がただの謀臣といった類《たぐい》の人物などではないことがわかったというのである。しかしながら、この文に続くくだりを見ると、鳩巣は「此録」のすべてが正信の手になるものであるとは思えなかったようである。その続くくだりを御覧いただこう。

此書先《まず》電覧候処、佐州公自筆の記と申事未決に存候。当時学識有レ之人へ、佐州公儒道の有増《あらまし》御尋に付、其人より記候て佐州公へ進上仕たるものを、重て大君より治道の儀など御尋に付被二差上一たるものゝ様に被レ存候。　（同前）

そして、そのように考える理由については次のように述べている。

右の記中に、此段は筆紙に述尽《のべつく》し難きに依て荒々《あらあら》大筋目を云也、道を知る人に伝受有べし。是等の詞《ことば》上《かみ》より御尋に付被二書上一候はゞ、ケ様には有レ之間敷候。末に佐州公へ進上と聞へ申候。佐州公の跋に、此一冊は珍書也と有レ之も、御自分に被二書立一候ものを珍書なりとは有レ之間敷存候。（同二九二～二九三頁）

冒頭の「右の記中に、此段は筆紙に述尽《のべつく》し難きに依て荒々《あらあら》大筋目を云也」の「記中に」というのは、主に「本佐録」という名で流布することになるこの書物の記述中にという意味であるが、ここに取り上げられているのは、第一条末尾の「大方《おおかた》を書付侍れども、言語にのべられぬ一段あり」（二七八頁）という記述や、奥書中の「我等得心仕候事を存出し次第、あら〳〵書付候也」（二九八頁）という記述等に基づく把握であろう。こうしたことごとを指摘した後、鳩巣は以下のように述べている。

扨《さて》記中の論共駁雑成事も候得共、大要尤成事《もっともなること》共被レ存候。今少留置緩々《ゆるゆる》再覧仕度《つかまつりたく》奉レ存候。（同二九三頁）

鳩巣はこの段階では、この問題すなわち「此録」の著者が正信であるか否かの最終的な判断については先延ばしにしているのである。

こうした鳩巣の応え方から推測すると、青地兄弟はどうやらこの書物の著者が本多佐渡守正信であるということのお墨付きを鳩巣から得たかったのではないかというように思える。そして、青地兄弟はもう一つ重要なことを鳩巣に問いかけている。その内容は、続いて記された以下の記述から知ることができる。

> 是を漢語に訳せられ候事は不レ入《いらざる》ものに候。此通りにては漢語に難レ入候故、増減余程無レ之候ては難レ読可レ有レ之候。左候へば事実を失ひ可レ申候。此儘《このまま》にて仮名の誤など御改正被レ成候て繕写被レ成尤可《しかるべく》レ然奉レ存候。序跋などはなくても可レ然奉レ存候。　（同前）

この鳩巣の回答ぶりから読み取ることができるのは、青地兄弟がこの書物を「漢語に訳」し、さらに「序」や「跋」を加えようと考えており、それらのことの当否や可否についての相談を鳩巣に持ちかけ、助言を求めているということである。これに対する鳩巣の返答は、「此儘《このまま》にて仮名の誤など御改正被レ成候て繕写被レ成尤可《しかるべく》レ然奉レ存候。序跋などはなくても可レ然奉レ存候」というものであるから、青地兄弟の案は賛同を得ることができなかったということになるが、後に見るように、それでも彼らはその案の実現のすべてを諦めたわけではなかったようである。

こうしたやりとりの後、鳩巣は続けて別便で、次のような記述を含む書簡を青地兄弟に送っている。

佐州公筆記の物、新井筑州へ物語申候得ば江戸にては先年より取伝候て新井氏も一部写置申候。佐渡守殿自記無《うたがいなき》レ疑もの慥成書《たしかなるしよ》に御座候。則《すなわち》御先代上《かみ》へ一部写候て上《あげ》候由に候。此辺にては本佐記と題号有レ之候。口の序は無レ之候。[*18]　（同前）

鳩巣はこの書簡で、自らの判断は保留したままで、木下順庵門下の兄弟子にあたり、加賀との関係が深く、加賀藩儒であった自らを幕府に推挙してくれた新井白石のこの書物への評価と思われるものを伝えようとしている。白石の評価は、「佐渡守殿自記無《うたがいなき》レ疑もの慥成書《たしかなるしよ》に御座候」というくだりに示されているように、鳩巣の考えとは異なったものであった。

おそらくこのあたりからだと思われるが、青地兄弟は『本佐録』にかかわる助言を求める対象を、鳩巣から白石に移している。すでにふれた史料であるが、「金沢市立玉川図書館近世史料館」の「稼堂文庫」所蔵写本『本佐録』の後ろに収録されている『質問本佐録信疑事条』には、青地礼幹が『本佐録』についての様々な疑問を白石に質《ただ》したことに対する白石からの返答をまとめた『新井氏白石丈返翰』が付されている（『質問本佐録信疑事条』については、他に「東京大学史料編纂所」の所蔵するものが残っているが、こちらに付された同様のものは『本佐録附言』と題して収録されている）。その内容は、これまでにも何度かふれてきた白石の『本佐録考』と同一で、奥には「享保癸卯仲秋　筑後守源君美」と記されている。「享保癸卯」とは享保八年（一七二三）のことである。青地礼幹には、そして兄の斉賢にも、『本佐録』についての何らかの思いがあり、彼らはその思いを形《かたち》にすることを諦めてはいなかったのである。

青地兄弟の思いとは何か。そもそも青地兄弟は、それぞれどのような人物であったのか。

『国書人名辞典』（前掲）や『加能郷土辞彙』（前掲）によれば、青地斉賢《あおちなりかた》は字は伯孜、兼山または譲水と号した人で、加賀金沢藩士としては算用場奉行等を務めた。はじめ羽黒養潜《はぐろようせん》（一六二九〜一七〇二）に、のち室鳩巣に学び、〝鳩巣門七才〟の一人に数えられる人である。弟の青地礼幹《のりもと》は、字は貞叔、麗沢や仁智楼などと号し、藩士としては小将組頭等を務めた人で、兄とともに羽黒養潜そして室鳩巣に学んだ。*19

この兄弟の父青地定政《さだまさ》（一六四八〜一六七五）は、加賀本多家の一族から青地家に養子に入った人で、本多佐渡守正信の次男本多政重の曾孫である。青地兄弟は、本多佐渡守正信とは血のつながりがあったのである。『加能郷土辞彙』は、「青地定政」の項目の中で定政を「青地等定の養子で、実父は本多安房守政重の男志摩の孫石川久六郎である」とし、続けて「後に定政の子斉賢・礼幹が本多氏に親善であつたのはこの理由からである」と記している。

確かに青地兄弟は、「本多氏に親善」であった。確認してきたように、彼らはかなりの時間と手間をかけて、『本佐録』が本多佐渡守正信の作であると認定されるようにと、様々な手立てを講じているのである。たとえば、「序」や「跋」を加えようとしたのも、そうした目的に基づいていたのであろう。「序」や「跋」を置けば、その文中で著者が正信であることを強調することが可能だからである。鳩巣からの別便の書簡の中にも「口の序は無レ之候」という報告があったことから推測できるように、彼らは一貫して「序」を置くことにこだわっている。

また、もう一方の『本佐録』を「漢語に訳」そうと考えたのはどのような理由に基づくものであったのか。それは、そのことによってこの書物を仮名書きの形式のものよりも重く扱われるようにしようという意図から出たものであったのであろう。彼らは先祖である本多佐渡守正信、ひいては血縁という系譜を連ねている本多家や、そこから出たとおぼしい『本佐録』の顕彰を目指していたのである。先に私は「青地礼幹には、そして兄の斉賢にも、『本佐録』についての何らかの思いがあり、彼らはその思いを形にすることを諦めてはいなかったのである」と述べたが、その思いとはこうした内容のものであったのではあるまいか。

偽書としての流布へ

「本佐録序」は、そうしたやりとりがなされていた正徳四年から享保八年にかけての間に姿を現している。この書物冒頭に「本佐録序」が加えられたことに青地兄弟の関与があったかどうかについては、確かなことはわからない。だが、ここで確認してきたようなやりとりがあったという事実からすると、関与があったという蓋然性はかなり高いと言うことができるのではないかと思われる。おそらく「序」の文にあるような内容の伝聞があったのであろう。

そして、青地兄弟は、白石の『本佐録考』による「監定《かんてい》」を経た後の享保一〇年（一七二五）になって、彼らの思いをようやく実現することとなる。正徳四年の段階では正信著者説に消極的であった室鳩巣からのお墨付きを得ることができたのである。

鳩巣のお墨付きを得たというのは、どういうことを指すのか。それは、これまでにも何度か引いた「題《ス》下本多佐渡守藤正信論二治道一国字《ノ》書《ニ》上」という名の文書を得たことである。もう一度その文書の内容を冒頭から見てみよう。[*20]

世に伝ふ、本多佐渡守藤政《(ママ)》信治道を論ずる国字の書一巻、題して本佐記と云ふ。後人の跋あり。蓋し慶長中、佐州君老成を以て台廟《たいびょう》に江府に奉事し、政柄を執ること十年、この時教旨を奉じ録して以て上進《じょうしん》する所なり。近世贋書《がんしょ》多く出で、往往名賢の作と矯《いつわ》つて以てその説を售《う》る者あり。この書といへどもまた輿論《よろん》の疑ふ所となる。ただ順庵木先生白石新君美《きんみ》のみは、皆以て佐州君の手に出づること疑ひなしとするなり。（二七二頁）

ここで鳩巣はこの文書を、「この書」『本佐録（文書中では「本佐記」）』は「佐州君」すなわち本多佐渡守正信の手になるものとして伝わってきたが、著者については「輿論《よろん》の疑ふ所」があったことを示し、「この書」の著者が正信で「疑ひなし」としたのは、「順庵木先生白石新君美《きんみ》のみ」すなわち木下順庵と新井白石だけであったという、それまでの「この書」の扱われ方を解説することから

書き起こしている。そして、続けて、

佐州君の次子、安房守政重《まさしげ》大夢と号する者、始めて加賀に仕へて国老となる。子孫承襲《しょうしゅう》して以て今の安房守政昌《まさまさ》に至りてすでに四世なり。その家蔵、先世の旧物の中に簡牘《かんどく》文書あり、この書はその一に居る。ここにおいて始めて知る、この書は佐州君の撰する所たり、しかうして当時啓沃《けいよく》の余に成りしことを。順庵白石の監定《かんてい》もまた謂ふべし、信じて謬《あやま》らずと。*21 （同前）

と述べて、「佐州君の次子、安房守政重《まさしげ》」の家に「この書」が伝わっているという事実があることを紹介し、「順庵白石の監定《かんてい》」は正しかったとしている。

こうした鳩巣の判断の変化は、続けて、

大夢君二世、安房守政長《まさなが》素立軒と号する者、嘗《かつ》て手づからこの書を写して以てその幼子政寛《まさひろ》に授け、これを蔵《おさ》む。素立君の卒《しゅつ》せし後、その本始めて出づ。今この夏、今の房州君の族人青地《あおち》斉賢《せいけん》別にその本を写し、逓送《ていそう》して直清《なおきよ》に示す。（同前）

と述べられるように、加賀の青地斉賢から享保一〇年の「この夏」に、加賀本多家二代の本多政長自身が写したとされるものをさらに書写した「この書」の写本が送られてきて、それを見たことに基づいているようである。青地斉賢は、「この書」の新たな写本を送り届けることで、正徳四年に続いて、ふたたび「この書の経由」に関する「監定《かんてい》」を「直清《なおきよ》」すなわち室鳩巣に申し入れたわけであるが、政長自身が写したとされるものが姿を現したことで、鳩巣も正信著者説を受け容れることとなるのである。

さらに、斉賢は鳩巣に対して、もう一つの申し入れをおこなっている。それは、今の「房州君」すなわち享保一〇年段階の加賀本多家当主本多政昌《まさあきら》の「意を致して曰く」として語られる、以下のような依頼である。

吾子《ごし》幸ひに数語を題して以てこの書の経由を記さば、則ちまさに政長親書のものと並《とも》に家に伝へ、以て後昆《こうこん》に示さんとす。これ政昌の願ひなりと。（二七三頁）

ここに示されているのは、「吾子《ごし》」すなわちこの場合は鳩巣が、「この書の経由」を記してくれれば、それを「政長親書のもの」とともに「家に伝へ」、「後昆《こうこん》」すなわち子孫に見せることにしたいという申し入れである。[*22]

そうした青地斉賢と本多政昌のおこないを、鳩巣は以下のように評する。

それ祖先の美を光昭するは孝子慈孫の事《わざ》なり。房州君の意を用ふることもまた厚に近し。惟《おも》ふに昔東都創業の初め、佐州君経済の才を以て常に帷幄《いあく》の謀臣となる。その乱を撥《おさ》め正に反《かえ》して太平を致すこと、職として神廟の英武に由るといへども、佐州君もまた力あるに与《あずか》る。今この書の言を観《み》るに、惓惓《けんけん》として天命を畏《おそ》れ人心を収《おさ》むるを以て本となす。後世のただ近く小利を効《いた》すのみをこれ務むるがごときにあらず。則ちその台廟を守成《しゅせい》の日に輔《たす》けし所以もまた知るべし。　（同前）

この引用の冒頭で、鳩巣はまず「それ祖先の美を光昭するは孝子慈孫の事《わざ》なり」と述べて、本多政昌ひいては青地斉賢の今回のおこないを称美し、続けて「佐州君」、本多佐渡守正信の功績を列挙している。「祖先」の功となる美点に光をあてようとすることは「孝子慈孫」のなすべき業《わざ》であるというのは、斉賢や弟の礼幹の思いの出発点でもあったであろうから、鳩巣のこうした言は、彼らにとっては何よりのものであったことであろう。

さらに鳩巣は、正信の長男の本多上野介正純にかかわる事件のことにもふれている。本多正純は先にも述べたように、父の正信とともに家康の信任を得て幕政に参画し、家康の死後は秀忠の執政として権勢をふるったが、後に失脚し出羽国に流されてその生涯を終えたことで知られる人である。鳩巣はこの正純の事件について、次のように記している。

上野《こうずけ》君召されて江府に至り政事を与聞《よぶん》すること四年、城邑《じょうゆう》を宇都宮に賜はる。居《お》ること何《いく》くもなく、不幸にして君臣隙《すき》ありて讒《ざん》これに入る。卒《つい》に曖昧《あいまい》を以て罪を得、貶謫《へんたく》されて以て死す。今に至るまで能《よ》くその冤《えん》を弁ずる者なし。君子深くこれを悲しむ。（同前）

鳩巣はこの事件について、「不幸にして」「讒《ざん》」があり「卒《つい》に曖昧《あいまい》を以て罪を得」、「今に至るまで能《よ》くその冤《えん》を弁ずる者なし」と述べている。「冤《えん》」すなわち無実の罪であったというのである。そして、以下のように慨嘆する。

ああ佐州君社稷《しゃしょく》に功あること、かくの如きなり。しかるにその子孫僅《わず》かに二世に至り、忽焉《こつえん》として亡ぶ。国家と休を永久に同じくするを得ざりしは、命なるかな。（同前）

だが、鳩巣はこれに続けて、本多家は、

今大夢君の子孫、大国に棟梁として累世赫奕《るいせいかくえき》、家声を墜《おと》さず。旁族姻戚《ぼうぞくいんせき》国中に繁衍《はんえん》す。（同前）

と述べられるように、今においても「大夢君の子孫」すなわち加賀本多家が「大国」加賀において、「棟梁として累世赫奕《るいせいかくえき》、家声を墜《おと》さず。旁族姻戚《ぼうぞくいんせき》国中に繁衍《はんえん》」しているとして、それを、次のように慶賀している。

あに天の佐州君に報施《ほうし》すること、それここにあるか、それここにあるか。（二七三〜二七四頁）

そして、「この書」すなわち『本佐録』について、

直清謂《おも》へらく、治道は一なり、これを国に用ふれば則ち以て国を利するに足り、これを天下に用ふれば則ち以て天下を利するに足る。この書や、佐州君すでにこれを天下に用ふ。房州君もまたよろしく務めてこれを国に用ふる所以を思へば可なり。あに特《ただ》にその書を奉揚《ほうよう》するのみならんや。（二七四頁）

と記し、最後に、

直清すでに青地の請を重んじ、また房州君の意を嘉《よみ》し、遂にこれがために書す。時に享保十年なり。（同前）

と述べて、筆を擱《お》いている。

青地兄弟にとっての望みは、正信や本多家の功績に光をあてるためのこうした文書を手にするこ

とにあったのであろう。青地兄弟は、鳩巣の手になるこの文書を、自ら書き写して手許に置いている。このことは、「右一冊は青地氏の本を以富永金昌請求て写之所也　安宅平冬温」という奥書を持つ「稼堂文庫」所蔵の写本『本佐録』の後ろにこの文書が写されていることで確認することができる。

主に「本佐録」という名で流布することとなるこの書物は、本多佐渡守正信の甥にあたる「本多《ほんだ》豊前守正貫《ぶぜんのかみまさつら》の家より出」たものもあったということなどを根拠として、それまでにも正信の著と見る見方がささやかれて来てはいたが、鳩巣も述べるように、その正信著者説については「輿論《よろん》の疑ふ所」があった。すなわち疑問の書として流布するものであった。だが、この書物は、冒頭に新たに加えられた「本佐録序」や新井白石の『本佐録考』、そしてこの室鳩巣の「題ス㆘本多佐渡守藤正信論㆓治道㆒国字ノ書ニ㆖」という名の文書が現れたことによって、以後は正信の著として通行してゆくこととなる。すなわち、正信の著という偽書として流布してゆくこととなるのである。

問題の展望

こうした成り行きを見ると、このことに果した青地兄弟の役割はまことに大きなものであったと言えるが、彼ら自身は意識的にこの書物の偽書化を図ろうとしたわけではなかったように思う。彼らは祖先を同じくする加賀本多家に受容され伝えられていたこの書物の存在にふれて、本多佐渡守正信ひいては本多家の顕彰を発意したのであろう。そして、そのことが結果として、この書物を偽書として以後流布させることとなる。

ところで、偽書という文字を目にすると、多くの人はその書物をマイナスのイメージで捉えることと思う。まがい物や捏造品といった捉え方である。確かに偽書にはそうした側面がある。だが、偽書として流布した書物はそうしたものばかりではない。たとえば、日野龍夫氏は『江戸人とユートピア』（朝日新聞社。後に岩波現代文庫の一冊として再刊）という著作の中の「偽証と仮託――古代学者の遊び」と題された論の中で、偽書の成立について、

古人に作者を仮託した〝偽書〟が、古来数多く存在する。人がそのような書物を著わす動機の一つは、自己の主張を権威づけるため古人を楯にとろうとする計略であって、中世歌学の二条・冷泉両派の正統争いの中から生まれた、藤原定家の作と称するいくつかの歌論の偽書などがこれに属する。その一方で、過去について抱くイメージが胸中にあふれ、おのずと筆端にほとばしり出て成ったかのごとき、愛すべき偽書が確かに存在する。この種のロマンチックな偽書には、それをはぐくむ雰囲気に満ちた〝偽書の季節〟が土壌としてあるわけで、復古主義や古典趣味が瀰漫した近世後期も、そういう季節であった。（岩波現代文庫版一九八頁）

と述べて、偽書には「計略」などを意図しない「愛すべき偽書」もあるということを主張している。だが、偽書が著されることには、日野氏の主張とも異なるもう一つ別の動機を指摘することができ

る。それは、この『本佐録』のような政治のあるべきあり方、すなわち政道を論じた内容のものを世に示す際に多く見られるものである。

現代においてもそうであるように、政治を論ずるということは、基本的に危険をともなう行為である。江戸時代においては、特に民間にある者が政論をほしいままにすることは、「処士横議《しょしおうぎ》」として処罰の対象となる行為であった。先に扱った熊沢蕃山に対する幕府の対応は、その最も見やすい実例の一つである。

こうした危険から身を守るためであろう、著作を世に示すに際して「作者」名を意図的に記さなかったり、「古人に作者を仮託」するという形が採られることがある。その場合の仮託される「作者」は、「古人」すなわちすでに世を去っている人物が択《えら》ばれるのが常である。そうしたことを意図的におこなったと見られる書物が、江戸時代の前期にはいくつか姿を現している。

たとえば、「作者」を『本佐録』と同じく本多佐渡守正信とする『治国家根元《ちこっかこんげん》』という名で伝わる書物である。この書物は、『本佐録』とは異なり版本化もされず、いくつもの写本が残っているという体《てい》のものではない。我々は、瀧本誠一氏が所蔵のものを収録した同氏編の『日本経済大典』第三巻（史誌出版社）や『続日本経済叢書』第一巻（大鐙閣）、さらに後者を底本とした日本思想大系38『近世政道論』（岩波書店）でしか、これを目にすることができない。瀧本誠一氏が所蔵していたものの現在の所在が確認できず、『国書総目録』（前掲）が示しているように、他の写本の現存をも確認することができないからである。

瀧本氏は、前者に付した「解題」に以下のように記している。長い引用になるが、御覧いただきたい。

本書は前記「本佐録」の著者本多正信の述ぶる所として、世上に伝はるものなれども、真偽判明し難し。余の蔵本の奥書には本書の末尾に附記するが如く、正信が或人の所望に依つて筆記したるものを、其の子安房守（正信の次男政重の事なるべし）へ写し遣はしたるものとして伝来したるものである。享保十一年の奥書には永田広定謹而奉写とあり、又宝暦八年には生駒頼寛謹写とあり、最後寛政元年の奥書には中川正邦とあつて、何《いず》れも世上に名の知られざる人々なれば、本書の真偽如何《いかん》を推断するの材料とはならざるも、兎《と》に角《かく》古くより本多正信の手に成れるものと認められたることは事実なるが如し。然れども本佐録の語調文勢を本書のそれと比較し見れば、稍《や》や異なる所あるが如くに見え、或《あるい》は後人の偽作なるやも知るべからざるも、本佐録は林学士の跋文にある通り、藤原惺窩先生の代筆したるものとすれば、文体に相違あるは固《もと》より怪しむに足らざるのである。且《しば》らく伝来のまゝ正信の著作として之を収容することゝせり。

（句読点は現行の形に改めた。以下同様。二〜三頁）

そして、

全篇は「国ヲ治メ家ヲ整ルニ其本アル事、言路ヲ開ク事、附一扁ニ片寄リ一人ニ任スベカラザル事、民ヲ憐ム事、財用ヲ節スル事及武備ノ事」の四個条を略説したるものに過ぎず。生駒氏は経国理民之資粗備矣など、云つて、大《おおい》に之を推奨して居るも、事実ソレ程のものではなく、只《た》だ単に武家の家計位に過ぎずして、本佐録の如き稍や備はりたる著作ではないやうである。

（三〜四頁）

と続けて、その記述内容にふれている。*23

一方、日本思想大系38に収録したものに付されている「解題」では、高野澄氏が、この書物を「伝来にしたがい」「伝本多正信著」という形で取り扱うとした上で、記述内容にふれて次のように述べている。

後序によれば、「さる方」から「一郡主」規模の経営方法を問われるままに書いたのがこの「治国家根元」であるという。それをたまたま次子の本多安房守政重に与える形式になっている。「さる方」を徳川家康、「一郡主」を「御当代」に置き換えると「本佐録」の後序となり、両書が相互に補完しあっていることがうかがわれる。ここから、両書が当初から相互補完の構想のもとに作られたのではないかとの考えも生まれてくる。

（四四七頁）

この書物は、文中で「文武二道」（日本思想大系本一五頁）を強調し、農政に関しては「其政ハ品アレドモ大本ノ所ハ上ニ奢ナク、無用ノ費《ついえ》ヲ止メ、民ニ治ル所ノ年貢多カラズ少カラズ、可レ有式ニ納ムル時ハ民困窮スルコトナクシテ泰《ゆた》カナリ」（同一二頁）と述べ、さらに「士ノ道」（同九頁）を説くなど、『本佐録』と共通する論を含むものであるが、その成立時期については、奥書にも記載がないので、最初に書写された「享保十一年」以前であるということしかわからない。ただ、文中数箇所で扱われる「五倫」を論ずる際の順序が、いずれも「親ニ仕ヘ」る「孝」から説きはじめ、続いて「忠」にふれるという叙述になっていることからすると（同八〜九頁他）、成立時期はかなり早い時期なのではないかと思われる。「孝」よりも「忠」を優先させる動きがはじまるのは、本書第一章で『心学五倫書』から『仮名性理』への改変の具体的内容を扱った際に確認したように、寛文頃（一六六〇年代）からのことと考えられるからである。

正徳五年（一七一五）、この「孝」と「忠」の順序の変更を明らかに示す書物が姿を現す。これまでに何度もその発言を取り上げてきた室鳩巣の著作『明君家訓《めいくんかくん》』がそれである。[*24]そして、この書物からも偽書が生まれている。

鳩巣の手になるこの著作は、もともとは元禄五年（一六九二）正月の日付の序文を持つ『楠諸《くすのきしよ》士教《しきよう》』（内題は「仮設楠正成下諸士教二十箇条」）という名のものである。正徳五年になって、経緯は詳《つまび》らかではないが、序文や「火葬停止」を説いた条の一部を省き、振り仮名を施すなどの手を加えられ、題名も『明君家訓』と改められて、著者名を記さないままに、京都の書肆柳枝軒から版行され

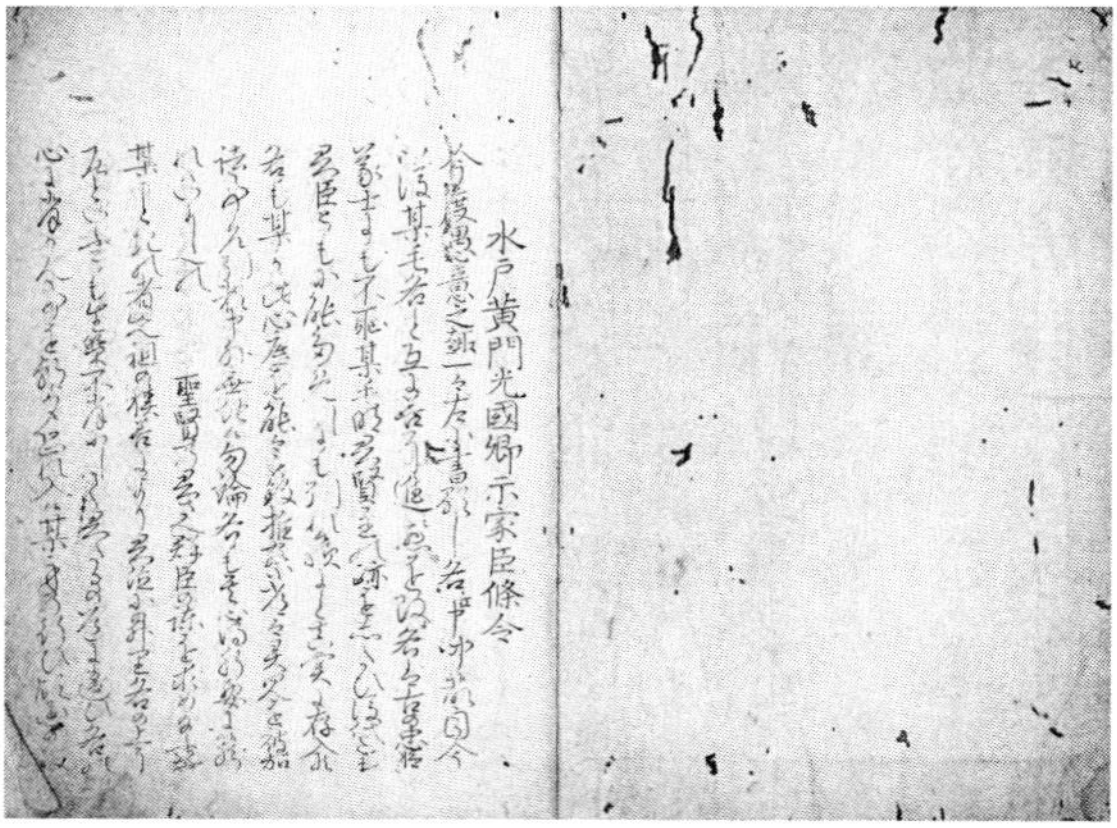

写真11　『水戸黄門光圀卿示家臣条令』写本、拙蔵

た。版行後には海賊版までもが現れるほどの流布を示したようで、著者名が記されていなかったこともあり、直後から著者の名をめぐって少なからぬ議論がなされている。著者として推定されたのは、八代将軍の徳川吉宗《よしむね》（一六八四～一七五一）や、当時武家教訓書の著者として名が知られていた井沢蟠竜、そして黄門伝説で知られる水戸の徳川光圀であった。

　これらの中で最も有力として人々の口にのぼったのが、版行時にはすでに世を去っていた光圀で、他の二人とは異なり、彼の著作であることを強調した『水戸《みと》黄門光圀卿示家臣条令《こうもんみつくにきょうかしんにしめすじょうれい》』や『水戸条令《みとじょうれい》』『水戸家訓《みとかくん》』『西山公御家訓《せいざんこうごかくん》』などの名で、少なからぬ数の写本が光圀に仮託された偽書の形をとって流布している。*25『明君家訓』の版行元の柳枝軒が多くの水戸関係の書物を独占出版していた書肆であったということも、光圀著者説を口にする者の多かった理由の一つであろうが、何よりも光圀は儒学の学習に熱心な人物として知られていたからであろう。

　また、江戸時代前期にはほかに、徳川家康の名を冠した『東照宮御遺訓《とうしょうぐうごいくん》』という偽書も姿を現している。[*26] 日野龍夫氏の先に引いた論の表現に倣って言うならば、「近世後期」ばかりではなく「近世」前期にも、偽書をはぐくむ「土壌として」の〝偽書の季節〟が確かにあったのである。

主に「本佐録」という名で流布したこの書物は、確認してきたように、幕藩体制の確立期と言われる寛文延宝期に姿を現したものであるが、著者を徳川初代将軍の家康や二代秀忠に近侍した本多佐渡守正信とする見方があったこともあって、幕藩体制成立期の家康や秀忠治世の時期の問題を扱うための史料として長く用いられ続けてきた。本書では、そうした誤った扱われ方をしてきたこの書物を、改めて実際に書かれた時期の現実と突き合わせて読んでみようとした。それは、この書物の成立の意義、特にこの書物が成立以後に果した思想的機能や社会的機能に対して新たな視線を向けてみるという試みでもある。検討の結果目に入ってきたのはどのようなことごとであったのか。目に入ってきたながめは、見てきたように、思いのほかの拡がりを持ったものであった。

そうした試みの結果目にとまったものの中には、改めて視線を向けて、見つめ直さなければならないものもあるように思う。最後にふれた〝偽書の季節〟という表現で示そうとしていることごとの内実を探ることも、その一つであろう。問題はまだまだ残っている。それらのことについては、他日改めて扱うこととしたい。

註

＊1――『藤原惺窩集』巻下（国民精神文化研究所、一九七八年に思文閣出版より復刊）、解題一三～一四頁。

＊2――松本彦次郎氏は、昭和五年（一九三〇）から一八年（一九四三）まで東京文理科大学教授として、多くの後進の育成にあたった人であるが、この旧「松本彦次郎氏所蔵」写本の現在の所在は、残念ながら不明である。氏の旧蔵本の多くを収蔵している宮城教育大学にも、見出すことができなかった。

＊3――『古典籍総合目録』と同様に、私も「書坊元隆」と「本屋五郎兵衛」が同一人物だとは考えていなかったために、昭和六〇年（一九八五）に刊行した拙著『『心学五倫書』の基礎的研究』（前掲）では、「玉川大学図書館」所蔵版本については、「この刊本は、「常陽水府書坊元隆」が「本屋五郎兵衛」より譲り受けた板木を用い、「本屋五郎兵衛」の名を刻した最終丁を取り除いて版行したものであろう」という判断をしてしまっている（七五頁）。この場を借りて誤りを訂正しておきたい。

＊4――文化元年（一八〇四）というかなり後の時期に書写されたものであるが、「東京大学総合図書館」所蔵写本の外題には「秘書　仮名性理　単」というように、「秘書」の字が加えて記されている。

＊5――『滝川心学論』の刊記には版行年月日しか刻されていないが、版行書肆名を記した「書目集」である『増益書籍目録大全』（慶應義塾大学附属研究所斯道文庫編『江戸時代書林出版書籍目録集成』二［井上書房］所収）によれば、この書物は、「秋田五」すなわち京都の書肆「秋田屋五郎兵衛」の版行とされている。三六二頁。

＊6――この記述は二版本からは削除され、後に門人の間で秘書として扱われた『集義外書』（宝永七年［一七一〇］版行）に収められた。『集義和書』については、これまで日本思想大系30に収録されたものから引いてきたが、これは二版本である。ただし日本思想大系30は、二版本から削除された初版本の記述については「集義和書（補）」という形でまとめているので、初版本にしかない記述で必要なものがある

場合はこれから引き、その頁数を記すこととする。

＊7――伊東多三郎氏も「天正日記と仮名性理」（『日本歴史』第一九六号、吉川弘文館）という論考の中で、恕水を「尾張の医者で」と記している。一一頁。

＊8――近藤斉氏『近世以降武家家訓の研究』（風間書房）、六四〜六八頁を参照されたい。

＊9――備前岡山藩の実施した宗教政策をめぐる問題については、かつて小澤富夫氏との共編著『備前心学をめぐる論争書』（玉川大学出版部）で扱った。また、拙稿「江戸時代前半期における儒仏論争の一側面」（『玉川大学リベラルアーツ学部研究紀要』第一号、玉川大学リベラルアーツ学部）でもふれたことがある。御覧いただければ幸いである。

＊10――牛尾春夫氏『熊澤蕃山　思想と略伝』（第一学習社）第一章、および、宮崎道生氏『熊沢蕃山の研究』（思文閣出版）第三章を参照。ここに名をあげた公卿たちの経歴については、坂本武雄氏篇、坂本清和氏補訂『三訂増補公卿辞典』（国書刊行会）が参考になる。

＊11――若尾政希氏の作成した「『本佐録』データベース一覧」（前掲）によれば、「岡山大学附属図書館池田家文庫」には「正信集」という題のものが三本収蔵されているとのことであるが、私は二本しか確認していない。三本目のものについては、若尾氏も未調査だと記している。私が確認した二本は、いずれも冒頭に「序」の文が置かれている。

＊12――伊達家の蔵書は散佚したものも多いようであるが、仙台市博物館と宮城県図書館の二館に分蔵されている。

＊13――整版本『本佐録』を翻刻した『日本経済叢書』巻一（前掲）所収の『本佐録 附録』から引いた。三三頁。句読点は現行の形に改めた。『新井白石全集』第六（前掲）では、五四八頁。「復菴」については、もう一人、白石との関係から小瀬復庵（一六六九〜一七一八）が考えられるが、「復菴丈」とあるので、

白石より年長の森儼塾であると判断した。「丈」は年長者に対する敬称だからである。森儼塾については、『改訂増補漢文学者総覧』（前掲）の「改訂増補」前のもの、長澤規矩也氏監修、長澤孝三氏編『漢文学者総覧』（汲古書院）の中では、「水戸藩儒・幕府儒臣」と記されている。

＊14――以下の加賀藩についての説明は、主に若林喜三郎氏前掲書に基づいている。

＊15――「太平記読み」については、若尾政希氏の著『「太平記読み」の時代――近世政治思想史の構想』（平凡社選書）がある。

＊16――松田修氏『日本近世文学の成立――異端の系譜』（叢書日本文学史研究、法政大学出版局）、一二六～一二八頁。この著は昭和三八年（一九六三）に刊行されたものである。近年の論としては、他に湯浅佳子氏「『鎌倉北条九代記』の歴史記述の方法――『日本王代一覧』『太平記評判秘伝理尽鈔』等との関わり」（『文学』隔月刊第一一巻第三号、岩波書店）がある。

＊17――若尾政希氏がすでに指摘しているように（前掲論考二四二～二四三頁）、現存している『本佐録』写本の中には、武家の手で写されたものばかりでなく、貸本屋の扱っていたと考えられるようなものがあるが、それはここに示したように、『本佐録』が「軍書」に共通するような性格を持っていたためであったのかもしれない。拙蔵写本の中にも「拙蔵写本⑤」のように、貸本屋の扱っていたと考えられるものがある。

＊18――正徳四年（一七一四）に認《したた》められたこの書簡の中で、「佐州公筆記の物」が「慥成書《たしかなるしょ》」であるということを言うための根拠として出している「則《すなわち》御先代上《かみ》へ一部写候て上《あげ》候由に候」という話の中の「御先代」と「上《かみ》」とは、それぞれ誰のことを指しているのであろうか。「上《かみ》」という語は通常は将軍、この場合は徳川吉宗を指すと考えられるが、それでは「御先代」が誰を指すのかが判然としない。あるいは書かれた時期その他から考えると、「御先代」については加賀本多家の二代本多政長、「上《かみ》」は享保九年

（一七二四）まで藩主の座にあって書物や史料の蒐集に努めた前田綱紀である可能性もあるように思う。政長は宝永五年（一七〇八）に世を去っていて、正徳四年時の本多家の主は三代本多政敏（ほんだ　まさはる　一六五三～一七一五）である。「一部写候て上《あげ》」られたものは、本書第一章で扱った『松雲公採集遺編類纂』収録写本の元のものであった可能性がある。

＊19――青地兄弟については、他に白石良夫氏の『説話のなかの江戸武士たち』（岩波書店）が詳しい。特に「序章」を御覧いただければと思う。

＊20――漢文で記されたものなので、引用には、日本思想大系28（前掲）に収録されている整版本に付された書き下しのものを、これまでと同様の原則で用いる。ただし、「藩老本多蔵品館（加賀本多博物館）」に収蔵されている室鳩巣自筆のものの奥書の日付と筆者名の記述は、「享保十年夏五月二十五日　鳩巣老人英賀室直清」とあり、少しく異なっている。

＊21――この書き下し文の中の「政昌」には「まさまさ」という振り仮名がふられているが、『加能郷土辞彙』（前掲）によれば、「まさあきら」とするのが正しいようである。

＊22――この文書は本書第一章でふれておいたように、現在も加賀本多家（「藩老本多蔵品館（加賀本多博物館）」）が所蔵している。鳩巣は、この文書を記しそれを渡しているのであるから、斉賢を介しての政昌の申し入れを受け容れたということになる。

＊23――奥書に名を記している三名について、瀧本氏は「何《いず》れも世上に名の知られざる人々」と述べているが、そのうちの「生駒頼寛」については、『改訂増補漢文学者総覧』（前掲）や國學院大學日本文化研究所編『和学者総覧』（汲古書院）の中に略歴の記載がある。生駒頼寛（いこま　よりひろ）、大和を生地とする人で、本姓岡野氏、魯斎と号し、丹波柏原藩中老を務めた。天明三年（一七八三）歿。享年五五歳。

＊24――『明君家訓』は日本思想大系27『近世武家思想』（岩波書店）に収録されている。『明君家訓』における

「孝」と「忠」をめぐる主張については、拙著『「家訓」から見えるこの国の姿』(平凡社新書)で扱ったことがある。参照していただければ幸いである。八〇〜九二頁。『明君家訓』の成立や流布をめぐる問題については、近藤斉氏の著『武家家訓の研究』(目黒書院)による詳しい検討がある。また、鳩巣の名が出てくる偽書という指摘がされているものに、『不亡抄《ふぼうしょう》』がある。この書物については、和田充弘氏の「『不亡抄』における「教」中心の思想」(『教育文化』第一一号、同志社大学文学部教育学研究室)が検討を加えている。

*25——『水戸黄門光圀卿示家臣条令』については、拙蔵写本を翻刻したものを、拙編註書『家訓集』(平凡社東洋文庫)に収録した。同書の「解題」の中でもふれておいたが、この著の著者問題の詮議はこれでは終わらなかった。江戸時代も後期になって、白河藩主で幕府の老中を務めた松平定信(一七五八〜一八二九)の著作という説が現れるからである。この説は時代的に見て明らかな誤りであるが、こうした声が出てきた理由は、『明君家訓』とほぼ同内容の『白川侯家訓』という名の書物が出現したことにある。これは何者かが『明君家訓』の数条を省き、著者を定信に仮託して偽書として流布させようとしたものである。

*26——『東照宮御遺訓』については、近藤斉氏の『近世以降武家家訓の研究』(風間書房)による検討がある。近年のものとしては、大桑斉氏と平野寿則氏の編著『近世仏教治国論の史料と研究』(清文堂)が詳細な検討をおこなっている。この編著には若尾政希氏の「『東照宮御遺訓』の形成——『御遺訓』の思想史的研究序説」(一橋大学研究年報『社会学研究』39)という論考も収録されている。

うしろがき

『本佐録』という書物が本多佐渡守正信という人物の手になるものなどではなく、書かれた時期も江戸時代初頭ではないこと、そして、流布の形態は偽書という形をとったものであったということについての確信を得たのは、一九八五年に拙著『心学五倫書』の基礎的研究』(学習院大学研究叢書12、学習院大学)をまとめおえた折りのことであった。したがって、それから本書の刊行までには、三〇年程の年月が経過しているということになる。

これ程までに時間がかかった理由はいくつかあるが、最大の理由は、勤勉さからは程遠い私の性格にある。幼い頃から勤勉な性質《たち》ではなかったが、この性分はいつまでたっても直る見込みはないようである。今回の仕事を通しても、つくづくとそのことを思い知らされた。この仕事に着手するために、パソコンに執筆用のフォルダを用意してからも、一〇年程の時間が経過しているのである。

だが、そのようにのろのろとしたペースでしか事を進めることができなかったことは、決して悪いことばかりでもなかったのではないかという思いが一方にはある。時間がかかったおかげで、新たな史資料に接することができたからである。たとえば、十数年前には手許に九本の写本しか蒐集することができていなかったのであるが、それ以後にさらに数本の写本を入手することができた。それらの中には、本書で紹介した現段階で最も早い時期に書写されたと考えられるものが含まれている。

恩師の一人である故小松茂夫先生は、よく「論文というものはワインと同じで、寝かさなければ味が良くならない」とおっしゃっておられた。怠惰な私は、すぐにこの言葉に飛び付いたのであるが、よく考えればそれも程度ものであろう。寝かし過ぎて酢になってしまっていないことを願うばかりである。

本書での検討は、まことに単純極まりない方法に基づいておこなった。まず、対象とする文献の成立時期をはじめとする成立状況を、書誌学や文献学の方法を用いて明らかにすることに努め、そのうえでその文献の主張することの意義を、書かれた時代の状況と突き合わせることで、読み取ってゆこうとするというやり方である。

そのような方法は誰でも採っている当たり前なものではないかとお考えのむきもあろう。だが、私のかかわる分野における近年の研究状況を見ていると、このようなまことに単純極まりない方法をふまえた研究は、ほとんど目に入ってこない。多く見られるのは、あらかじめ用意されているように思われる結論を導き出すために、文献史料の一部を文脈を無視して切り取って引くことに熱中しているおもむきのあるものや、時期時期によって一部の研究者によって提示される共通テーマとでも言うべきものにそって、意匠をこらして量産される一群のものである。これらのものに共通しているのは、いずれも文献史料自体が語りかけてくる声に耳を傾けようとはしていないという姿勢であるように私には思われる。文献史料は、どうやらあまり読まれていないらしいのである。

こうした状況をもたらしている原因は一つというわけではなく複合的なものであろうが、近年この状況を見ていて気づかされたことは、文献史料を読むことのできる研究者がどんどんと少なくなってきているという事実である。ここに言う文献史料というのは、翻刻された活字史料のことではなく、その元の原典のことを指している。文学研究者の中野三敏氏はその著書『和本のすすめ――江戸を読み解くために』(岩波新書)の中で、この原典文献すなわち和本を読むということをめぐる現状を慨嘆して、以下のように述べておられる。「和本リテラシーとはやや大げさな言いようだが、平たく言えば変体仮名と草書体漢字、いわゆる「くずし字」の読解能力を言う。明治以前はほとんどそれしかなかった文字表現であり、我々の父親世代(明治生まれ)までの読書人は、なお辛うじて持ち続けていたに違いない能力である。では平成の現時点ではどうか。語学・文学・歴史の分野で江戸以前を専攻する研究者、及びその卵を基盤として、おそらく三千人、その他多く見つもっても五千人には届くまい。総人口の〇・〇〇四パーセントということになる」(二五四~二五五頁)。

中野三敏氏は、読む能力を持つ人数を「おそらく三千人、その他多く見つもっても五千人には届くまい」としておられるが、日本の思想史を専攻する「研究者、及びその卵」を間近に見てきた私には、そのような能力を持つ人がとてもそれ程の数いるとは思えない。思想史研究者といっても、その中身は主に文学部のいわゆる哲史文の分野と教育学部や法学部、経済学部系の一部の人たちによって構成されている。私はその中でも文学部の哲の分野に属する者の一人であるが、私の身を置く分野に少しでもかかわりのある「研究者、及びその卵」を仮に一〇〇〇人（日本思想史学会の会員数は七〇〇人程だということであるから、これでは多過ぎるかもしれない）と見積ったとして、私の見るところでは、「読解能力」を持つ者の割合は、史と文の分野ではそれ程ではないかもしれないが、哲の分野においては多く見積っても一〇パーセントにも満たないのではないかと思われる。法学部系の政治思想史を専攻する人たちの間における「読解能力」の所持者の割合は、これよりもさらに低いように見受けられる。

しかも、その「読解能力」の所持者である一〇パーセント程の人以外の、九〇パーセント程の人たちが目にしているものが問題である。中野三敏氏は先のことに続けて、「日本の読書人」の内の大多数の人は「必要な古典はほとんど既に活字化されているものと御考えなのではなかろうか」と述べられた後、以下のような現状を指摘されている。「では、明治以前に出来た和本の総点数はどれほどあるものか。一つの手懸りであるが、有名な『国書総目録』全八巻の収録点数は約五十万点という。加えるに、私などの貧弱な経験から勘案しても、『国書』未収録の和本はやはり五十万点はあろう。合わせて百万点を超すというのが妥当な数ではなかろうか（これでもかなり内輪な計数のつもりである）」。そして、それらの活字化の現状について、「さて、その中のどれほどが活字化されているのだろうか。それは文芸作品から生活文化のあらゆる領域に至るまでを見つもっても、とても一万点を超すとは思われない。とすれば、活字化されたものは総数のわずか一パーセントにも満たぬことになる」と断じておられる（二五五頁）。

このような現状は、どのような事態をもたらすことになるのか。日本の思想史を専攻する「研究者、及びその卵」の中の九割方の人々は、総数のわずか一パーセントにも満たない文献史料しか扱うことができない。となると、先に指摘したような論文が大量に産み出されることとなる。わずかな量の活字化された史料しか扱えないのであるから、あとはたとえば意匠をこらすしかないというわけである。

関心を持った事柄の内実を明らかにするために、関係すると思われる史料を捜し、読み、その意味していることについて考える。ただこれだけのことをおこなうのにも、かなりの時間を要する。ある程度の数の論文をものしなければ研究職に就くことができないという現状もあって、時間を必要とするこのような生産性の低い作業に向かおうとする「研究者、及びその卵」、特に「卵」の数が増加する見込みは薄い。私は幸いに昨春の定年の歳をむかえるまで、その生産性の低い作業を続けられる環境に身を置くことができたが、昨今の大学をめぐる状況を見ていると、今後こうした作業をおこなえるような環境に身を置くことは、どんどんと難しくなってゆくことと思われる。

だが、希望がないわけではない。近年、様々な思想家の個人全集の内容への不備の指摘や、新たな史料蒐集と研究の必要を説く声が、少しずつではあるが聞こえてくるようになって来たからである。また、二、三の史料についての新たな翻刻を柱とする研究書が公刊されたり、若い研究者の仕事の中に、史料研究をともなうものを目にすることができるようにもなって来ているからである。

こうした動きが何とかして良い結果につながってゆくようになることを望みたいと考えている。

本書をまとめるについては、かつて『家訓集』(平凡社東洋文庫)や『「家訓」から見えるこの国の姿』(平凡社新書)を上梓した際にお世話になった平凡社編集部の保科孝夫氏のお手をまたまたわずらわせた。この場をかりて御礼を申し上げたく思う。

二〇一五年六月二〇日

著者

平凡社選書 233

偽書《ぎしよ》『本佐録《ほんさろく》』の生成《せいせい》
江戸の政道論書

2015年11月18日　初版第1刷発行

著　者………山本眞功
発行者………西田裕一
発行所………株式会社　平凡社
東京都千代田区神田神保町3-29
〒101-0051　振替00180-0-29639
電話……(03)3230-6580[編集]
(03)3230-6572[営業]

基本デザイン……中垣信夫
印刷……………藤原印刷株式会社
製本……………大口製本印刷株式会社

ISBN978-4-582-84233-3
乱丁・落丁本のお取替は直接小社読者サービス係
までお送りください（送料は小社で負担します）。

NDC分類番号121.5　四六判(19.4cm)　総ページ280

平凡社ホームページ　http://www.heibonsha.co.jp/

平凡社選書

195 生まれたらそこがふるさと―在日朝鮮人文学論　川村湊
196 能と精神分析　金関猛
197 女神の神話学―処女母神の誕生　松村一男
198 パラケルススからニュートンへ―魔術と科学のはざま　チャールズ・ウェブスター／監訳 金子務
199 皇帝カルロスの悲劇―ハプスブルク帝国の継承　藤田一成
200 芸能の文明開化―明治国家と芸能近代化　倉田喜弘
201 川とイギリス人　飯田操
202 落語の話術　野村雅昭
203 〈小さき社(やしろ)〉の列島史　牛山佳幸
204 アフリカン・アメリカンの文学―「私には夢がある」考　荒このみ
205 黄金のプラハ―幻想と現実の錬金術　石川達夫
206 「楽聖」ベートーヴェンの誕生―近代国家がもとめた音楽　西原稔
207 二世の起源と「戦後思想」―在日・女性・民族　李順愛
208 大衆新聞と国民国家―人気投票・慈善・スキャンダル　奥武則
209 埴谷雄高と存在論―自同律の不快・虚体・存在の革命　鹿島徹
210 イスラームと民主主義―近代性への怖れ　ファーティマ・メルニーシー／訳 私市正年、ラトクリフ川政祥子
211 アメリカ「知日派」の起源―明治の留学生交流譚　塩崎智
212 先住民族の「近代史」―植民地主義を超えるために　上村英明
213 ふくろうの声 魯迅の近代　中島長文
214 見出された「日本」―ロチからレヴィ＝ストロースまで　大久保喬樹
215 生きることの近世史―人命環境の歴史から　塚本学
216 近松 母と子、女と男のコミュニケーション　小林千草
217 未完のマルクス―全集プロジェクトと二〇世紀　的場昭弘
218 音楽史の形成とメディア　大崎滋生
219 アドルノ 批判のプリズム　編著 徳永恂
220 増補 朝鮮現代史の岐路―なぜ朝鮮半島は分断されたのか　李景珉
221 柳宗悦 手としての人間　伊藤徹
222 インドネシア イスラーム主義のゆくえ　見市建
223 修験と念仏―中世信仰世界の実像　上田さち子
224 閑居と乱世―中世文学点描　佐竹昭広
225 兵学と朱子学・蘭学・国学―近世日本思想史の構図　前田勉
226 兼好法師の虚像―偽伝の近世史　川平敏文
227 江戸の読書熱―自学する読者と書籍流通　鈴木俊幸
228 江戸の転勤族―代官所手代の世界　高橋章則
229 牧民の思想―江戸の治者意識　小川和也
230 絵草紙屋 江戸の浮世絵ショップ　鈴木俊幸
231 儀礼と権力 天皇の明治維新　ジョン・ブリーン
232 江戸の読書会―会読の思想史　前田勉
233 偽書『本佐録』の生成―江戸の政道論書　山本眞功